El ojo ajeno

ALFONSO

ROJO

EL OJO AJENO

PLAZA & JANÉS EDITORES, S.A.

Diseño de la portada: Marta Borrell
Fotografía de la portada: Archivo Zardoya

Primera edición: octubre, 1997
Segunda edición: noviembre, 1997
Tercera edición: noviembre, 1997

Printed in Spain – Impreso en España

ISBN: 84-01-32708-3
Depósito legal: B. 44.383 - 1997

Fotocomposición: Fort, S. A.

Impreso en Hurope, S. L.
Lima, 3 bis. Barcelona

L 327083

A María Jesús, en todos los idiomas

ADVERTENCIA

Los personajes y ambientes que aparecen en esta novela están basados en la vida real; el parecido con hechos, circunstancias o personas concretas no es mera coincidencia.

AGRADECIMIENTOS

A Juan Carlos Laviana por haber escrito *Los Chicos de la Prensa*. A David Rojo por su exhaustiva labor de rastreo. A Cristina Frade por alguna sugerencia. A Carlos E. Carbajosa por su talento futbolístico. A Pepe Villarejo por un par de ideas malvadas. A Sergio Piccione por su asesoramiento automovilístico. A José Antonio Sánchez por la orientación financiera. A Eduardo Inda por su colaboración. A Tomás «el de la pala excavadora» por su descomunal humanidad. A Miguel Munarriz por el impulso final.

¿Por qué te fijas en la paja del ojo ajeno y no reparas en la viga que llevas en el tuyo?

Lc, 6:41

1. LA FINCA

Si Alicia no hubiera abierto las piernas, un hombre valioso y media docena de canallas seguirían vivos. Hubo un instante, al principio, cuando notó el pie de Pablo rozando el interior de su muslo, en el que apretó nerviosamente las rodillas. Pensó fulminarlo con la mirada y hasta estuvo a punto de decir algo, pero se contuvo.

En el fondo, le hacía gracia la escena. Todos hablando, comiendo, bebiendo y discutiendo con frenesí y el caradura de enfrente pontificando sobre las corruptelas del gobierno e intentando tocarle el coño por debajo de la mesa. Eso, mientras escogía pedacitos de carne y fingía estar pendiente del resto de los comensales.

Pablo había dudado lo suyo. Por experiencia sabía que era muy improbable que la rubia lo dejara a los pies de los caballos, máxime estando su marido presente y siendo él el anfitrión. Pero cabía la posibilidad de pinchar en hueso; que se hiciera la estrecha y la cosa terminara trascendiendo. A ciertas mujeres les encanta dejar al prójimo en evidencia.

En los asaltos sexuales nunca se puede estar seguro. Todo es cuestión de instinto. Hay que asumir riesgos, interpretar indicios y apostar. Quizá por eso y aunque las señales parecían rotundas, antes de descalzarse y deslizar su pie derecho hacia la entrepierna de Alicia, estuvo ablandándola psicológicamente un buen rato.

Le preguntó qué hacía. El tema favorito de muchos habitantes del planeta, incluidas las hembras ricas y de cierta edad, son ellos mismos. La miró tratando de traslucir deseo. Halagó su vanidad elogiando sus pendientes —dos margaritas de oro con sendos rubíes en el centro— y le dedicó algún piropo. A media voz, procurando no llamar la atención de Laureano Terceiro, su marido, que empinaba el codo en la cabecera de la mesa.

Cuando trajeron las perdices estofadas, se tomó la molestia de elegir la mejor pieza de la fuente, de servirla en un plato, trincharla con maestría y de pasársela. Sin aspavientos, como si fuera lo más natural del mundo. Las que llevan cierto tiempo de matrimonio suelen añorar las carantoñas y el trato atento de la época del noviazgo. Les gusta sentirse apreciadas. Y ella, pensó Pablo, seguro que hacía años que no era objeto de detalles galantes por parte de un marido permanentemente ocupado en los vaivenes del Mercado de Valores, las evoluciones del dólar y las recalificaciones de terrenos.

La cena había sido organizada en homenaje a Terceiro, que financiaba el grueso de la montería. El resto de los cazadores se alojaba en el pueblo y estaría a esas horas en el desangelado refectorio del Parador o tiritando en las celdas transformadas en habitaciones. Antes de que Manuel Fraga Iribarne fuera nombrado ministro de Información y Turismo por el general Franco y tuviera la brillante idea de convertir edificios históricos en establecimientos hoteleros, el Parador era un decrépito monasterio.

Pablo había insistido en que Terceiro y los que venían con él se alojasen en El Cantrojal. La finca tenía 1.300 hectáreas. Apenas 40 eran de regadío y estaban plantadas de frutales y hortalizas. El resto era monte toledano.

Estaba «mallada» y Pablo la había transformado en un coto de caza de lujo. Cobraba 500.000 pesetas por cada puesto y nunca aceptaba más de una veintena de escopetas en cada montería.

Había puñaladas por participar en las cacerías de El Cantrojal. Los cazadores de raza, esos entusiastas del cartuchazo a los que no preocupa ni lo largo de la espera ni lo extenuante de la caminata, elegían otros cotos más difíciles, pero proliferaban los aficionados ocasionales con dinero. Sujetos que daban «pelotazos» en la Bolsa y para los que era trascendental farolear el lunes en el parquet o impresionar a sus contertulios en los almuerzos de negocios del resto de la semana. En El Cantrojal existía la oportunidad de conseguir animales con muchos kilos de cuerna o cochinos respetables. Y además el trato era impecable. El servicio estaba perfectamente adiestrado y se ocupaba de casi todo.

Terceiro había dejado claro, cuando llamó para informarse, que estaba buscando un «medalla de oro». Un animal con astas proporcionadas y espectaculares, con roseta de buen tamaño y, a ser posible, con más de veinte puntas. Advirtió pertinaz que, si no le garantizaban un venado de esas características, no pagaría un duro. Pablo le aseguró que no habría problemas.

La cosa estaba hecha. No es que la finca fuera una maravilla cinegética pero siempre le había chiflado la caza y se había dedicado a repoblarla. La veda se levantaba de octubre a febrero y todos los años, meses antes de que se iniciase la temporada, se desplazaba hasta Jaén y compraba animales en la Sierra de Cazorla.

La mayor parte eran ciervos jóvenes —cada hembra costaba 70.000 pesetas y cada macho 150.000— pero de vez en cuando se rascaba el bolsillo y adquiría bichos viejos, destinados a satisfacer el ego de algún magnate. Ejemplares con colosal cornamenta, como el que estaba empeñado en abatir el presumido de Terceiro.

Ni siquiera había dejado que Pablo terminara de explicarle que existía un cupo máximo de cuatro venados por puesto. Los jabalíes eran libres; se podían matar todos los que entraran. En tono de capataz, altisonante, el empresario había interrumpido a su interlocutor para puntualizar que él pensaba disparar sobre todo bicho viviente y que le importaba un comino si la broma le costaba medio millón o millón y medio.

—A mí me la sopla el precio; lo que busco es calidad.

Pablo estuvo a punto de mandarlo a hacer gárgaras, pero lo pensó mejor. Tampoco suponía un sacrificio desmedido pasar por alto la prepotencia de un cazador de pacotilla si a cambio de eso le sacaba una pequeña fortuna.

—Hay un ejemplar magnífico que suele bajar a abrevar a los juncales, pero eso puede costar mucho dinero.

—¿Cuánto? —inquirió premioso Terceiro.

—Dos millones.

—¡Joder!

—¿Le parece mucho?

Pablo había cargado a sabiendas las tintas en el precio. La abultada factura sería su pequeña venganza.

—Un puesto normal es sólo medio millón; usted verá.

El potentado profirió un sonoro bufido. Rumiando su victoria, Pablo dio una vuelta más a la tuerca.

—Tómese tiempo, piénselo y cuando esté decidido me llama; dos millones es mucho dinero —apostilló condescendiente, como el presentador de un concurso televisivo tentando al participante.

—Primero de todo, trátame de tú —replicó Terceiro, pasando sin prolegómenos al tuteo—, y segundo, no necesito pensar nada, ni tomarme tiempo. Resérvame ese puesto.

Antes de colgar, añadió que iría acompañado por su mujer y otra pareja. Había invitado al hijo de uno de sus socios y suponía que el muchacho aprovecharía la ocasión para sacar a su novia de paseo. En los juncales sólo estaría él, pero a los otros tres los podía poner juntos. Pablo caviló que todos los ricos eran parecidos. A la hora de la verdad, hacían lo que fuera por ahorrarse unos duros.

—Es peligroso que los cazadores estén pegados. Puede haber accidentes, porque a través del visor a veces no se ve lo que hay al lado. Lo indicado es que no haya más de una escopeta por puesto.

—Mi mujer no tira. A lo mejor, ni sale al campo.

—Como quieras, pero tampoco hay que ser roñoso.

Un espeso silencio se hizo al otro extremo de la línea. Pablo se preguntó si no habría ido demasiado lejos. Terceiro carraspeó, para aclararse la garganta.

—Bueno... pues dale a las señoras y a mi invitado un puesto a cada uno. Que sean buenos.

Tenía una voz ronca y sonaba como filtrada por una tela. Se adivinaba que pertenecía a una persona mayor y acostumbrada a mandar.

Pablo calculó mentalmente. En total, sumando el «medalla de oro» y los otros tres puestos, el capricho de Terceiro le iba a reportar cerca de cuatro millones de pesetas. No era cuestión de ponerse cicatero o de hacerse el digno y anunció al empresario que él, su mujer y sus amigos tenían habitaciones reservadas en el cortijo.

La víspera de la fecha fijada para la montería, una semana después de iniciarse la veda, Terceiro y su comitiva llegaron a la finca a media tarde. Los días eran ya muy cortos y la oscuridad avanzaba a toda prisa entre las colinas situadas al este de la casa. Pablo, que estaba leyendo frente a la chimenea, salió al zaguán a recibirles.

Hay individuos cuya voz no concuerda con su apariencia, pero el empresario era como se lo había imaginado. Rondaba los sesenta y cinco, estaba gordo como un hipopótamo y trataba de entoldar su oronda anatomía con un amplio abrigo de loden color verde alpino. El joven que le acompañaba era un sujeto alto, moreno y apuesto. Llevaba medio kilo de gomina en la cabeza y venía vestido de tweed, con pantalón marrón y coderas de cuero en la chaqueta, como aparecen en la revista *Hola* los miembros de la familia real británica cuando los fotografían en la campiña de Balmoral.

Las dos mujeres debían de estar recogiendo algo en los coches porque tardaron en aparecer. La novia del «figurín», una pecosa desvaída y de pelo cespo, traía un cocker en el regazo y susurraba lindezas en la oreja del perrito.

Pablo se sorprendió al atisbar a la esposa de Terceiro. Aparentaba veinticinco años menos que el empresario. Era rubia, delgada, varios dedos más alta que él y, a pesar de las incipientes patas de gallo y de las finas arrugas del cuello, se movía con la seguridad que sólo dan el dinero y la perfección física. Debía haber conocido tiempos mejores, pero conservaba intacta la arrogancia de la época en que los hombres no sólo giraban la cabeza a su paso, sino que también la perdían por ella.

—Las habitaciones ya están preparadas; tenéis tiempo de sobra para descansar y dar un paseo. El campo está húmedo, pero tonifica. Servirán la cena a las nueve.

—¿No es un poco pronto para cenar? —comentó Terceiro.

—Mañana hay que levantarse temprano y estar frescos —explicó Pablo, mirando de soslayo a la rubia, que aguardaba a pie firme y con gesto ausente detrás del empresario.

La mujer parecía observarlo todo desde una enorme distancia, como si aquello no significase nada para ella.

—¿Dónde está el resto de la gente? —preguntó Terceiro.

—Vamos a ser veintidós, pero casi todos se quedan en el pueblo. Aquí en la casa sólo estaréis vosotros, un inspector de Hacienda que no se pierde una y dos amigos míos. El inspector está arriba, descansando, y no bajará hasta la hora de la cena. Mis amigos ya han salido de Madrid y llegarán en cualquier momento.

—¿Son buenos tiradores esos amigos tuyos? —dijo inopinadamente el empresario.

Había preguntado por decir algo y probablemente estaba pensando en otra cosa, pero Pablo le respondió.

—Quique Solana tira muy bien, pero la chica no ha disparado en su vida. Al menos con escopeta: es periodista.

Nuria Puente no venía como acompañante de Quique, sino como invitada suya. No consideró necesario aclararlo. La había conocido la semana anterior, durante la inauguración de la nueva zona High Class de Congo, la discoteca de su amigo Quique. Debido a la urgencia que tenía ella por volver a la redacción y entregar sus fotos para que entrasen en la segunda edición del periódico, lo único que habían hecho era follar a toda prisa en el coche, aparcados en un jardín público. Ese fin de semana se planteaban las cosas de otra manera, pero no pensaba que a nadie le importase quién era la muchacha o a qué venía y por eso se extrañó al escuchar la siguiente pregunta de Terceiro.

—¿Has dicho que es periodista?

—¿Quién?

—La chica que viene con tu amigo.

—Bueno... creo que estudió Ciencias de la Información, pero es fotógrafa.

—¿Dónde trabaja?

—Me parece que en *La Crónica*.

—¡No jodas! —mascculló Terceiro—. ¿Cómo se llama?

—Nuria Puente.

—Ya —gruñó el potentado, antes de añadir que le producían sarpullido los periodistas.

—Nunca me cayeron bien, pero desde que estoy en el negocio de la prensa, no los aguanto.

Se rieron todos, menos la rubia.

—Nuria es muy maja y no viene en misión profesional.

—Seguramente será una bendita, pero tiene cojones que trabaje precisamente en *La Crónica*.

—¿Por qué?

—Porque *La Crónica* es mía.

Desconchado el barniz jovial, volvía a ser el perro de presa que aterrorizaba subalternos y destrozaba competidores. El empresario era uno de esos seres que viven con una perpetua expresión de enojo grabada en el rostro.

—Si llego a saber que tenías alergia a los periodistas, no te hubiera dicho nada.

—Alergia es poco. Una de las pocas cosas de las que me arrepiento es haber hecho caso a un indocumentado y haber comprado *La Crónica*. Esa mierda me está jodiendo el estómago, el hígado y la cuenta corriente.

Frunciendo los labios, negó apesadumbrado con la cabeza. El gesto parecía dirigido a sí mismo y lo remató con un soplido destinado a poner punto final al tema.

—Aquí hemos venido a divertirnos, así que no merece la pena darle más vueltas. ¿Dónde están los cuartos?

—Arriba.

Pablo señaló hacia el techo.

—Que salgan a recoger el equipaje y lo suban a nuestras habitaciones —ordenó enérgico Terceiro.

El empresario enfiló hacia la escalera como una tromba y sin esperar a nadie. Ignorando al resto del grupo, Pablo se adelantó un par de metros, asió el neceser de la rubia, se inclinó levemente y le cedió el paso con una sonrisa.

—Después de usted, señora.

Tras el diálogo anterior y el tuteo con Terceiro, el «señora» sonaba excesivo y ella lo examinó con parsimonia, como quien calibra el estado de forma de un caballo en el paddock, antes de que salga a la pista del hipódromo. Luego, como si hubiese resuelto no apostar por el corcel, meneó la cabeza.

—Me llamo Alicia.

—Un nombre precioso.

Pablo recibió una irónica sonrisilla por toda respuesta, pero aguantó la mirada de la rubia con el mismo aplomo con que sostenía su neceser. Hacía cinco años que se dedicaba a alquilar la finca y a poner parte de su casa y su persona al servicio de los ricachones, pero todavía no se había acostumbrado. Sólo de evocar la conferencia telefónica mantenida unos días antes con Terceiro, la autosuficiencia con que el empresario había irrumpido en su casa, el gesto displicente del engreído que venía con él y las mimosas confidencias de la pecosa con su chucho, le enervaba.

Para sus adentros, Pablo se dijo que la pazguata del cocker haría bien en abrazar con ternura al animalito, porque como lo soltase se lo iban a merendar sus mastines o los perros de la montería. Había contratado quince rehalas, lo que significaba que a la mañana siguiente estarían correteando por la finca más de trescientos canes y todos con buenos colmillos y malas pulgas.

La cena comenzó pasadas las diez, por culpa de Terceiro. Se había echado a dormir y, según su mujer, se ponía hecho un basilisco si lo despertaban.

Pablo siempre había pensado que disfrazarse de maniquí del departamento de caza de El Corte Inglés era una ridiculez, que ni siquiera servía para engañar a las liebres. Con la excepción de Alicia, todos los que charlaban junto a la chimenea, incluido él mismo, llevaban pantalón de pana y jersey a juego. Nuria Puente se había presentado ataviada con uniforme de montería de pies a cabeza. En el caso de la fotógrafa, resultaba ostensible que había perdido unas cuantas horas eligiendo ropa en Diana, la lujosa tienda de la calle Juan Bravo. Se había preocupado mucho más por parecer atractiva que por sentirse cómoda. Lo preceptivo en la caza es usar prendas holgadas para moverse con libertad, pero la muchacha había seleccionado cada pieza para que se ajustase perfectamente a su piel y remarcase descaradamente sus formas.

Los fotógrafos llevan en las entrañas el miedo a que les roben el equipo. Normalmente, no se separan de él ni a sol ni a sombra. Nuria había bajado a cenar con su material de trabajo. Traía la cámara Nikon F-4 y el zoom 80-200 milímetros que componían lo que ella llamaba sus «aperos de labranza», en una mochila comprada en El Coronel Tapiocca. La elección de un saco con tirantes y aire juvenil en lugar de la característica bolsa Donke de los profesionales respondía al deseo de no llamar la atención. Los periodistas no caen bien en todos los sitios.

Era obvio que Alicia no se sentía responsable en absoluto del retraso de su marido, pero se disculpó en su nombre y les instó a empezar sin esperarle. Pablo se negó en redondo. Subrayó que no había premura alguna y se dedicó a repartir dry martinis a diestro y siniestro. Se hartó de poner ginebra y de pinchar aceitunas.

Cuando se dignó aparecer el empresario, con el pelo chorreando y marcas de la almohada en las mejillas, pasaron directamente a la mesa. Terceiro se sentó en la cabecera sin encomendarse ni a Dios ni al Diablo. La novia del engominado se colocó a su vera. Quedaba un sitio libre a la derecha del potentado y éste hizo un gesto a Nuria para que lo ocupara. La periodista esbozó un mohín de felicidad. Terceiro la contempló con una sonrisa malévola. No era un gesto amistoso o de reconocimiento, sino la sonrisa del lobo en el cuento de Caperucita Roja: «Te voy a comer.»

Bajita, con su nariz respingona y los ojos castaños, lo más que podía decirse de Nuria es que era «mona», pero estaba muy bien hecha. Tenía una delantera sobresaliente. Era una habitual de Congo y antes de presentársela como «la alegría de la huerta», Quique había avisado a Pablo que la periodista era toda «tetas y descaro». Pablo estaba plenamente de acuerdo en el juicio. Además de eso, por lo poco que había hablado con ella, tenía la impresión de que debía ser lista.

El empresario todavía carecía de referencias para apreciar su inteligencia, pero era evidente que no desdeñaba su físico. A pesar de lo que había despotricado contra los periodistas, hasta separó la silla para que se sentara. En el mismo costado de la mesa, por orden, se pusieron el inspector de Hacienda y la mujer de Terceiro.

Enfrente, al lado de la superficial del cocker, se situó Quique.

Pablo había pedido a Alicia que ocupara la otra cabecera, pero ella había declinado la oferta, alegando festiva que la presidencia debía corresponder al «señor registrador». El muy fantoche se avino radiante. Pablo quedó en un extremo, justo enfrente de la rubia, con el registrador en su flanco izquierdo y con Quique a su derecha.

La mesa, una verdadera joya de anticuario, tallada en madera de castaño, con cajones para los cubiertos en los laterales, tiradores de hierro fundido en las patas y un hueco redondo en la base, destinado originalmente al brasero, era fenomenal.

El arrollador Terceiro ocupaba buena parte del espacio. Hablaba de forma incontenible y, dijera lo que dijera, utilizaba un timbre dolorosamente alto. Pablo se preguntó si lo hacía porque estaba habituado a impartir órdenes, como les ocurre a los sargentos en el Ejército, o por mera falta de educación.

El inspector de Hacienda, un sujeto calvo, enclenque y con gafas de concha, apenas abrió la boca como no fuera para meterse algo en ella.

El registrador era uno de esos individuos que creen saber de todo e ignoran la prudencia. Era un pedante insoportable y para colmo se tomaba a sí mismo en serio. Era atrevido en sus afirmaciones, porque estaba acostumbrado desde la infancia a que los que le rodeaban le dieran la razón. Había nacido en una cuna de oro, había crecido entre algodones y se consideraba marcado por una buena estrella. Se empeñó en contradecir sistemáticamente a Pablo, al que no tildó de palurdo de milagro. Le parecía algo «rústico» y lo descalificó inmediatamente.

—Para opinar de ciertos asuntos es necesario documentarse y no creo que estos andurriales sean el centro escolar idóneo para hacerlo.

Era un farolero insufrible. Pretendía impresionar a su novia, a la fotógrafa y a la mujer de Terceiro, y cada vez que el empresario se tomaba un respiro para masticar, iniciaba largas y ampulosas peroratas. La gota que colmó el vaso de la paciencia de Pablo fue un comentario mordaz sobre «los cuarentones sin oficio ni beneficio». Antes había habido una frase despectiva sobre el vino y una larga alocución, plagada de citas y tecnicismos, destinada a dejar patente que el dueño del cortijo no tenía ni remota idea de lo que se cocía en Madrid y de los intríngulis de la política nacional.

Era el macho más joven de la reunión y, como buen opositor, era competitivo. Se veía guapo, exitoso y triunfador. Terceiro, con su panza y sus millones, aparecía como un padrino por encima del bien y del mal. El inspector de Hacienda no contaba. Quique todavía no se había perfilado y se limitaba a escuchar aletargado. El único rival digno a la vista era Pablo.

Cumplidos los 46 años, con bastantes arrugas y algunas canas, Pablo ya no era el galán de antaño, pero seguía siendo atractivo. Tenía los ojos grandes y grises, con irisaciones amarillas en el fondo. No había perdido pelo y rebosaba buena salud. Irradiaba cierto magnetismo, al que contribuían un enérgico apretón de manos, una sonrisa espontánea y un aire de indolente arrogancia, pero el engominado lo veía como un carcamal.

El muchacho no era un pánfilo. Desde el primer momento captó el menosprecio oculto en la tolerancia del dueño de la finca hacia él y se dedicó a fastidiarlo. Pablo echaba chispas por dentro. Le exasperaba que aquel lechuguino lo ninguneara.

—¿Puedo hacerte una pregunta sencilla?

—Ahí está el problema.

—¿Qué problema? —inquirió Pablo.

El joven agitó la cabeza y con entonación solemne, vocalizando para que todos escucharan bien, añadió:

—Las mentes simples, hacen preguntas sencillas, pero a veces no hay respuestas sencillas. La profesión de agricultor parece muy bucólica, pero no debe ser buena para ejercitar el cerebro.

Era el equivalente a una patada en la espinilla y Pablo se esforzó para no manifestar emoción alguna. Sentía abrasadores deseos de soltar el brazo y atizarle un revés. La necesidad de darle un puñetazo en pleno rostro y hacer brotar la sangre de aquella elegante nariz era casi indomable, pero optó por fajarse en el debate dialéctico.

—¿Cuál es tu profesión?

Pablo avanzó la barbilla. La luz cenital de la lámpara del comedor daba a sus ojos un brillo feroz, pero el modo de formular la pregunta no dejaba entrever nada malo. El engominado, risueño, tardó en responder.

—Registrador.

Pronunció las sílabas muy separadas, como si pensara que el otro era sordo o retrasado mental.

—¿Y cuántos años tienes?

Se observaron. El registrador un poco desconcertado. Pablo inquisitivo.

—Veintiséis. Creo que en estos momentos soy el registrador más joven de España; he sacado el número cinco en la oposición.

Luego se volvió hacia Terceiro, al que indudablemente deseaba meter en la conversación. Había revelado su edad y sus logros académicos con jactancia, como algunos pescadores de agua dulce alardean sobre el tamaño de sus capturas pasadas. Exudaba satisfacción y altanería. Estaba en esa engañosa etapa de la juventud en la que la existencia todavía parece eterna y todo resulta posible. Se merecía un buen palo o al menos una lección; «por imbécil».

—Me estaba preguntando cómo es que un tío como tú puede tener ya tan claro lo que va a hacer durante el resto de su vida. Hay muchas cosas en el mundo, además de fichar en un registro todos los días.

Al muchacho no le hizo gracia el comentario.

—A mí me gusta el dinero.

—¿Y qué vas a hacer con el dinero? ¿Contarlo?

En el rostro del registrador se dibujó algo parecido a una mueca de burla.

—Lo que no me apetece nada es tener que andar alquilando mi casa y haciendo camas para llegar a fin de mes.

Pablo sonrió, pero sólo por fuera.

El joven, inconsciente del terreno resbaladizo en el que se adentraba, se enzarzó en la discusión.

—¿Qué pensabas ser tú cuando tenías veintiséis años? ¿Camarero? —preguntó con retintín.

Miró de reojo a Alicia, que sentada a su izquierda simulaba estar concentrada en la copa de vino, paseó la vista por la mesa hasta llegar a Nuria, guiñó un ojo a su novia y sonrió satisfecho. Su prometida, muy en su papel, lo observaba con devoción canina. Parecía convencido de que los presentes, especialmente las tres mujeres, apreciaban su talento y su dominio de la situación.

Las palabras se amontonaban en el interior de Pablo, pero las más soeces se quedaron atravesadas en su garganta.

—Cuando tenía tu edad, yo quería ser gángster y andar por ahí con tías buenas —dijo, con voz grave y circunspecta.

Quique le hizo un gesto con el entrecejo, instándole a conservar la calma. El registrador siguió a lo suyo, cada vez más entusiasmado.

—Pues creo que estás ya un poco carroza para eso de las tías. Tengo la impresión de que tú no disparas ni en legítima defensa.

Terceiro, la pecosa y el de Hacienda le rieron la gracia.

Pablo no replicó.

Mientras las criadas retiraban los platos y cambiaban cubiertos para servir el postre, el registrador comentó que necesitaba hablar por teléfono. Terceiro propuso que usase su celular y rebuscó en su chaqueta.

—Me lo he dejado en el cuarto.

—Da igual —dijo el joven—. ¿No hay un teléfono por aquí?

—Allí —respondió Pablo, señalando la repisa de la chimenea.

—Necesito un lugar reservado...

—Hay otro aparato en la biblioteca.

Pablo apuntó con el índice hacia la pared del fondo. El registrador se levantó y antes de franquear la puerta de nogal, ya con el pomo en la mano, alardeó:

—Es una conversación importante; mi padre prometió regalarme un BMW Z3 por aprobar la oposición y quiero saber cuándo estará listo. Es igual que el que usa James Bond en *Goldeneye*.

Pablo esperó medio minuto y, disimuladamente, salió tras él. Lo alcanzó en la biblioteca, cuando el otro estaba ya con el auricular en la oreja y un dedo metido en el marcador circular. Se acercó por detrás, le tocó el hombro para obligarle a volverse y lo miró fijamente. El joven, que sólo había volteado la cabeza, notó que la boca de Pablo sonreía pero no sus ojos y se acobardó un poco. Depositó el teléfono sobre la horquilla y se giró totalmente.

—Me alegro de que seas el registrador más joven de España, hijo de puta, pero como vuelvas a decir una palabra más alta que otra te rompo los morros.

Era casi una cuarta más alto que Pablo y debía pesar unos noventa kilos, pero no las tenía todas consigo. El carroza de enfrente destilaba un peligro felino, algo mucho más amenazador de lo que él estaba acostumbrado a digerir. Tragó saliva y se encogió despectivamente de hombros, decidido a mantener la compostura.

—No seas pesado; tío.

Sin previo aviso, Pablo le atenazó por el cuello con la mano izquierda y le dio un derechazo seco en el esternón. Fue un puñetazo duro, de los que cortan la respiración y el engominado se achantó. Tardó en recuperar el aliento.

—Lo siento... no sabía que te habías enfadado —atinó por fin a balbucir.

—No quiero volver a oírte. ¿Está claro?

Pablo acompañó su advertencia con un amago de golpe.

El otro se echó ligeramente hacia atrás, pero no hizo ademán de defenderse.

—No te pongas así... era una broma.

—¿Está claro?

El registrador bajó la mirada y la colocó en el suelo, en el área de tarima situada entre los zapatos de Pablo. Luego levantó los ojos. Le brillaban como si estuviera a punto de echarse a llorar.

Pablo aflojó la presión de los dedos y se volvió. Al ver que se alejaba camino del comedor, el joven pareció recuperar algo del vigor perdido.

—No tengo ganas de pelearme contigo, pero te vas a enterar...

—¿Tú crees?

Pablo lo miró por encima del hombro, con un fulgor de desprecio titilando en las pupilas.

—¡Cagón!

El registrador tardó en retornar a la mesa. El resto de la cena estuvo con cara de pocos amigos y prácticamente mudo. Ni siquiera se explayó cuando su novia le preguntó por el coche. Explicó telegráficamente que era un *roadster* descapotable, color azul metalizado y de sólo dos plazas. No resucitó hasta después del café, cuando Terceiro insistió en que lo necesitaba para la partida de póker.

Durante ese tiempo, Pablo se dedicó a cortejar a Alicia. Nuria parecía pendiente de las ocurrencias de Terceiro y reía a carcajadas sus bufonadas de viejo verde, por lo que él se centró en la mujer del empresario.

Después del altercado se sentía extrañamente feliz. Aquel gilipollas terminaría haciéndole alguna faena. Lo peor sería que fuera con el cuento a Terceiro, pero era un chulito. Nunca confesaría que lo habían zarandeado y hasta propinado un mamporro. Se inventaría cualquier zarandaja para desacreditar la finca y sus monterías. Daba la impresión de estar bien relacionado y podía ahuyentar unos cuantos clientes, pero Pablo no se arrepentía. Lo había puesto en su sitio.

Tuvo la impresión de que Alicia había notado algo, porque cambió sutilmente de actitud poco después de que ambos se reincorporasen a la mesa. A diferencia de lo que había ocurrido a su llegada y durante la primera parte de la cena, ya no parecía indiferente.

Nuria daba la impresión de estar pasándolo en grande. No es muy frecuente caer providencialmente en una fiesta y que te toque al lado el dueño del diario en el que intentas hacer carrera. Sobre todo si eres una simple reportera. Había sido un golpe de suerte. En principio, de lo que se trataba era de una invitación a cazar que incluía, sin que nadie hubiera tenido el mal gusto de expresarlo verbalmente, dormir esa noche con el dueño de la heredad.

Pablo estaba seguro de que la chica no habría aceptado encantada la idea de ir de montería cuando la telefoneó a la redacción, si no hubiera dado por supuesto que el fin de semana conllevaba sexo a mansalva y que el lunes temprano la llevasen de vuelta a Madrid.

Como hembra era muy apetecible y el ardor con que se había desenvuelto en el aparcamiento hacía presagiar una noche gloriosa, pero Pablo había dejado de sentir urgencia por ella. En cierto sentido, era terreno conquistado. Tampoco había peligro de que se sintiese ofendida. Era demasiado joven y atractiva para imaginar que las atenciones hacia la «señora rubia» sentada frente a él eran algo más que urbanidad y deseos de agradar a la esposa del principal invitado. Desconocía los vericuetos del alma de Pablo y algunas de sus motivaciones más profundas.

Quique había comentado unos días antes, y tras saber quiénes acudirían ese fin de semana a El Cantrojal, que la mujer de Terceiro regentaba uno de los gimnasios más elitistas de Madrid, donde acudían actrices de cine, cantantes y presentadoras de televisión. Añadió que Alicia había sido una modelo bastante cotizada.

—Pues debió serlo cuando la mili se hacía con lanza —había afirmado Pablo en plan jocoso.

—No tanto.

—A mí me suena la boda de Terceiro, porque fue un escandalazo en su época, pero no tenía ni idea de que su mujer hubiera sido modelo. Tuvo que ser en tiempos de Maricastaña.

—Ésta es de la época de Franco, del Seat 600 y todo eso. Por lo visto se metió en lo de la pasarela después de ganar un concurso de misses que se celebraba todos los veranos en Benidorm —aclaró Quique, tras tildar a su amigo de ignorante.

—El tiempo no perdona.

—A nadie —convino Quique.

Esa misma noche, cuando la vio descender las escaleras, embutida en un vestido negro que realzaba sus largas piernas y la delgadez de su figura, Pablo había cambiado de opinión. Alicia estaba un poco ajada, pero conservaba una innegable belleza.

Trató de calcular su edad. Había salido en las revistas del corazón cuando se casó con Terceiro en un castillo de las cercanías de Madrid. De eso habían pasado ya más de veinte años. La rubia debía tener entonces veinticinco o veintiséis años. Recordaba vagamente lo que se había publicado en la prensa. El empresario, al que toda España conocía por sus veleidades de playboy latino y por la funesta fama que le había granjeado el derrumbe de uno de sus edificios de apartamentos, se acababa de deshacer de su primera mujer, una sevillana de buena familia y faz de ángel a la que medio país compadecía.

Terceiro se las había arreglado para encontrar un obispo nativo en el corazón del África negra y había logrado, a base de dólares, que el prelado anulase su matrimonio eclesiástico. Nadie entendía qué había aducido, porque tenía ya tres hijos talluditos, pero en los papeles escribieron algo así como «falta de consentimiento». Por aquel entonces no estaba legalizado el divorcio en España y el acaudalado negociante, que debía rondar ya los cuarenta y cinco años, se casó otra vez por la Iglesia y con toda la parafernalia.

Pablo dedujo que Terceiro debía haber cumplido los sesenta y cinco y que ella tenía que andar cercana al medio siglo. Demasiados años para andar de vampiresa, pero Alicia los llevaba de maravilla.

Estuvo seductor. Además de hablar con voz de encantador de serpientes y de poner ojos tiernos, dejó caer alguna insinuación. Cuando ella empezó a sonreír con el gesto perverso que adquieren algunas mujeres maduras cuando han bebido un poco más de la cuenta y experimentan esa dulzona falta de control que acompaña a la mezcla de alcohol y calentura, apoyó la punta del zapato izquierdo en el talón del derecho, empujó, se despojó del mocasín, frotó el pie contra la alfombra para desperezarlo y se lanzó a la carga.

La primera impresión iba a ser que alguien había estirado las piernas inadvertidamente pero, a los pocos segundos, cuando nadie pidiera disculpas y lo que parecía un toque se convirtiera en roce descarado, la esposa de Terceiro se daría cuenta de que la estaban sobando. Si era sagaz, y lo parecía, identificaría inmediatamente al autor. Pablo adelantó el pie y acarició el muslo de la mujer, sin dejar de hablar. Percibió un ligero temblor en los labios de ella y cómo se ponía repentinamente tensa. Se sentía excitado. No tanto por el tacto, que a través de la malla del panty era escaso, como por lo inaudito del evento. Al principio, Alicia aprisionó el pie con la parte interior de los muslos y clavó sus ojos en él. Pablo mantuvo la posición impertérrito y estiró la mano para coger la botella de vino. Era un momento crucial, extremadamente delicado.

—¿Un poco más?

Alicia se sentía turbada. Había otras dos mujeres en la mesa. Ambas con la mitad de años que ella. Ya había descartado que la fotógrafa viniera como pareja de Quique. Suponía correctamente que era el ligue o la novia de Pablo y le halagaba que éste, en lugar de dedicarse a la chavalita, estuviera intentando hacérselo con ella. Era un desvergonzado, pero no estaba mal y tenía gracia.

La mujer esperó unos segundos, regodeándose en el temor oculto del otro, y dijo:

—Un poco no... todo.

—¿Todo? —preguntó él entornando los ojos.

—Hasta el fondo.

Pablo notó cómo ella desplazaba ligeramente el cuerpo hacia adelante y sintió cómo le crecía un bulto en el pantalón. Usando la servilleta como cobertura, intentó colocarse recto el pene, para que no le oprimiera la pernera. Metió la mano derecha en el bolsillo y empujó con las yemas de los dedos a través del forro. El registrador estaba a tres palmos de distancia, pero era incapaz de reparar en nada. Quique era distinto. Entre otras cosas, sabía con quién se jugaba los cuartos. No había que ser un lince para percibir la protuberancia en la bragueta. Para adivinar el resto, bastaba fijarse en la extraña quietud de Pablo, tener en cuenta el último movimiento de la rubia, haber seguido la evolución de la charla y atar cabos. Quique exhaló un suspiro sospechoso; un débil quejido que Pablo entendió a las mil maravillas y los demás debieron interpretar como signo de satisfacción por la opípara comida y la calidad del vino.

Despacio, sin dejar de hablar, Pablo fue metiendo el pie. En la postura que estaba, difícilmente hubiera alcanzado lo que quería, pero Alicia colaboró arrimándose a la mesa y adelantando el pubis. Movió la planta suavemente, como si tuviera la intención de provocarle un orgasmo allí mismo, aunque ambos sabían que aquello era sólo un escarceo.

Terceiro seguía en la inopia. El empresario había pasado la noche con los ojos metidos en el escote de Nuria y ahora estaba empeñado en que trajeran whisky y empezara de una vez la partida de póquer. Tenía una barriga como una alforja y la voz quebrada por el humo, pero conservaba una energía inagotable y hacía honor a su fama de juerguista impenitente. Si se iba a dejar cuatro millones en la montería, lo lógico era aprovechar el tiempo al máximo. Había dormido una saludable siesta y lo que ahora deseaba era una buena timba. El inspector de Hacienda y Quique ya habían dicho que sí. Les faltaba un cuarto y cuando Pablo, que seguía atareado, incapaz de apartar los ojos de la boca de Alicia y con todo, esforzándose por no mirarla, dijo que su religión y las normas de la casa le impedían desplumar a sus propios invitados, Terceiro tiró del engominado.

—Te vas a forrar con el registro, así que no te importará perder unos cuantos duros con unos ancianitos. Levanta el culo y vente para acá.

—Hace mucho que no juego.

—Mejor para ti; eso trae suerte.

Alicia retiró la pelvis en el mismo instante en que el registrador se incorporaba. Bebió un sorbo de vino, bajó las manos para alisarse el vestido, que debía tener ya a la altura de la ingle, esperó un rato y se levantó.

Se acercó a merodear en torno a la mesa de póquer, donde los cuatro hombres estaban ya enfrascados en el juego. La novia del registrador y la fotógrafa miraban sin atreverse todavía a hacer comentarios. Terceiro, que había pedido una carta con la esperanza de ligar un «full», unió sus cinco naipes, los barajó concienzudamente y los abrió muy despacio acercándoselos a un palmo de la cara.

—Menos mal que queda mucha noche.

Haciéndolo planear, arrojó un billete de cinco mil pesetas sobre el dinero apilado en el centro.

—Paso —dijo Quique, a la vez que dejaba caer sus cartas.

El registrador negó con la cabeza.

El inspector, inexpresivo como una esfinge, separó varios billetes.

—Cinco mil y diez mil más.

Terceiro lo perforó con la mirada, como si pretendiera leerle el pensamiento. Echó dos billetes de cinco mil y mostró su jugada: dobles parejas de reyes y caballos.

—Trío de ases —anunció el inspector, con una voz tan neutra y falta de emoción que parecía más propia de un ordenador que de un ser humano.

El empresario se encogió de hombros.

—¿Quién da?

Quique recogió las cartas y barajó con ímpetu. Justo en el momento en que empezaba a repartir, Alicia preguntó si había un lavabo en la parte de abajo.

—¿Por qué no subes al cuarto y traes mi maletín? —propuso bruscamente Terceiro, dirigiéndose a su mujer pero sin levantar la vista del tapete.

—¿Para qué quieres tu maletín?

—Estas cartas las ha debido tocar un tuerto; están malditas. Arriba tengo un par de barajas sin estrenar. Bájame también unos puros.

Pablo evitó seguir con la vista a Alicia. Hizo que rebuscaba en la alacena, acercó una botella de Ballantines a la mesa de juego y preguntó solícito si alguien se apuntaba al champán. Nuria y la novia del registrador levantaron la mano.

—Primero voy a buscar hielo para los profesionales.

Entró en la cocina, sacó una botella de cava del congelador, la metió en un recipiente de plata y ordenó a una de las criadas que pusiese copas en una bandeja y llevase todo al salón.

—Lleve también unos cubitos de hielo, pinzas y vasos bajos. Los deja junto a la botella de whisky.

Salió al exterior utilizando la puerta de servicio. Cruzó el patio a grandes zancadas y entró de nuevo al edificio por la puerta principal. Atravesó el porche y subió las escaleras sin hacer el mínimo ruido. Le palpitaba tan fuerte el corazón, que podía escuchar los latidos. Alicia estaba en mitad del pasillo, frente a la puerta del cuarto de baño situado en el distribuidor. Esperaba y sabía cómo ponerse: los brazos en jarras, los pies un poco separados y los hombros hacia atrás, para hacer que destacaran sus pequeñas tetas.

Pablo se aproximó en silencio, con la mirada turbia. La asió por la cintura, la apretó contra sus caderas y la besó violentamente, empujando con su lengua hacia el interior de su boca. Tenía los labios húmedos y el olor de su perfume se mezclaba con el del vino. Usaba una colonia fresca y a Pablo le agradó. Siempre le habían parecido de chacha los aromas densos a los que tan aficionadas son las extranjeras, sobre todo las inglesas. Cuando dejó resbalar una de las manos y empezó a tirar hacia abajo de sus medias, ella musitó:

—Vamos dentro.

Alicia giró el interruptor de la luz nada más entrar en el cuarto de baño. Después, en una claridad acentuada por la blancura de los azulejos, se restregó ansiosamente contra él. A la vez, lo besaba y le aferraba los genitales. Cuando vio que Pablo se desabrochaba el cinturón, se despojó de las medias, se arremangó la falda, se dio la vuelta, asió con las dos manos la barra del toallero y ofreció la grupa. Sin pronunciar una palabra y observando por el rabillo del ojo, como hipnotizada, la imagen reflejada en el espejo.

Mientras la embestía, con los pantalones por las rodillas, acariciándole con la mano derecha el clítoris y estrujándole el pecho con la mano izquierda, a Pablo le vino a la memoria su ex mujer. A Victoria también le encantaba joder así.

Por su edad, Alicia podía haber sido la madre de Victoria. Pertenecía a otra generación, a otra clase social y se había educado de otra manera, pero en su juventud no debía haber sido muy distinta a ella. Salvando la barrera del tiempo, la época y la edad, en lo que se refería a ingenuidad, desvergonzonería, insatisfacción permanente y afán perfeccionista probablemente ambas iban a la par.

Y ahora, frisando casi los cincuenta años, casada con un millonario, alcanzada la excelencia aeróbica a base de pasar hambre y machacarse en el gimnasio de su propiedad, se dejaba follar por detrás y sin quitarse siquiera el vestido mientras su marido, el que pagaba las cuentas, regalaba las joyas, liquidaba las facturas del cirujano plástico y financiaba los caprichos, bebía whisky y jugaba al póquer en la planta baja.

Para Pablo fue una de esas raras experiencias sexuales en las que los hechos superan las expectativas. Fue un encuentro lascivo y urgente. Con la voz matizada de deseo, ella exigió que se moviera lentamente, entrando de un golpe y saliendo despacio, hasta el borde; que la hiciera pasar ganas. Le apartó la mano de su pubis para masturbarse ella misma y cuando sintió que alcanzaba el orgasmo, le mandó sacar el pene y correrse fuera, sobre la piel de sus nalgas.

—Me excita; me parece muy guarro.

Todavía con una considerable erección, Pablo se subió los pantalones, se ajustó la camisa y abandonó el cuarto de baño. Cinco minutos después, Alicia apareció en el salón llevando en la mano dos mazos de cartas, envueltos en celofán transparente.

—¿Vais a jugar mucho rato?

Por toda respuesta, Terceiro dio un gruñido. Iba perdiendo.

—¿Y los puros?

—Se me han olvidado.

—Cualquier día se te va a olvidar la cabeza.

Nuria y la novia del engominado habían arrimado sendas sillas y parecían divertirse mucho, siguiendo los avatares de la partida. Alicia observó cómo repartían cartas de nuevo. Esperó hasta que concluyó la mano y anunció con gesto desmayado que se iba a la cama.

—Ya es un poco tarde y mañana hay que madrugar.

Al pasar, miró a Pablo y le sonrió ligeramente, sin separar los labios.

—Buenas noches.

—Hasta mañana.

2. LA MONTERÍA

Pablo solía levantarse muy temprano. Cuando le preguntaban la razón de esa insólita costumbre, explicaba con hipócrita seriedad que en el internado de los Jesuitas —donde estudió el bachillerato, inició su amistad con Quique y consumió su adolescencia— los curas habían implantado en su interior un mecanismo que le hacía saltar automáticamente de la cama en cuanto amanecía. Era una de esas personas que se despiertan completamente nada más abrir los ojos. El domingo estaba en pie a las siete de la mañana.

A mediados de octubre y debido al cambio horario impuesto por la Unión Europea para ahorrar energía, no clareaba hasta pasadas las ocho, por lo que estuvo casi una hora en compañía de los criados, preparando morrales para los perreros y organizando la montería.

El podenquero habitual, un gitano esquelético con las manos surcadas de cicatrices y los dientes carcomidos por las caries, se había comprometido a traer quince rehalas; las pequeñas de dieciséis perros y las grandes de veintidós. Los cazadores pagaban 500.000 pesetas por cabeza, pero no todo eran beneficios. Cada rehala costaba 30.000 pesetas, a lo que había que sumar las 10.000 que recibía de propina el perrero.

Además de eso estaba el «secretario» asignado a cada puesto, que también corría a cargo de la finca. El «secretario» solía ser un paisano de los alrededores y se encargaba de ayudar al tirador. Le cargaba el arma, acarreaba la bota de vino, llevaba el morral y llegado el caso, recuperaba el trofeo.

Como «secretario» de Terceiro, Pablo seleccionó a Cándido Camarma: un peón listo, viejo y arrugado que se las sabía todas, conocía el monte como la palma de la mano, jugaba de fábula al dominó y tenía oficio bastante para poner el «medalla de oro» ante las narices del empresario.

La costumbre era sortear los puestos, pero Pablo manipuló las tarjetas que echaron al sombrero para que Terceiro quedase frente a los juncales, en el punto donde convergían las dos «armadas», las líneas del cerco.

La caza de verdad empezaba a las doce y se suspendía a la tres de la tarde. Hacía falta tiempo para distribuir a la gente, desplegar las jaurías y asignar los sitios.

Lo típico era comenzar la jornada al alba, en torno a una hoguera, con un chocolate bien caliente y los preceptivos copazos de anís o coñac. A las nueve y media estaban citados en el patio de la finca los cazadores que habían pernoctado en el Parador. Para los invitados de postín se servía antes un desayuno por todo lo alto en el comedor de El Cantrojal.

El primero en bajar fue Terceiro. El empresario también era de los que no necesitaban despertador. Las preocupaciones y la tensión por el mal momento que atravesaba alguno de sus negocios lo suplían a la perfección. Ya había devorado cuatro huevos fritos y engullido varias lonchas de jamón y tres bollos de pan cuando Pablo entró al cortijo a tomar un café.

—Buenos días.

Terceiro tenía la boca llena, pero bebió otro sorbo y mordió la tostada antes de hablar.

—¿Qué tal tiempo hace?

—El día está encapotado y bastante fresco.

—El frío no me importa, pero maldita la gracia que tendría que ahora se pusiera a llover.

—El agua es infame para los catarros, pero no es perniciosa

para la caza —mintió Pablo, que sabía perfectamente que se oye mucho peor y se tarda más en notar la aproximación de las piezas cuando llueve.

—Por estos andurriales, cuando la cosa se pone mal, jarrea que da gusto.

—No hay que preocuparse por eso.

—Eso espero —refunfuñó Terceiro.

Pablo lo observó con disimulo. Se peinaba hacia atrás y olía a loción. Treinta años antes debió ser un dandy, uno de esos calaveras que conducían coches de importación, tomaban el aperitivo en el «José Luis» de la calle Serrano y haraganeaban los meses de agosto en Marbella. Tuvo que ser de los que se llevaban de calle a las aspirantes a actrices y a las modelos en ciernes, pero el perfil se le había ablandado. Vista de lado, su cara daba la impresión de haberse derretido hacia abajo.

Si el tamaño era una indicación del talento, Terceiro tenía que ser un genio. Era realmente monumental, con triple papada, doble barriga y bolsas en los párpados. Era también la refutación viviente del axioma de que todos los gordos son personas alegres, porque estaba perennemente malhumorado y rezongando.

—He dormido fatal y me duele la cabeza.

—¿Hasta qué hora duró la partida?

—Estuvimos jugando hasta las tres y nos bebimos la mitad de la cosecha.

Señaló la mesa camilla donde había tenido lugar la timba. Las sirvientas habían recogido los restos, incluidos los vasos y los ceniceros, pero en el suelo, alineadas como soldados después de una batalla, todavía quedaban cinco botellas vacías.

—Así no me extraña que te duela la cabeza.

En ese instante entraron Quique y la mujer de Terceiro. Ella iba con pantalones de pana amarrados con cordones debajo de las rodillas, calcetines gruesos y un husky de rombos acolchados. Llevaba en el brazo un capote verde y un gorro, que dejó en el respaldo de un sillón antes de sentarse. Quique también iba disfrazado de cazador. Traía la piel roja y los párpados hinchados por la falta de sueño. El amigo de Pablo era de los que necesitaban un par de tazas de café, lavarse los dientes y un buen rato bajo la ducha y a pesar de todo eran incapaces de mantener una conversación civilizada hasta pasado un buen rato. Estaba congestionado, pero esa mañana parecía de un humor excelente.

—Buenos días a todo el mundo —saludó, imitando el cantarín soniquete de los pregoneros rurales.

Conservaba una mandíbula rotunda y los mismos ojos pequeños y achinados del colegio, pero físicamente apenas tenía nada que ver con el insolente muchacho de agresividad casi animal y enormes bíceps que imponía su ley en el patio del internado. Seguía siendo hercúleo, pero sus rasgos se habían rellenado. No estaba fofo. Tenía esa grasa firme de los ex atletas, que se adapta como una capa al esqueleto y no baila. En cualquier caso, le sobraba carne. Pablo calculó que llevaba a cuestas veinte kilos más de lo que pesaba cinco años antes, cuando todavía no jugaba a restaurador ni pastoreaba putillas de lujo en su discoteca.

También había perdido pelo. Había tenido una cabellera negra y compacta como un casco, pero empezaba a sufrir los embates de la alopecia y se teñía en secreto las canas. Ir a la peluquería debía ser últimamente un trámite tan triste y alarmante para Quique como lo era para otros visitar al urólogo para preguntarle por la próstata.

Había envejecido y al verlo husmear entre la comida, Pablo pensó si la gente no opinaría lo mismo de él. Afortunadamente, él no había engordado. Tampoco tenía entradas y seguía machacándose en las canchas de tenis. Cuidaba su apariencia en un denodado esfuerzo por mantener la imagen de vaquero de anuncio de Marlboro, que tantos corazones femeninos había roto en el pasado.

Quique se sentó enfrente de Terceiro, quien lo examinó de pies a cabeza como si buscase algo singular en su vestimenta, antes de preguntar taciturno:

—¿Tú qué tal te encuentras?

Quique se estiró, tensando los músculos del cuello y emitiendo un largo suspiro.

—Como un reloj. No voy a dejar un venado vivo.

El empresario cabeceó desaprobatoriamente.

—Mala señal; los que no tienen resaca después de una noche como la de ayer están condenados a convertirse en alcohólicos.

—Yo no me puedo convertir en alcohólico, porque ya lo soy.

En cualquier caso, creo que ha quedado claro que incluso borracho soy invencible —bromeó Quique, que esa madrugada se había levantado de la mesa ganando casi un millón de pesetas.

—Creo que el de Hacienda me daba el gafe. Con tipos así y con el jodido del hijo de mi socio, que se pasó la noche metido en la concha, ni se divierte uno ni se gana un duro. Viendo cómo amarraba, nadie hubiera dicho que el chaval acaba de aprobar la oposición a registrador. Parecía estar ahorrando para el ajuar.

Terceiro pestañeó antes de concluir apelando a la herencia genética:

—Creo que le viene de familia. Su padre es notario y está forrado, pero también es de la cofradía del puño cerrado.

El registrador había adoptado una actitud cautelosa durante el juego. A base de pasar innumerables veces y de entrar sólo a las jugadas cuando contaba con buenas cartas, había conseguido sobrevivir perdiendo muy poco. El inspector de Hacienda había salido prácticamente «a pre». El penitente de la noche había sido Terceiro, quien se había dejado en el tapete un montón de billetes. No era cuestión de dinero, sino de amor propio. Al empresario le picaba perder, aunque fuera al parchís y se disputase algo tan barato como unos cafés con leche.

—Esta tarde, después de cazar y antes de salir para Madrid, podemos echar la revancha.

—No va a haber tiempo y además no quiero abusar —dijo Quique.

—Ya veremos si abusas o no —le atajó Terceiro con viveza y con la sonrisa maquinal del que no encuentra especialmente divertido el comentario.

Quique pidió huevos fritos con panceta y mientras se los traían se lanzó sobre la tabla de quesos y el embutido. Alicia se sirvió únicamente una manzana y una taza de café, que destiñó con un chorrito de leche fría y a la que no añadió azúcar.

La mujer de Terceiro se había limitado a musitar «hola» al entrar y desde entonces no había pronunciado palabra. Ni siquiera había manifestado interés por el intercambio de invectivas entre Quique y su marido. Parecía ajena a lo que sucedía a su alrededor, pero Pablo notó que se crispaba levemente cuando irrumpió Nuria Puente en el comedor.

En las películas del Oeste siempre termina brotando un sujeto más joven y rápido que el viejo pistolero. En la vida real y sobre todo en el despiadado mundillo del ligue, la aventura, la presunción y la competencia social es imposible evitar que surja alguien con más posibilidades. El atractivo físico es como el yogurt: lleva fecha de caducidad.

Nuria tenía sobre Alicia la ventaja de la edad. Bajó a desayunar sin anudarse los cordones de las botas, con una camisa de hombre que le quedaba enorme y unos vaqueros viejos y ajustadísimos. La fotógrafa no era una belleza, pero pertenecía a ese privilegiado conglomerado de mujeres a las que la naturaleza no pone obstáculos; las que sólo necesitan un tenue toque de maquillaje, tienen la piel siempre impoluta y se alisan la melena en diez minutos con una ducha y un golpe de secador.

Alicia se fijó solapadamente en ella y supuso con acierto que la camisa era de Pablo. Nuria tenía un cuerpo pequeño pero voluptuoso. La costura de los tejanos la hendía prácticamente en dos mitades. Poseía un culo espléndido, marcado y firme.

En su fuero interno, Alicia intentó consolarse diciéndose que tenía las tetas demasiado grandes para ser elegante, pero se imaginó a Pablo chupándole los pezones y perdió el apetito. Dejó la mitad de la manzana en el plato.

Para colmo, Terceiro no se recataba un pelo y hasta se volvió para inspeccionar a la fotógrafa. La miró unos segundos más de lo debido, con el descaro con que un tratante sopesa las cualidades de una ternera en el mercado de ganado y eso incrementó su disgusto. Hacía bastante que lo que hiciera su marido la dejaba como un témpano, pero la chica había pasado la noche en la habitación de Pablo. Eso la endemoniaba y lo fastidioso era que no era capaz de identificar nítidamente el porqué.

Cuando empezaron a tirar, un poco después del mediodía, la gris mañana de octubre se había convertido en una tarde plomiza y húmeda. La fina llovizna difuminaba los colores y hacía difícil distinguir las rehalas y los ojeadores que se afanaban monte arriba.

La montería es un sistema de caza típicamente nacional, que se practica desde antiguo y en el que la táctica, la experiencia y la organización son fundamentales. Buena parte del áspero terreno de El Cantrojal estaba cubierto de matorral, encinas y monte bajo. La «mancha», como decían los paisanos, era muy densa y costaba sacar a los venados y jabalíes de la espesura y echarlos a los puestos.

En la distancia, amortiguados por la maleza, se escuchaban los histéricos ladridos de los podencos y mastines, que batían el monte azuzados por las voces sincopadas de sus cuidadores. De vez en cuando sonaba un disparo.

Los bufidos de Terceiro fueron creciendo en intensidad, a medida que los estampidos fueron haciéndose más cercanos y frecuentes. Era evidente que el agua y los tiros diluían su paciencia.

—¿Qué pasa?

A su lado, sombrío como una de las imágenes de santos que decoraban la iglesia del pueblo, el viejo Camarma oteaba el horizonte. Sólo movía, imperceptiblemente, los ojos.

—¡Joder! ¡Está entrando caza en todos los puestos menos en éste! Terceiro mascullaba destemplado, lo que no parecía afectar en absoluto a su imperturbable «secretario». El viejo abrió el zurrón, sacó una hogaza, cortó con la navaja una larga rebanada de pan blanco y puso un chorizo encima. Después, dividió en dos trozos iguales el rural bocadillo y ofreció una de las mitades al empresario. Éste rechazó con gesto abrupto la comida. Usando el pan como plato, Camarma partió el embutido en rodajas y comenzó a comer, masticando lentamente y acompañando cada bocado con módicos tragos de vino.

—No se apure. El bicho está ahí abajo, en los juncales que hay en medio de la mancha, y saldrá cuando tenga que salir.

Terceiro asintió, no muy convencido. El ansia le desecaba la lengua y alargó la mano para coger la bota. Pegó un trago, arrimando el pitorro a la boca unos centímetros más de lo adecuado. Sacó un paquete de cigarrillos y se puso uno en los labios. Camarma lo paró en seco.

—No fume.

Ante el gesto de extrañeza del empresario, el viejo se apresuró a explicar que tanto el jabalí como el venado tienen un olfato finísimo.

—No estamos cargando aire, porque el viento sopla hacia acá, pero ese bicho sabe latín.

—¿Por qué no se mueve?

—Siente el peligro y busca su terreno.

—¿Cómo sabe que está ahí abajo?

Camarma se sacudió las migas con las manos y se ajustó el desgastado pantalón: dos movimientos consecutivos que la costumbre había fusionado en uno solo.

—Lo sé.

El venado surgió de repente. Era un animal viejo, imponente, con el instinto afilado por los años e intentó «vaciarse» en silencio, sin esperar la llegada de los perros. Hubo un leve revuelo en la maraña vegetal, que cualquiera hubiera interpretado como el efecto de un golpe de viento, pero nada más. Si no hubiera estado allí Camarma, habría pillado desprevenido a Terceiro.

—¡Ahí viene! —avisó el «secretario», señalando con el brazo y los ojos hacia las encinas enanas que cubrían el fondo de la cañada.

—¡No veo nada! —se quejó Terceiro.

La respiración del empresario se aceleró.

—¡No lo veo!

—Está ahí.

Unos segundos después, el bicho salió de los matojos. Trotó unos metros antes de pararse, con el morro alzado y los ojos despavoridos, a media ladera. Era un animal hermoso y tenía una cornamenta impresionante. La cuerna del venado es una formación ósea que cae y rebrota todos los años. Tarda en desarrollarse ciento cincuenta días y va creciendo en tamaño, en peso y en número de puntas con la edad. El animal plantado frente a ellos estaba en su apogeo. A simple vista, Camarma le echó entre seis y siete años, unos doscientos kilos y veinte «candiles». Los «candiles» son las puntas de la cuerna y por encima de dieciocho el animal se considera «medalla de oro».

A través de la mira telescópica, Terceiro observó cómo se arrancaba cuesta arriba y enfilaba en línea recta, como una flecha, hacia su puesto.

—¡Apunte! —ordenó Camarma premioso—. Le tiene que tirar antes de que llegue a ese algarrobo grande, el que está junto a la piedra.

El empresario curvó el dedo índice sobre el gatillo, fijó la cruceta en un mechón de pelo claro que el venado tenía en la base del cuello, aspiró una bocanada, soltó un poco de aire y disparó. La bala era calibre «300 Magnum» y partió el corazón del animal, que se desplomó haciendo una cabriola.

—¡Bingo! —gritó alborozado el empresario.

—No sé cómo te puedes comer eso —comentó Pablo—. Yo quedé vacunado con el rancho del colegio. Desde entonces no pruebo ni sopa ni legumbres, a menos que esté a punto de fallecer de hambre.

—A estas horas y con todas las calorías que he gastado subiendo y bajando cuestas, me siento más desnutrido que un niño etíope después de la gran sequía —se justificó Quique, engullendo una nueva cucharada de fabada.

—¿Qué tal están?

—¿El qué? —farfulló Quique con la boca llena.

—Las alubias... ¡coño!

—¡Duras como balines!

Se rieron al unísono.

—Pues Terceiro se está poniendo morado.

—Está que se sale el hijoputa —comentó socarrón Quique—. Es el triunfador de la tarde. Se debe creer el rey del mambo. Si pudiera, además de los cuernos pediría los cojones y el rabo del bicho y daría vueltas al ruedo.

—Cállate, que me vas a joder el negocio.

Quique se hurgó con la lengua en las encías, rebuscando restos de comida. Los «secretarios» habían alineado los venados sobre las piedras del patio y habían colgado los cochinos, en fila, como si fueran ropa en el cable de un secadero. Uno de los perreros, armado con una aguja de zapatero y un rollo de bramante, trataba de meterle de nuevo en la panza las tripas a un mastín, al que un jabalí había abierto en canal. Había dejado de llover y cazadores, señoras, podenqueros, «secretarios» y criados hacían corrillos y fingían confraternizar, antes de dar por concluida la montería.

—Míralo; habla como si fuera Búffalo Bill.

Quique señaló con el mentón hacia el lugar donde Terceiro comía a dos carrillos y describía por enésima vez cómo había abatido al ciervo. Pablo pensó que Nuria, además de una amante complaciente, debía ser bastante ambiciosa. También calculadora, porque simulaba estar realmente interesada en el relato. Hacía preguntas y alababa el tamaño del trofeo como si fuera una experta taxidermista.

La fotógrafa pretendía impulsar su carrera profesional y debía haber llegado a la conclusión de que lo más conveniente era dar alas a la altanería del propietario de *La Crónica*. El registrador, la novia de éste, con su aterrorizado perrito en brazos, y el resto de los que estaban en el grupo, tampoco le iban a la zaga.

—Me viene de perlas que esté contento —confesó Pablo—. A Terceiro le salen los millones por las orejas y es de los que volverá y traerá amigos y clientes.

—¿Te ha pagado ya?

—Déjalo que disfrute; ya pasará por caja.

A la caída de la noche, cuando Quique, el registrador, el solitario inspector de Hacienda y la generalidad de los cazadores estaban ya camino de Madrid, Laureano Terceiro todavía seguía en El Cantrojal. Para celebrar su éxito, el empresario no había parado de brindar con whisky. Tenía una reunión de negocios a las diez de la mañana del lunes, pero aceptó la propuesta de Pablo de pasar la noche del domingo en la finca. La caminata por los montes toledanos, la emoción de la caza y el alcohol lo habían dejado extenuado.

—Desde que hay autovía entre Toledo y Madrid no se tarda nada en llegar. Desde aquí hasta la carretera general son veinte minutos. Si os levantáis a las siete, a las nueve y media podéis estar en Madrid —explicó Pablo.

—¿No habrá mucho tráfico? —preguntó Alicia.

Pablo creyó percibir displicencia en la rubia.

—Los lunes siempre hay tráfico, porque los catetos aprovechan la gasolina que les queda del fin de semana y vuelven a coger el coche, pero a mí me encantaría que os quedarais.

Había alargado sutilmente la «s» final para sugerir que era ella quien le interesaba y no su marido, pero Alicia no se dio por aludida.

—Bueno, qué le vamos a hacer.

No había ambigüedad en el talante de la rubia. Pronunció las palabras con despego, para remarcar la distancia entre ambos. Sólo le faltó decir expresamente que ellos eran allí los que pagaban. La había estremecido el asalto ante el espejo del cuarto de baño pero oía a Nuria trajinar con el equipaje en el piso de arriba. Sólo de pensar en la fotógrafa le daba dolor de estómago.

—Voy a mandar que preparen la cena. La cocinera hace el lomo de ciervo de locura; le pone puré de manzanas.

—A mí no me gusta la caza —dijo Alicia con un hilo de voz.

—Come otra cosa. Que te preparen una tortilla francesa o cualquier mariconada —intervino desabridamente Terceiro, cuyas glándulas gástricas se habían activado ante la simple mención del menú.

No se había percatado del conspicuo desprecio con que su mujer se dirigía al dueño del cortijo.

—No tengo hambre y estoy cansada. Creo que me voy a ir a leer a la cama.

Cuando la mujer abandonaba el salón, aprovechando que su marido estaba atareado atizando el fuego de la chimenea, Pablo buscó sus ojos. Ambos se observaron fugazmente. Él, intentando parecer tierno, con una mirada cargada de sexualidad. Ella despectiva.

Tampoco era un drama que la esposa del empresario pasara de él. Tenía morbo, pero estaba flaca como una raspa de pescado y ya era bastante mayorcita. Desde la escalera, con la mano apoyada en el bruñido pasamanos y el gesto altivo, Alicia pidió que le subieran a la habitación una infusión de manzanilla y algo de fruta. Pablo pensó que no venía al caso obsesionarse con los estados de humor de la rubia. Lo mejor era dejarse de fruslerías, centrarse en Terceiro y dedicarse a cultivar su modesto y artesanal negocio.

Nuria bajó poco después, pero al ver a los dos hombres entretenidos conversando y comprobar que no había otras féminas a la vista, dijo que estaba a dieta y, tras recalar en la cocina y picotear un poco, retornó a su cuarto.

Pablo y Terceiro cenaron solos, mano a mano. A la altura de la segunda botella de vino se había establecido entre ambos esa camaradería de vestuario que embarga ocasionalmente a cazadores, pescadores y aventureros y que sólo tiene parangón en el Ejército, en el Cuerpo de Bomberos o entre los marineros.

—No está buena ni nada la periodista.

—¿Quién? ¿Nuria? —preguntó Pablo, poniendo cara de inocente.

—Quién va a ser. ¡Menudo mostrador tiene la chavalita!

El empresario se puso las manos delante del pecho, en un procaz ademán más propio de camionero obsesionado con la camarera del motel de carretera, que de un millonario dueño de múltiples negocios, incluido un diario nacional.

—Ésa es de las que puede ducharse sin mojarse los pies.

Se rió guturalmente de su propia ocurrencia.

—¿Por qué no ha querido cenar con nosotros?

—Ya la has oído. Está a régimen —contestó Pablo.

—Todas las tías son iguales.

Inquieto ante el curso que tomaba la conversación, Pablo se esforzó en llevar la charla a otro terreno.

—Me ha dicho Nuria que hay problemas en el periódico.

Terceiro no pareció darse cuenta del comentario. Era la clase de persona que rara vez escucha lo que dicen los demás. A veces, ni siquiera prestaba atención a las respuestas de sus propias preguntas. Su repentina mudez no estaba relacionada con su falta de interés en Pablo. Estaba intrigado por el misterio que rodeaba al personaje. Había cierto magnetismo en el dueño de la finca que le agradaba. Lo que le exasperaba era el diario en sí y por eso se mostraba remiso a hablar de cualquier tema relacionado con él.

—Por lo visto han convocado una semana de huelga —insistió.

El empresario reaccionó con un inequívoco signo de contrariedad. Pablo temió haber metido la pata, pero advirtió enseguida que el ceño no significaba desaprobación personal alguna.

—Ya he enterrado novecientos millones en *La Crónica* y esa panda de gandules está empeñada en que siga metiendo dinero.

—¿Va mal el periódico?

—Mal es poco; va de culo.

—¿Por qué no lo cierras?

Terceiro lo miró con marcado patetismo, como el que observa a un enfermo incurable.

—La prensa no es un negocio normal. Si eres dueño de una fábrica de zapatos y no funciona, haces una regulación de empleo y pones a la mitad de la plantilla de patitas en la calle. Lo mismo si eres la Seat, Altos Hornos o Iberia. Hasta las minas de carbón cierran, pero con un diario es distinto. Tienes que seguir pagando la nómina y aguantando cenutrios y haraganes aunque eso te conduzca a la ruina.

El empresario llenó la copa hasta el borde, dio un sorbo, se enjuagó la boca con el vino y prosiguió su dolido relato.

—Lo que me está pasando en *La Crónica* me está bien empleado por soplagaitas, por haberme metido en algo de lo que no tenía ni puta idea —dijo, enfadado consigo mismo—, pero me quema la sangre.

Terceiro había entrado en el negocio de la prensa por casualidad. Un año antes, un amigo, con quien se había asociado para construir bloques de apartamentos en las inmediaciones del aeropuerto de Barajas, le había confiado que existía la posibilidad de quedarse con *La Crónica* a precio de saldo. El asunto tenía buena pinta. Para empezar, no era una operación cara. Después estaban lo que su socio denominaba «ventajas indirectas». Un diario, máxime si se tiraba en Madrid y se distribuía por todo el territorio nacional, era un instrumento de presión formidable.

La recalificación de terrenos dependía en última instancia de un político que, más pronto o más tarde, tenía que presentarse a unas elecciones y no hay hombre público al que apetezca tener en contra un medio de comunicación importante.

—La verdad es que me lo pintaron tan de color de rosa, que no recapacité —se quejó Terceiro, con gesto exánime—. Es raro que me meta en algo sin mirar hasta debajo de las alfombras, pero en el caso del periódico me dejé engañar como un bobo. Me equivoqué y no hay día que no maldiga haberlo hecho.

Aunque el empresario lo estuvo obviando un buen rato, en su error de cálculo también había jugado un papel la arrogancia. Se había convertido en el accionista mayoritario de *La Crónica* con la misma cegadora presunción con la que los mafiosos italonorteamericanos adquirían casinos en Las Vegas y los nuevos ricos de otras latitudes entraban en el sector hotelero.

—Mi socio decía que por mucho dinero que tengas, la única manera de sentirse como los nobles del Renacimiento es comprar un gran hotel o hacerte dueño de un periódico —confesó cariacontecido—. Los hoteles son unos negocios en los que tienes cientos de personas a tu servicio, que actúan como tus criados y en los que tu deseo más nimio es satisfecho al instante. Con los medios de comunicación pasa algo parecido y además te pueden dar influencia. La información es poder.

A pesar de que había estudiado la carrera de Derecho y trabajado como ejecutivo de una multinacional del tabaco antes de divorciarse, colgarlo todo y tratar de subsistir trampeando con sus precarias rentas y sus cada día más exiguos ahorros, a Pablo siempre le había fascinado el periodismo. En los Jesuitas había participado en la revista del colegio y hubo una época en que fantaseó con hacerse reportero.

Entre sus primeros recuerdos estaban el de su madre dándole las buenas noches y susurrando a su oído, antes de dormirse, que pidiese al Niño Jesús por los pobres húngaros, a los que masacraban en las calles de Budapest los sanguinarios comunistas rusos. La muerte de Patricio Lumumba, el drama de los misioneros y la precipitada fuga de los colonos blancos de África eran posteriores, pero contribuyeron también a incentivar su enfermizo deseo de aventuras. Todos esos acontecimientos ocurrían en lugares exóticos, donde se mezclaban negros cubiertos con pieles de león, implacables mercenarios y arriesgados periodistas. En su mente infantil no había mucha diferencia entre «perros de la guerra» como Mike Hoare, Jacques Schramme o Bob Denard, que se hicieron célebres peleando en Katanga, Biafra o Angola en los años sesenta y los corresponsales que contaban sus hazañas.

Con la carrera militar sometida al acoso inclemente de los objetores de conciencia y con la caza mayor estigmatizada como un crimen abyecto por los ecologistas, el reporterismo restaba como la única actividad en la que se podía flirtear con el diablo, prosperar en medio del dolor ajeno y cortejar a la muerte con total aprobación social.

El periodista parecía un hombre de acción y vivía en un mundo donde los individuos actuaban, lo que en la imaginación de Pablo cuadraba como un guante con sus cualidades innatas. Él no era de los que sometían continuamente su psique al microscopio, se obsesionaban con su estado emocional o se preocupaban por el mínimo latido irregular de su corazón. Si Clark Kent, que se abría la camisa y se convertía en «Superman», era periodista, ¿cómo no iba a ser una profesión fantástica?

Al final, presionado por su madre, que nunca tuvo un buen concepto de la gente de la prensa y deslumbrado por su progenitor, que se había dado la gran vida como embajador, se inclinó por una carrera más tradicional. Se hizo abogado pensando en la Escuela Diplomática, pero jamás dejó de estar encandilado con el complejo mundo de la información. Coleccionaba muchas cosas y entre ellas películas sobre periodistas.

Hacía casi diez años que, curioseando en una revista de cine, la prestigiosa *Cahiers du Cinéma*, había topado con un anuncio en el que un enigmático Club Express ofrecía una amplia gama de vídeos. Se trataba de un negocio de venta por correo. Por el prefijo del teléfono al que había que llamar dedujo que la empresa estaba radicada en Navarra. Los de Club Express enviaban regularmente un catálogo en el que en letras minúsculas reseñaban la relación de títulos. Bastaba seleccionar el número de referencia, telefonear a Pamplona y a los quince días, contrarrembolso, te llegaba un paquete con la cinta elegida. Probablemente, otros se aprovisionaban así de pornografía o atesoraban historias de hampones. Alguno hacía acopio de las obras de su director más admirado o de las apariciones en celuloide de la actriz de sus sueños. Pablo se dedicó a amontonar material relacionado con su vocación frustrada.

En su casa de Madrid, en los cajones del mueble situado junto a su magnífico equipo Bang & Olufsen, atesoraba medio centenar de filmes. Muchas noches, cuando se aburría, ponía en marcha el vídeo y disfrutaba repasando clásicos como *Luna nueva*, *Primera plana* o *Ciudadano Kane*, cuando no optaba por títulos más recientes y metía en el aparato la copia correspondiente a *El año que vivimos peligrosamente*, *Todos los hombres del Presidente* o a *El ojo público*.

Los lamentos de Terceiro, sus constantes referencias al proceloso mundo de la prensa, a las peculiaridades de los periodistas y al carácter atrabiliario de su Comité de Empresa aguijonearon la innata curiosidad de Pablo y avivaron algunos de sus viejos sueños. El empresario confesó que, superada la obnubilación del principio, perdido bastante dinero y en situación cada vez más crítica, necesitaba como fuera deshacerse del desastroso negocio o al menos desaparecer del primer plano. Las ventas habían caído dramáticamente, los ingresos publicitarios eran insignificantes, el precio del papel se había disparado y la nómina de la plantilla devoraba cientos de miles de pesetas al día.

—Si no hubiera periodistas de por medio, la solución sería muy fácil: suspensión de pagos, cerrojazo, Magistratura, fondo de compensación salarial y a otra cosa mariposa. El embolado con la gente de los medios de comunicación es que tiene resortes para movilizar a Dios bendito. Cuenta con el apoyo de políticos de todo pelaje y para colmo te puede hacer la puñeta usando la tinta, el papel y la rotativa que tú pagas.

Estimulado por la bebida y con más retranca de la que Pablo le suponía, Terceiro explicó que su propuesta de reducir el número de trabajadores en nómina y recortar gastos había desatado una airada reacción de los periodistas, que llevaban tres meses de huelga intermitente y se permitían hasta el lujo de insultarle en las páginas de su propio diario.

—¿Sabes cuál ha sido la última que me han hecho esos hijos de puta?

Pablo alzó una ceja y movió la cabeza, para animarle a continuar.

—Metieron en el crucigrama una pregunta que decía algo así como «mujer de mala nota» y ¿sabes cuál era la respuesta?

Terceiro se llevó la copa a los labios e hizo una pausa, para dar énfasis a lo que iba a revelar a continuación.

—Alicia Ayuso; el nombre de soltera de mi mujer.

La sorpresa de Pablo se transformó en una carcajada, gradual, ascendente y bastante genuina. En cuanto recuperó la formalidad, se excusó.

—Perdona que me ría.

—No, si no eres tú solo el que se ha descojonado.

Por si el otro se lo había tomado mal, Pablo se apresuró a sugerir algunas ideas.

—La verdad es que la cosa no tiene ninguna gracia; lo que no entiendo es por qué no contratas una compañía de seguridad, mandas a los guardias que controlen los accesos a la redacción y al que se desmande lo expulsas a palo limpio.

Terceiro abrió los brazos en cruz.

—Hay un servicio de vigilantes, pero dar con periodistas es como topar con la Iglesia. Ya han conseguido aparecer como víctimas de un voraz empresario y, si muevo un dedo contra ellos, me echarán encima a la opinión pública, a los sindicatos y al «sursum corda». Este asunto de *La Crónica* me está perjudicando mucho y no quiero que me joda del todo en otros campos.

—¿En qué te pueden joder?

A Terceiro le empezaba a gustar su compañero de cena. Era

directo, no se andaba con rodeos, pensaba como él y parecía mucho más inteligente y expeditivo que los engolados ejecutivos con los que lidiaba a diario.

—Cuando te dedicas a construir pisos, editas textos escolares, manejas una agencia de viajes o tienes una cadena de supermercados como tengo yo, la imagen pública es fundamental.

—Vende el periódico.

El empresario alzó los ojos al techo y suspiró.

—¡Qué más quisiera! El único y pequeño escollo es que ni Cristo quiere comprar esa mierda. Daría lo que fuera por encontrar un pardillo dispuesto a soltar unos duros por mis acciones. Hasta las regalaría.

Se quedó callado, meditando. Era un hábito que a veces provocaba incomodidad en sus interlocutores. Pablo malentendió el silencio y temiendo que el empresario estuviera ido o bajo los efectos del whisky, sugirió irse a la cama.

—¡No tengo sueño! Para un día que uno puede hablar con alguien decente...

—Yo estoy encantado, pero pensaba que tendrías sueño.

—Apenas pego ojo desde hace unos meses. Llevo una temporada en la que no me dedico a otra cosa que a lidiar con sindicalistas, dorarle la píldora a empleados inútiles y buscar nuevos accionistas.

—Tampoco debe ser tan difícil eso ¿no? —comentó Pablo, por decir algo.

—No es que sea difícil, es imposible. He tenido contactos con varios grupos de comunicación, incluido uno alemán. Hasta he sondeado a algún partido político, pero no hay manera. Aquello es un avispero, cada día va peor y a nadie le gusta meterse en un sitio en el que la gente anda soltando dentelladas.

Con la campechanía que imprimía habitualmente a sus conversaciones de negocios, Terceiro le fue detallando la evolución de la crisis en *La Crónica*. El punto de inflexión, el detonante que le había abocado a un choque frontal con la plantilla, había sido un comunicado dirigido al Comité de Empresa en el que se anunciaba el plan de suspender temporalmente la publicación del diario, «para reorganizar sus recursos humanos y técnicos».

—De lo que se trataba era de poner en la calle a la mitad del personal y, para ganar tiempo, ofrecí a la gente irse con un permiso retribuido, pero no coló. Se pusieron en pie de guerra, declararon la ocupación permanente de las instalaciones y empezaron a sacar artículos poniéndome a parir. Hasta metieron un editorial en el que me llamaban nuevo rico, decían que confundo el tocino con la ambición. Aseguraban que ando sobrado de dinero y corto de convicciones democráticas.

—¿Por qué no mandaste a los guardias de seguridad que los sacasen a palos?

—Ya te he dicho que no se puede.

—¿Pero no es tuyo el periódico?

—Sí, pero un periódico, aunque haya mucho cerdo dentro, no es una fábrica de jamones. En cuanto esa panda agitó la bandera de la libertad de prensa amenazada por un capitalista sin entrañas, se produjo una avalancha de comunicados de solidaridad. Los sindicatos, otros diarios, cantantes, escritores, maleantes, concejales y hasta diputados se han pasado por la redacción o han enviado mensajes de apoyo.

—¿Y ahora?

Terceiro hizo un gesto de hastío.

—Ahora estoy jodido. Compré *La Crónica* pensando que me serviría para ganar favores e influir y lo único que me trae son quebraderos de cabeza y pérdidas.

Agitó la cara, como si estuviera ahuyentando una mosca posada en la frente.

—*La Crónica* pierde un millón al día. Presenté documentos para demostrar que no había manera de continuar si no realizábamos una ampliación de capital y entraban nuevos socios, pero a los periodistas esas cosas les resbalan. Esos mangantes lo que quieren es seguir cobrando y la sopa boba.

Terceiro exhaló un suspiro. Tras el arrebato, parecía agotado, sin fuerzas para continuar.

—Me la he tenido que envainar.

Esbozó una sonrisa patética.

—He instalado despacho permanente en el edificio, he confirmado a todo el mundo en su puesto y hasta he insertado un artículo comprometiéndome con los lectores y con los trabajadores a seguir apencando.

El empresario cruzó los brazos, se pellizcó la barbilla, arqueó las cejas y añadió:

—Como tampoco me gusta que me tomen el pelo, estoy maniobrando para salir del atolladero.

Una hora más tarde, tras escuchar de labios de Terceiro media docena de anécdotas tan chocantes como la del crucigrama, después de varias interrupciones provocadas por la necesidad del empresario de ir al baño a descargar parte del alcohol ingerido y de oír a su interlocutor jurar que necesitaba quitarse de en medio como fuera, Pablo empezó a barruntar la posibilidad de hacer negocio. Allí había una oportunidad y lanzó la caña para ver si pescaba algo.

—Yo creo que te podría ayudar.

—¿Y cómo?

—No sé; déjame darle vueltas.

Si lo que el empresario precisaba era un hombre de paja dispuesto a figurar como nuevo propietario y a asumir la impopularidad que llevaba aparejada la reducción de plantilla, él podía encontrarlo.

—Voy a ver si se me ocurre algo.

Terceiro bostezó con tal fuerza que le crujió el maxilar.

—Perdona. Me empieza a entrar el sueño. ¿Subes con frecuencia a Madrid?

—Tengo un piso en el Paseo de La Habana y paso mucho tiempo allí. A la finca vengo cuando me harto del tráfico y necesito una descompresión. En temporada de caza.

—¿Piensas ir estos días?

—Mañana mismo; en cuanto recoja los trastos y ordene un poco.

—Estupendo —gruñó Terceiro, tambaleándose en dirección a la escalera—. Mañana, antes de salir, te daré mis teléfonos. Llámame y quedamos.

—¿Cuándo te viene bien?

—Cualquier día. Cuanto antes, mejor.

—¿El martes?

—Vale. Pásate por el periódico, comemos juntos y hablamos con calma.

3. EL PERIÓDICO

Una vieja espingarda turca colgaba de la pared del salón. Sobre un trípode de madera de cerezo reposaba una máscara funeraria africana. También había cuadros, una «chaisse longe» forrada con piel de potro y una antigua mecedora de castaño. La librería de raíz de roble labrada era una obra maestra y llegaba hasta el techo, pero faltaba un toque humano. Lo único que atrajo a Nuria fueron los dos monos de plata que reposaban sobre el escritorio. Eran muy antiguos y aportaban una nota de sensibilidad urbana, casi femenina, que subvertía la opresiva masculinidad de la casa.

—No estás casado, ¿verdad?

Pablo celebró en su interior la perspicacia de la fotógrafa. Se había esforzado, por su hijo David, en evitar que el piso pareciese un refugio de divorciado, pero Nuria lo había notado nada más poner los pies en él.

—Lo estuve; hace mucho tiempo.

—¿Cuánto?

—Cinco años.

—No es tanto. ¿Y te vas a volver a casar?

—Oye... tú haces muchas preguntas.

—Sí, pero todas fáciles.

—Pues no, no me pienso volver a casar.

La sujetó cariñosamente por los hombros.

—¿Sabes por qué? —preguntó Pablo con tramposa dulzura.

Su primera intención, al salir de El Cantrojal ese mediodía, había sido deshacerse de Nuria apenas llegar a Madrid, pero ahora le apetecía estar con ella. Esa tarde tenía una cita con su ex mujer. Una cita acordada sobre la marcha, pero ineludible. Victoria Fuster, siempre tan discreta, había aparecido en una revista tiernamente enlazada a un egregio cirujano y quería constatar, mirándola a los ojos, si era cierto que preparaba ya la boda.

—¿Por qué no te piensas volver a casar?

—Por una cosa que dice mi amigo Quique, el de Congo...

—¡Cuéntame ahora quién es Quique! —le interrumpió Nuria sin malicia— ¿Se te ha olvidado que fue quien nos presentó y el que me llevó a tu finca?

—¡Anda que no es susceptible ni nada la niña! —exclamó zumbón Pablo—. Bueno, pues según él, en cuanto te casas y por mucho dinero que tengas en la cuenta corriente del banco, se produce una curiosa metamorfosis. Automáticamente te transformas en pobre. Ya no puedes ni viajar, ni dormir, ni ir de farra, ni ligar, ni jugar al tenis, ni cazar, ni nada.

—¿Tampoco follar?

—Tampoco.

—Pues habrá que aprovechar el tiempo ahora, mientras sigamos solteros.

Tres minutos después estaban desnudos revolcándose como dos animales por el suelo del salón. A pesar de sus muchas horas de vuelo, la conducta sexual de Pablo se regía más por el instinto que por la experiencia. Ya no andaba permanentemente con ganas, como a los veinte años, pero seguía siendo un adicto. Tenía el vicio en los genes y se dejaba arrastrar sin pensar en las consecuencias. Cuando llegaba el calentón no quería saber nada de sonrisas melosas o charlas previas. Parecía darle lo mismo que la mujer fuera gruesa o flaca, que tuviera diecisiete años o cincuenta y cinco.

Cachondo, podía convertirlo todo en sexo. Una vez metido en harina, si la hembra no le cautivaba solía portarse como un gañán y ser sórdidamente sucio y hasta brutal.

Con Nuria fue al grano. En cuanto se sació, tiró para atrás de la rabadilla, pegó un brinco y trotó hacia su dormitorio, vociferando que había otra ducha en el cuarto de invitados.

La casa de Pablo era espaciosa. Ocupaba la planta superior de un pequeño y lujoso conjunto residencial, situado en la parte alta del Paseo de La Habana, no muy lejos de la embajada cubana. En la zona tenían sus mansiones el escritor Antonio Gala y el financiero Mario Conde, aunque este último hacía meses que no aparecía por allí. Desde que había sido condenado a seis años de cárcel por sus tejemanejes en Argentia Trust, Conde pasaba el tiempo en una de sus fincas, meditando y tratando de encontrar una explicación creíble con la que justificar la evaporación de 600 millones de pesetas.

El salón era descomunal y muy bonito, pero el principal embrujo estribaba en la terraza, que circundaba la casa por tres lados. Además de tener una pérgola de hierro forjado, la terraza estaba repleta de árboles. Desde allí se divisaba una hermosa panorámica de Madrid.

Los muebles eran buenos, las alfombras rebosaban sofisticación y las pinturas denotaban buen gusto, pero no era un lugar donde se pudiera imaginar a una familia normal. Lo que conforma el ambiente de una casa es el tiempo y la permanencia de las mismas personas, que van poco a poco añadiendo detalles de sí mismas y aportando elementos, con la certeza de que aquello es su morada. El piso de Pablo era todo menos un hogar.

—Espabílate que no llego.

—¿Dónde es el incendio?

—Tenía una cita a las cuatro en el notario con unos clientes y son casi las cinco —explicó acelerado y plenamente consciente de que no había clientes, ni notario, ni nada por el estilo.

Había quedado con Victoria. Probablemente a la fotógrafa le traía al fresco. No se iba a enojar porque a un cuarentón como él le entrasen las prisas para ir a ver a su ex mujer, pero era un embustero redomado. Era un hábito. Había aprendido a ocultar la verdad desde muy niño. En el colegio sabía que sería castigado si los curas le pillaban mintiendo, pero el engaño siempre ofrecía una oportunidad de salvación y por naturaleza adoraba el peligro. De adulto, la falsedad crónica de Pablo, su compulsiva inclinación a falsificar las cosas, estaba vinculada con el juego, con la manipulación, con la deliciosa emoción de poner a prueba su inteligencia superior.

—¿Vas a estar mañana en el periódico?

—¿Por qué?

—Porque a lo mejor me paso. He quedado con Terceiro al mediodía y nos podíamos ver.

—Bueno —dijo Nuria con desgana—. Si tienes tiempo, dame un toque y si puedo, tomamos algo.

Pablo jamás hubiera podido imaginar que la madre de su único hijo, una mujer por la que una vez sintiera auténtico delirio, volvería a cobrar interés tras cinco años de total desapego y que lo hiciera por algo tan liviano y aparentemente tan aséptico como salir en un semanario, fotografiada del brazo de un fulano mucho más famoso que él.

Había quedado con ella en el Café de Oriente. No se preocupó ni de preguntar a Nuria dónde quería que la llevase o de acercarla a una parada de taxis. Al llegar a la Esquina del Bernabéu, se arrimó a la acera, le dio un beso rápido y la dejó allí. Se metió en el túnel de Azca, bajó a toda velocidad por la Castellana, hasta la Plaza de Colón y allí giró a la derecha para ir por los bulevares hasta el Paseo de Rosales. Viró a la izquierda, siguió hasta la Plaza de Oriente y encontró aparcamiento a la primera, enfrente del Teatro Real.

No era un fanático de la puntualidad, pero prefería esperar a que le estuviesen esperando, sobre todo cuando se trataba de mujeres. Victoria todavía no había llegado. No había mucha gente. Dentro no hacía frío y por eso le llamaron la atención las dos jubiladas sentadas a la entrada, junto a la barra. Las ancianas cuchicheaban mordisqueando pastas y no se habían quitado ni los abrigos ni las bufandas. Pensó que debía ser horrible hacerse viejo y no tener dinero. Junto a ellas había una pareja. Parecían matrimonio, eran jóvenes y por sus gestos y lo que les escuchó al pasar, sacó la conclusión de que discutían sobre la compra de un electrodoméstico. Él y Victoria nunca se habían peleado por cuestiones crematísticas. Tampoco por una batidora o un microondas.

Eligió una mesa al fondo, en el habitáculo situado a la derecha de la barra, para dominar todo el local. Desde allí, cinco minutos después, vio entrar a su ex mujer, que primero se fue hacia el otro lado y a mitad de camino, como si hubiera recibido una señal, se volvió. Llevaba un vestido gris perla y el color le sentaba estupendamente. La recibió en pie, con donaire.

—Te conservas muy bien, Pablo —saludó Victoria.

—Tú también.

Ella sonrió. Él la miró despacio. Victoria ya había cumplido los treinta, pero seguía despidiendo sensualidad. Era casi pelirroja y tenía la cara alargada y suave y los labios carnosos. Bajo el vestido de Chanel, muy acorde con la carísima y ruinosa tienda de antigüedades que regentaba a medias con una amiga en la calle Velázquez, Pablo no podía apreciar cabalmente su anatomía, pero estaba seguro de que mantenía ese cuerpo elástico y duro que sólo se consigue a base de deporte, cremas caras y una dieta espartana.

—¿Cómo te encuentras? —preguntó ella.

—Mal. ¿Y tú?

—Yo muy bien.

—¡Tiene cojones!

—Mira que eres mal hablado.

Él pidió café y un agua mineral con gas. Ella una coca-cola. Hablaron de banalidades hasta que Pablo sacó a colación la foto en la revista y preguntó hiriente si el «pelagatos» que aparecía con ella era su nuevo novio.

—Se trata de un amigo, nada más.

—Nunca fuiste muy buena mintiendo y creo que has empeorado con los años.

—No tengo por qué darte explicaciones.

—Yo no te las pido.

Victoria se rebulló incómoda.

—Dime lo que tengas que decirme con claridad. No estoy para juegos ni para aguantar groserías.

Pablo inhaló, tomando fuerzas.

—¿Vives con él o no?

—Desde que nos separamos no he vivido con nadie, pero tampoco pretenderás que me quede en casa como una monja. Salgo con Ricky como podría salir con otro. En cualquier caso, a ti, que no has pagado nunca la pensión y que has pasado siempre de mí, ¿qué te importa?

Pablo meció la cabeza.

—Conque ese tarado se llama Ricky.

Pronunció el nombre remedando la afectación de los «pijos» madrileños y ella sonrió.

—No seas zoquete. ¿Acaso quieres que me pase la vida llamándole señor Antúnez?

—¿Y cómo le llama David?

—¿Cómo llamas tú a tus ligues? ¿Usas el apellido?

—En la cama, a todas las llamo puta, como hacía contigo —dijo Pablo con deliberada brutalidad.

Victoria encajó la afrenta como una bofetada. Se sintió como cuando era niña y le daban arbitrariamente un guantazo. Él había premeditado sus palabras y sabía que haría daño.

—He venido porque creía que íbamos a hablar de David, pero me voy.

Victoria se alisó la falda, el acto reflejo de una mujer que intenta poner orden en sus propias emociones.

—Perdóname.

La mano de Pablo se cerró con fuerza sobre su muñeca, como si quisiera transmitirle algo imposible de expresar con palabras.

—Tú sabes que siempre he sido muy apasionado.

—Uno de tus muchos defectos es la incapacidad para distinguir entre la pasión y el exceso.

—Te he preguntado por ese tipo porque me preocupa David —musitó con suavidad.

—Antes no te importaba.

—Pero ahora sí.

—¿Por lo que publican las revistas?

Pablo hizo un gesto de impotencia y ella le devolvió, en pequeña escala, uno de los golpes.

—Tienes un ataque de cuernos, lo que me haría hasta gracia si no fuera tan ridículo.

—No tengo un ataque de cuernos, pero si te vas a volver a casar o a vivir con ese tío, lo mejor sería que el niño estuviera conmigo.

—Un niño no puede vivir con un padre que todavía juega a ser Indiana Jones y que aparece cuando las cosas van bien y desaparece en cuanto se presenta la primera dificultad o se le cruza una furcia en el camino.

—Creo que yo lo puedo cuidar mejor que tú.

Victoria negó con los labios apretados.

—No sé si te has trastornado. A lo mejor has leído por ahí, en el *Newsweek* o en el *Herald Tribune*, que la moda ahora, para los padres crápulas, es hacerse cargo de sus hijos.

—¿Entonces?

—Entonces, nada. Lo que tienes que hacer es llamarle más, llevártelo de fin de semana e ir a verlo cuando juega un partido o hace una obra de teatro en el colegio. Podías asistir de vez en cuando a las reuniones de padres de alumnos, que son una pesadez. David tiene ya siete años y pregunta a menudo por ti.

—Mañana lo recojo en el colegio y me lo llevo al cine y a dar una vuelta. ¿A qué hora sale?

—A las cinco.

—¿Te vas a casar o no?

—Sí... contigo otra vez —bromeó Victoria, ya completamente distendida.

Las pocas veces que se encontraban, peleaban y discutían ferozmente, pero al final hacían las paces y hasta se reían.

—Tienes que llegar temprano y hablar con la monitora que los lleva en autobús. Acuérdate que es la ruta once y que si no estás allí a la hora, se van. Le voy a decir que irás a buscarlo, así que procura no decepcionarlo, ¿eh?

—No te preocupes. Yo no fallo nunca.

—Tú fallas más que una escopeta de feria. Me voy. Hoy nos llega un *container* con muebles de Londres y tengo muchas cosas que hacer.

Victoria se levantó. Cuando estaba a tres metros de distancia se paró, le tiró un beso y siguió hacia la salida. El seco resonar de sus tacones perduró durante un rato, el que aguardó a que le cobrasen, en los oídos de Pablo. Era curioso que su voz, su mirada y sobre todo su espléndido físico todavía pudieran devolverle la memoria del dolor. No era probable que fuera amor o paternidad responsable. Era otro sentimiento menos limpio y enraizado en su afán de controlar a todos los que giraban en su órbita. Por eso le encrespaba que Victoria volviera a casarse y pasase de él.

Las tiendas seguían abiertas y aprovechó para ir hasta Diana y comprar algunas cosas: un capote, unos botos de Valverde del Camino, cartuchos y un nuevo visor para el rifle.

Después se acercó hasta Congo. Esa mañana, desde la finca, ya le había dicho por teléfono a Quique lo que tenía entre manos. Quería hablar largo y tendido con él. Necesitaba su opinión sobre la posibilidad de entrar en tratos con Terceiro.

Su amigo estaba pasando apuros económicos pero entendía de asuntos de dinero como nadie. Al terminar el bachillerato en los Jesuitas, Quique se había matriculado también en Derecho, pero había sido una calamidad como estudiante. Aborrecía hincar los codos. Hastiado de fracasar en los exámenes y debido a lo mal que iban las cosas en casa, decidió presentarse a las oposiciones al Cuerpo Superior de Policía.

Por aquel entonces no se cubrían las plazas, lo que significaba que era prácticamente imposible suspender. Iba además bien recomendado, porque su padre siempre había contado entre las «fuerzas vivas» de la provincia y le debían favores. Tras una espinosa y apasionante temporada en el País Vasco, donde se convirtió en una leyenda como interrogador, consiguió un destino propicio en la Brigada de Delitos Económicos adscrita al Banco de España. Conocía bastante bien de qué pie cojeaban los medios de comunicación y sus consejos no se podían echar nunca en saco roto.

—He hecho algunas indagaciones por ahí y no me extraña que el «nota» ese no encuentre comprador —explicó Quique—. *La Crónica* tiene una deuda acumulada de más de cinco mil millones. No pagan ni a la Seguridad Social.

—¿No hay nada que hacer, entonces?

—Todo depende de lo que quieras.

—A mí me pirra lo de meterme a manejar un periódico, pero sabes que no tengo un duro.

—Por lo menos no tienes deudas como yo, que les debo a los bancos hasta los cubitos de hielo —aseguró Quique, mofándose de su propia endeblez pecuniaria.

—Lo cierto es que me gustaría hacer algo.

—Pues habla con él. Déjate querer y sácale lo que puedas. ¿No dices que necesita alguien que dé la cara?

—Eso parece.

—Pues si tú tienes algo para dar y tomar es cara y bastante dura, por cierto.

Cenaron juntos y bebieron como cosacos.

Pablo llegó a casa muy tarde y en lugar de encender el televisor y meter una cinta en el vídeo para adormecerse con las voces originales de Rita Hayworth, Orson Welles, Dustin Hoffman, Humphrey Bogart o cualquier otro, puso un compact disc de Los Panchos en el equipo de música y se tumbó en uno de los sofás.

En la vida de todo el mundo hay momentos en que la letra de los boleros parece encerrar un mensaje íntimo. Uno entorna los ojos y tiene la sensación de que la acaramelada voz del cantante va desgranando las penas que afligen el corazón.

Había ingerido bastante ginebra, no la suficiente para emborracharse, pero sí para desfigurar un poco la realidad. Pablo era duro, por dentro y por fuera, pero permaneció un buen rato empapándose de sentimentalismo, escuchando emotivos lances de amor en ese estado flotante que hay entre la vigilia y el sueño.

Se despertó temprano, como siempre. Tenía la costumbre de oír la radio. Era bueno saber que mientras él sesteaba la BBC, Radio Nacional, la SER, Onda Cero y las demás emisoras seguían de guardia controlando golpes de estado, inundaciones, atentados, amoríos reales y caídas de la Bolsa. Ese día, sabiendo que después estaba citado con Terceiro, prestó especial atención al resumen de prensa previo a las tertulias matinales. La actualidad informativa estaba centrada en el descarrilamiento de dos trenes, uno en el País Vasco y otro en Guadalajara. Había muerto una veintena de pasajeros. Tomó nota de que no habían citado una sola vez noticias o titulares de *La Crónica*.

Entró en el edificio, saludó al guardia de seguridad con una inclinación de cabeza y se dirigió a los ascensores. Al atravesar el arco de detección de metales, el aparato emitió un pitido, pero no se detuvo. Siguió impertérrito su camino. El guardia debía ser bisoño, pero salió tras él como una centella y le obligó a volver sobre sus pasos.

—Estoy citado con don Laureano Terceiro —refunfuñó Pablo.

El de uniforme azul se envaró como si le hubieran mentado al Diablo o al Espíritu Santo.

—¿Sabe usted dónde es?

—En la cuarta planta.

—En la tercera. Este edificio sólo tiene tres pisos.

El cachas arrugó la comisura con suficiencia y deslizó sobre la superficie del mostrador un taco de fichas de visita y un bolígrafo.

—Lo siento, pero tiene que rellenar esto. Necesito también su carnet de identidad.

Pablo se removió contrariado. Estaba retrasado. Había perdido una hora buscando algo con que impresionar esa tarde a su hijo David cuando lo viera a la salida del colegio, y le fastidiaba que el del uniforme demorara su llegada unos minutos más con el incordio de las medidas de seguridad.

—He quedado a las doce y es casi la una.

—Perdone... son las normas y tengo que avisar. No se permite subir a nadie que no esté anunciado.

El guardia cotejó los datos garabateados por Pablo en la ficha con los que aparecían en el carnet, miró su reloj para poner la hora de entrada y le entregó una cartulina plastificada de color naranja, con un número y una pinza plateada.

—Póngasela en la solapa. Debe llevarla siempre bien visible.

A Pablo ni se le pasaba por la cabeza la posibilidad de prenderse en la pechera semejante engendro. Desde la adolescencia, pasada la «edad del pavo» y la fiebre por las marcas, descosía de las camisas y de los pantalones los anagramas de los fabricantes. A los cuarenta y muchos años no iba a ir por el mundo luciendo una chapa. Eso lo dejaba para los turistas japoneses o para los norteamericanos invitados a convenciones.

La secretaria de Terceiro, una morena con las piernas muy largas y la falda muy corta, aguardaba frente a la puerta del ascensor. Le comunicó, con una sonrisa que podría haber ganado más de un premio en cualquier concurso de dentífricos, que el empresario le recibiría enseguida. Pidió que esperase en la antesala y preguntó si deseaba tomar algo.

—Nada, gracias.

En la mesita situada frente al tresillo había un ejemplar de la edición de ese día y Pablo se entretuvo hojeándola. No era lector habitual de *La Crónica*. Le parecía un diario parroquiano y de baja estofa. Lo examinó muy rápido y se detuvo, para pasar el rato, en una encuesta que aparecía en la sección de Cultura.

Era uno de esos cuestionarios en los que se pregunta a un personaje famoso por sus relaciones con el automóvil, la comida o los espectáculos y llevan títulos como «El coche que yo amé», «En los fogones» o «Fila Cero». La de ese día trataba sobre el cine y pedían a un baloncestista que manifestase telegráficamente cuál era la primera película que recordaba haber visto, sus actores favoritos, sus manías ante la pantalla y cosas así.

Nunca le habían hecho un test de esa naturaleza, pero Pablo sabía muy bien lo que contestaría en otras circunstancias. Si le interrogasen sobre los viajes en avión, diría que lo incómodo es que vayan llenos y que lo más exasperante, al margen de que el diminuto cuarto de baño esté sucio, es que el pasajero de atrás sea inquieto y se apoye en tu respaldo cada vez que se levanta.

Sobre el cine no lo tenía tan claro, excepto que no había ido solo a una sala en toda su existencia. Le parecían sospechosos, un poco degenerados, los individuos capaces de tragarse un dramón sin compañía. No se acordaba bien de la primera película de su vida, pero sí de haber llorado una vez ante la pantalla. Estaba todavía en el internado y fue en la escena final de *El ladrón de bicicletas*, de Vittorio de Sica, contagiado por la desgarradora angustia del niño cuando la multitud humilla a su padre, que ha intentado hurtar una bicicleta para poder seguir yendo al trabajo.

Estaba en la pregunta décima, la correspondiente a la sesión favorita y dudando si prefería la de las cuatro de la tarde en día laborable o la de las diez y media de la noche en domingo, cuando la secretaria vino a buscarle.

Terceiro le recibió en su despacho.

—Me alegro de verte. Pensé que no ibas a aparecer.

—Yo siempre cumplo mi palabra.

—Resulta un alivio, porque eso es bastante raro en estos tiempos.

Por la forma en que Terceiro se dirigía a él, Pablo supuso que el empresario no estaba muy dispuesto a perder el tiempo con circunloquios y entró inmediatamente en materia.

—He estado pensando en lo que hablamos durante la montería y creo que te puedo ayudar.

—Tú me dirás.

—Siempre me ha gustado el periodismo. En mi familia ha habido varios periodistas y se ha vivido muy de cerca todo el mundo de la información. Estaría en condiciones de echarte una mano.

—¿Cómo?

—Si buscas quién dé la cara, yo puedo darla. A mí, eso de la imagen me parece anecdótico. Todo depende de que pactemos unas condiciones adecuadas.

—Tengo el tema muy mascado y no hace falta que le demos muchas vueltas. Lo que yo necesito es alguien que se haga cargo de *La Crónica*.

Pablo blandió como propios algunos de los argumentos perfilados por Quique la noche anterior.

—He oído mucho eso de que «a caballo regalado no le mires el diente» pero, según mis informaciones, *La Crónica* es una mula coja y trae a lomos una deuda acumulada de cinco mil millones.

—De cuatro mil doscientos —puntualizó Terceiro.

—Da igual cuatro mil que cinco mil, porque yo no tengo un duro.

Al empresario no le disgustaba la osadía de Pablo.

—Tampoco hace falta. Si estás sinceramente interesado, tengo una solución que a mí me permite quitarme de en medio y a ti te va a reportar bastante dinero. ¿Quieres que te la explique?

Terceiro no era precisamente un dechado de virtudes y honestidad. Buen conocedor de las prácticas empresariales menos ortodoxas y aficionado como pocos a las sociedades instrumentales, tenía perfectamente diseñado su plan. Como otros «tiburones» de las finanzas, se movía siempre en la periferia de las pautas legales.

—La idea es que aparezcas como nuevo propietario de *La Crónica*. Tú eres abogado ¿no?

Pablo asintió.

—Hay que hacer creer a todo el mundo que representas a unos ricachones de provincias, y que os vais a quedar con el periódico.

—No sé si eso será suficiente. Cualquiera puede acceder al Registro Mercantil y allí figurará, con pelos y señales, de quién son las acciones y cómo está repartido el capital. Esas cosas no se pueden ocultar.

—¡Claro que se pueden ocultar! Basta un poco de ingeniería financiera. Lo substancial es que haya alguien que dé la cara.

—Y que se lleve los estacazos...

—¡Joder! Si no te interesa lo dejamos.

—A lo mejor me interesa.

—Yo tengo que desaparecer de escena y tú debes ser la persona que asuma toda la responsabilidad. Te tienen que ver como el genio de la varita mágica, capaz de sacar millones del sombrero.

—No tengo yo mucha pinta de inversor y menos de mago de circo.

—Tampoco la tengo yo de tonto y mira...

Ante la expresión fluctuante de Pablo, el empresario recalcó que el asunto era una bicoca, no entrañaba riesgos y le podía reportar pingües beneficios.

—Al pan, pan y al vino, vino: un contrato de un año con un sueldo neto de un millón de pesetas al mes. Además, coche de la empresa, tarjeta de crédito y cinco millones en cuanto firmemos. Todo por el morro.

—Por el morro no es.

—Ya, ya lo sé —concedió Terceiro benévolo.

Quique le había aconsejado que apretase y tratase de sacar el máximo posible en la negociación. No es que Pablo necesitase desesperadamente el dinero, pero llevaba ya cinco años sin hacer otra cosa que alquilar El Cantrojal y le venían al pelo unos cuantos millones para remozar la finca y además un ingreso regular durante una temporada.

El inconveniente con Terceiro era que no se podía tirar demasiado de la cuerda. El empresario era un cateto con la mollera dura como el granito. Tenía una vista de lince para los negocios, pero había comenzado de la nada y era de los que se encendía sólo de imaginar que le estaban sacando unos duros más de los debidos.

—Con el sueldo me podría conformar, pero los cinco millones del «fichaje» me saben a poco. Que sean doce millones, uno por mes.

—Y encima lo querrás en dinero negro. ¿No?

—Si a ti no te parece mal...

—Me parece mucho.

Pablo, asesorado por Quique, había hecho los cálculos la noche anterior y tenía listas las cifras.

—Basta con veinticinco talones al portador de cuatrocientas noventa mil pesetas cada uno. Para no tener que retratarme con Hacienda. En total, doce millones doscientas cincuenta mil pesetas. Sobra un pequeño pico, pero no vamos a discutir por eso.

—¿En esas condiciones estás dispuesto a firmar?

—Creo que sí.

—Así me gusta a mí la gente.

—Lo que no necesito es el coche de la empresa. Prefiero tres millones más y tú te ahorras un vehículo y el sueldo del chófer.

—¡No pierdes puntada!

La idea de Terceiro era maquiavélica. Simultáneamente al anuncio de que Pablo Ruiz se disponía a comprar *La Crónica*, Ter Ali Corporation, una sociedad «off shore» afincada en el principado de Liechtenstein, le concedería una aval de diez millones de dólares. Ter Ali Corporation era propiedad de Terceiro, aunque eso debería quedar en el más absoluto de los secretos.

Los 1.450 millones de pesetas de aval serían más que suficientes para dar una pátina de credibilidad y aparente solvencia al abogado. Pablo estaría a partir de ese momento en condiciones de acudir a entidades financieras nacionales en busca de nuevos créditos, así como de solicitar las generosas ayudas de la Comunidad de Madrid, de acogerse a la prodigalidad del Ministerio de Industria y de lograr anticipos de publicidad.

—Aunque no tengo el Derecho Mercantil y la Ley de Sociedades muy recientes, me da la impresión de que se te ha olvidado algo.

—¿El qué?

—*La Crónica* tiene unas deudas enormes y yo no estoy dispuesto a asumirlas.

—Ni falta que hace. Trabajo siempre con un notario que además de ser muy amigo mío, es también mi socio. Es el padre del chaval que fue conmigo a la montería. Yo te vendo todas mis acciones por una peseta y elevamos a escritura pública la transacción, para que si algún hijo de puta mete las narices en el Registro, no venga con el cuento de que sigo siendo el propietario. En el mismo acto, para cubrirte a ti y para que no tengas miedo a que te caigan las deudas encima, firmamos un documento privado de recompra de esas acciones, en el que yo me vuelvo a quedar con todo por una peseta. ¿Te parece bien?

—Me marea un poco tanta transacción.

—Es muy sencillo. Públicamente, *La Crónica* será tuya. En la práctica, seguirá siendo mía, por mucho que me joda.

—¿Y qué garantías tengo yo?

—Todas. Con ese contrato privado me tienes agarrado por el pescuezo. Si las cosas van mal, te basta ejecutarlo y yo tendré que hacer frente a la deuda.

—¿Y si van bien?

Terceiro se quedó estupefacto ante la pregunta pero tenía respuestas para todo.

—Si van bien, podemos hablar. Para empezar, habrá dos copias del contrato. Una que guardarás tú y otra que tendré yo.

Repitió someramente las cláusulas básicas y propuso dar una vuelta por el edificio antes de salir a almorzar.

—¿Cuándo quieres que te dé una respuesta?

—Pensé que ya me la habías dado.

—Me gustaría meditarlo tranquilamente.

—Me corre prisa. Tiene que ser lo antes posible.

—Necesito algo de tiempo. Por lo menos un par de días.

—Hoy mismo.

—Espera hasta esta noche.

—Como quieras, pero no te demores.

Pablo se sentía embelesado, pero trató de que no se transparentase.

—Esto asusta un poco. Da la impresión de que *La Crónica* tiene más agujeros que un queso gruyère.

—Hay pufos y una deuda atrasada con la Seguridad Social, pero tampoco es para abrirse las venas.

Pablo hizo un ademán, a medio camino entre la resignación y el entusiasmo. Terceiro le tendió la mano. Tras el apretujón de dedos, le propinó una sonora palmada en la espalda y resopló satisfecho.

—Ya ajustaremos todo sobre el papel. Vamos para abajo. Nos van a mirar mal, pero las miradas no matan.

Mientras se embutía el abrigo, confesó que hacía dos semanas que no se dejaba ver por la redacción.

—He pensado que llevemos con nosotros a Justino Blázquez, el director. Es un poco pazguato, pero no es mal chico. También podemos invitar al subdirector y al redactor jefe y así los conoces.

Antes de salir del despacho, como si ya hubieran cerrado el trato, añadió:

—El Comité de Empresa va a estar en contra, como siempre, pero eso no es un problema insoluble. Lo esencial es que el director y los periodistas más conocidos nos den el «placet» y para eso basta con convencerles de que se les mantendrá en el puesto. Lo que quieren todos, al final, es seguir cobrando.

En el tercer piso, el que los empleados denominaban con cierta cuchufleta «planta noble», tenían sus despachos Terceiro, el gerente y el director de marketing. En el segundo estaban Publicidad y el Departamento Financiero. Servicios Generales, Seguridad, Distribución y la centralita telefónica quedaban a ras de suelo.

La redacción ocupaba toda la primera planta. Era una sala inmensa, de forma rectangular y completamente diáfana, si se exceptuaban cuatro columnas en las que los periodistas habían clavado fotos de agencia, recortes de prensa y calendarios. Al lado de la sección de Sociedad tenían un almanaque especialmente llamativo. «Diciembre» —una chica con un gorrito de Papá Noël y botitas rojas por todo atuendo— estaba realmente bien. Todavía faltaban tres semanas para llegar a ese mes del año, pero la muchacha quitaba el hipo.

En el techo había tubos fluorescentes y la verdusca claridad procedente de lo alto hacía resaltar el tinte enfermizo de la piel de algunos de los mozalbetes que se afanaban ante los ordenadores. El material estaba desgastado por el uso.

Algunos se estaban poniendo ya los abrigos o las trencas para ir a comer. El ruido de los teléfonos era continuo. Sonaban varios a la vez y cuando cesaban los timbrazos en una esquina, comenzaban en otra, sin que la gente se molestase excesivamente en descolgar. De vez en cuando, alguien gritaba un nombre y pedía a voces al interesado su número de extensión, para pasarle una llamada.

Sin saludar a nadie y con Pablo caminando dos metros detrás, Terceiro dejó a un lado el cubículo donde estaban las terminales de teletipo. Atravesó la zona de Deportes, una especie de islote donde varios redactores apiñados ante un televisor observaban la repetición de los mejores goles de Joao dos Santos, el nuevo astro brasileño del Real Madrid. Cruzó frente a la máquina expendedora de café y la de latas de refrescos y cervezas y fue hacia el despacho del director.

A medio camino, se detuvo ante el tablón de anuncios, una plancha de corcho enmarcada en la que el Comité de Empresa, el gerente y los bromistas ponían sus notas.

Al lado de los avisos sobre cursillos de inglés, ofertas de pisos en alquiler y el consabido popurrí de tarjetas postales, coches de segunda mano y propuestas de vacaciones compartidas, había un cartel del tamaño de una página de periódico. Estaba escrito con la misma tipografía que el diario y Terceiro lo señaló con el índice.

—Echa un vistazo a eso y entenderás de lo que hablo.

Pablo leyó a toda prisa:

«Los trabajadores de *La Crónica* queremos denunciar ante la opinión pública que la suspensión temporal de la publicación del diario, anunciada por Laureano Terceiro, sería un cierre encubierto. Y constituye una estafa moral para los lectores, los anunciantes y los trabajadores que intentamos llevar adelante este proyecto en combate permanente con una incompetente gestión empresarial. La libertad de mercado no exime al señor Terceiro de sus responsabilidades ante 150 periodistas a los que tan caprichosamente manipuló en su momento, prometiéndoles continuidad en el empleo y un puesto de trabajo estable. *La Crónica* no sólo es viable. Es también un reducto de la libertad de expresión y no permitiremos su clausura.»

—¿Qué te parece?

Consciente de que docenas de pares de ojos le escrutaban desde todos los rincones de la sala, Pablo se limitó a carraspear y a girarse para reemprender la marcha. En el momento que llegaba a la puerta del despacho del director, una figura rechoncha, despeinada y vestida con una chaqueta marrón ladrillo, apareció en el dintel. El empresario saludó sin detenerse.

—¿Cómo andas?

El gordito se echó a un lado para franquearles el paso y miró a Pablo, esperando que alguien se lo presentara. Al ver que Terceiro no lo hacía, estiró el brazo tímidamente.

—Justino Blázquez...

Pablo le dio un apretón de manos.

—Pablo Ruiz...

El gordinflón tenía la mano helada y blanda. Hablando a borbotones y sin parar de moverse, Terceiro afirmó de entrada que el hombre que estaba con él era abogado, además de terrateniente en Toledo, y que representaba a un grupo empresarial decidido a adquirir un paquete de acciones en el periódico. Después anunció que la entrada de nuevo capital sería la ansiada inyección financiera que permitiría reflotar *La Crónica*. Añadió que Pablo era nuevo en el sector de la comunicación, pero que procedía de una familia que había poseído uno de los diarios decanos de la prensa regional. Entre sus ancestros había firmas ilustres a la historia del periodismo. Además, puntualizó, llegaba precedido de una dilatada experiencia como alto ejecutivo en una multinacional del tabaco.

Pablo supuso que debía matizar un poco el avasallador discurso del empresario, para no asustar al director, que escuchaba lívido.

—Invertir en *La Crónica* nos parece interesante, tanto a mis socios como a mí, pero todavía estamos estudiando el proyecto.

Terceiro captó al vuelo el propósito de Pablo y el motivo de su prudencia.

—A lo mejor estoy corriendo mucho, pero me da la impresión de que los tiros van por ahí ¿no?

—Sí... Mi intención, además de poner dinero, es aportar ideas y la mejor manera de hacerlo es como editor ejecutivo.

El director de *La Crónica* era diez años más joven que Pablo pero parecía mayor y les miraba con ojos cansados.

—¿Editor? —tanteó titubeante.

—Pienso que el director debe seguir siendo el máximo responsable del contenido informativo pero, dada la complicada coyuntura en la que está el periódico, habrá que sumar esfuerzos y reunir talentos.

—Aunque en el extranjero es corriente, en España no se estila la figura del editor con poderes sobre la redacción. Puede ser una fuente de problemas.

—Pues si en *La Crónica* hace falta, tendremos editor o lo que sea —cortó Terceiro con sequedad—. Aligérate Justino, que nos vamos a comer.

Lo único característico de la decoración del despacho de Justino Blázquez era la acumulación. En un rincón, una cafetera herrumbrosa; en otro, montones de libros en equilibrio inestable; más allá revistas apiladas en desorden, y en el suelo una moqueta raída y pisoteada.

—¿Está por ahí el subdirector?

—Creo que sí.

—¿Y el redactor jefe?

—También.

—Pues dile a la secretaria que los avise y que reserve mesa para cinco en La Ancha.

—¿En cuál de ellas?

—En la que está en la calle Príncipe de Vergara, a la altura de la Plaza de Cataluña. Que pida el reservado del sótano, ese que tiene una mesa redonda.

Justino tragó saliva. Sobre el alféizar de la ventana tenía encendida la radio, uno de esos aparatosos transistores multibandas capaces de captar la BBC o la Voz de América en cualquier lugar del planeta. Bajó el volumen antes de hablar.

—¿No te importa que oigamos las noticias de las dos?

—¿Ha pasado algo?

—No lo sé, pero siempre escuchamos el parte antes de salir a comer.

—Ya oirás las noticias más tarde; a las cuatro, a las cinco o cuando sea —sentenció Terceiro—. Esos coñazos de Radio Nacional siempre repiten lo mismo.

El director sonrió sumiso.

—¿Hace frío fuera?

—No mucho, pero eso ¿qué importa?

Justino abrió los brazos, con las palmas hacia arriba, como pidiendo excusas.

—Es que estoy un poco acatarrado.

—Lo que me faltaba, que se me ponga enfermo el personal —masculló Terceiro, mirando por encima del hombro del director hacia la redacción, donde Nuria Puente charlaba animadamente con otros redactores.

El empresario guiñó un ojo a Pablo.

—El próximo día lo que vamos a hacer es invitar a unas cuantas reporteras, para estrechar lazos con la base. Así a lo mejor nos llevamos algo por delante.

Terceiro adoptó una expresión astuta y se rió sin despegar los labios. El director rodeó la mesa para alcanzar el perchero y se puso la gabardina.

—Cuando queráis.

A Pablo se le atragantaron el subdirector y el redactor jefe. Justino no le cayó mal. El director parecía un tipo débil, pero se esforzaba por agradar y se mostraba receptivo. Al contrario que el gafotas calvo y el larguirucho que tenía como inmediatos subalternos.

Terceiro se empeñó en que compartieran los primeros platos. Encargó ensalada de cangrejos, pimientos rellenos de bacalao, habas con caracoles, berberechos al vapor, colas de carabinero al ajillo y tortilla española salseada en callos, todo regado con varias botellas de Beronia del 85, un tinto excelente procedente de la Rioja Alta. Cada uno eligió su segundo plato. El empresario tomó dos raciones de cocochas al pil-pil. El director, «Escalope Armando», un filete de ternera fino como una hoja de papel. Pablo prefería el pescado y se conformó con un rodaballo a la plancha. Los otros dos pidieron lomo de cebón al ajillo y muchas patatas a lo pobre.

Al subdirector y al redactor jefe nada les complacía. Mientras zampaban se quejaban de todo. Pablo sabía que la inconformidad permanente es una partícula intrínseca en la idiosincrasia del asalariado español y que en el caso de los periodistas, si era cierto lo que le habían contado los del departamento de prensa en la época ya lejana en que trabajaba en Tabac Incorporated, adquiría proporciones paranoicas. A pesar de eso, no se consideraba preparado para soportar el mal tono de aquellos dos sujetos. La carne estaba poco hecha, la ensalada pasada de vinagre, el vino tenía un ligero sabor a corcho, el pan llevaba semillas en la corteza y al señorito le molestaba el sésamo...

Durante toda la comida, mientras Terceiro se deshacía en elogios a su persona y vaticinaba un esplendoroso futuro para *La Crónica*, Pablo tuvo que escuchar la letanía de quejas del subdirector y el redactor jefe y, lo que era peor, sus continuas reticencias al proyecto. Ganaban un dineral, pero no se les caían de la boca palabras como «compañeros», «ética» o «compromiso».

A Pablo le repateaba esa estirpe. Eran como esos tragones que tienen una desmedida afición a los filetes y se inflan a comer solomillos, pero serían capaces de rasgarse las vestiduras y de denunciar a los empleados del matadero, porque no son suficientemente amables con los animales.

El subdirector y el redactor jefe se erizaban ante la sola mención de algo tan lógico como un recorte de sueldos, para hacer económicamente viable el diario. Ni como hipótesis admitían que la supervivencia de *La Crónica* pasaba ineludiblemente por atarse los machos.

—Con los trabajadores nunca se cuenta cuando hay que repartir beneficios, así que nadie venga ahora a pedirnos sacrificios —aseveró el subdirector, untando las últimas patatas en los restos de salsa.

—Esto es como un barco, en el que nos salvamos todos o nos vamos todos a pique —argumentó Terceiro.

—Un barco en el que unos han hecho la travesía en un camarote de lujo y en primera clase y otros hemos ido todo el tiempo encerrados en la sala de máquinas —apostilló el subdirector.

El redactor jefe era más renuente a hablar. Cada vez que pronunciaba una frase hacía un gesto de dolor, como si le arrancaran una muela, pero respaldó solemne las palabras de su superior inmediato.

—En la sala de máquinas y paleando carbón.

—Lo del carbón no es precisamente la imagen más adecuada —protestó Terceiro.

—Pues no se me ocurre otra mejor —porfió el redactor jefe.

—El sueldo de un periodista fijo tampoco es una minucia. Sin menoscabar vuestra valía profesional, yo quiero dejar bien sentado que tenéis más vacaciones que un maestro de escuela y que el reportero que menos gana en *La Crónica* se lleva tanto como cualquier abogado o ingeniero de la empresa privada.

—Nosotros somos empleados, trabajadores por cuenta ajena, y no tenemos por qué pagar los platos rotos de una gestión execrable —remachó dogmático el larguirucho.

Justino, levemente azorado, sacó la cabeza por la rendija de la puerta y llamó al camarero. Terceiro empezaba a sulfurarse y, antes de que tuviera uno de sus estallidos de cólera, era mejor poner punto final a la embarazosa discusión.

Cuando trajeron el postre y el calvo denostó el pastel de queso de cabra, comparándolo desfavorablemente con el que les habían servido en no sé dónde, Pablo comprendió. Aquellos sujetos no iban a reconocer nunca que comían de gorra y a cuenta de un empresario al que despreciaban intelectualmente. La única manera de no perder del todo la autoestima era menospreciar lo que recibían de balde. Por eso hacían feos y criticaban todo.

A Pablo le resultaba inadmisible que Terceiro aguantase tanto y se lo comentó después, cuando volvían juntos hacia el periódico, en el asiento trasero del suntuoso Volvo 960 del empresario.

—¡Menudo par de gansos!

—¿Quiénes?

—Tu subdirector y tu redactor jefe.

—Dirás los tuyos —le amonestó Terceiro, que había bebido bastante y estaba de un envidiable buen humor.

—Míos, cuando firmemos y haya cobrado los doce kilos. Por el momento, siguen siendo tuyos. El calvorota ese es como para darle dos tiros.

—Ya.

—Lo que no entiendo es cómo les sigues pagando.

—Ya te lo he explicado —contestó Terceiro, armándose de paciencia—. Tengo que apechar con lo que me ha caído encima, porque un conflicto laboral en el periódico sería nocivo para el resto de mis negocios. Cuando hagamos el papeleo y figures al frente, ya te encargarás tú de meterlos en vereda.

—De meterlos en vereda, no —puntualizó Pablo, en el tono impersonal que reservaba para sus frases más venenosas—. De ponerlos de patitas en la calle.

Pablo usaba un Audi A-3 y al girar la llave de contacto de su coche se iluminaron las esferas del tablero de mandos. El reloj digital marcaba las 5.35. De repente se acordó de que se había comprometido a ir a buscar a su hijo al colegio. David salía a las cinco en punto y cuando él llegó a la explanada donde aparcaban los autobuses escolares, allí sólo quedaba el vigilante.

4. LA CRIBA

Los días inmediatamente posteriores a la toma de posesión de Pablo como editor de *La Crónica* fueron engañosamente sosegados. Los miembros del Comité de Empresa habían profetizado que éste llegaría con el hacha levantada, pero aterrizó suavemente, sin hacer olas, repartiendo sonrisas a granel, proponiendo soluciones y prometiendo el oro y el moro.

Se instaló en la tercera planta, en el amplio despacho de Terceiro. Conservó como secretaria a la morena minifaldera de piernas largas y culo respingón. Desde el primer día asistió a las reuniones de redacción. Tanto a la de temas, que tenía lugar a las once de la mañana, como a la de portada, en la que se decidían los titulares de primera página y que comenzaba a las siete de la tarde. Nunca decía nada. Se limitaba a escuchar y a tomar notas en uno de los muchos cuadernos Europa Major Pad —unos blocs alargados y con espiral de alambre en la parte superior fabricados expresamente para periodistas en Gran Bretaña— que había comprado una vez que hizo escala en el aeropuerto de Heathrow.

En lugar de entrar como un elefante en una cacharrería, dedicó las cuatro primeras semanas a estudiar detenidamente la plantilla. Justino, quien tenía tres hijos y una mujer histérica, obesa y absorbente, además de una onerosa hipoteca a la que hacer frente todos los meses, se puso desde el primer instante rendidamente a su disposición.

Al mes exacto de llegar, guiándose de su olfato, de la opinión del director y de los consejos de Terceiro, promocionó a media docena de redactores y nombró redactor jefe a Néstor Herrera, un canario cincuentón, tripudo y avinagrado, al que tenían arrinconado en la sección de Local. Una década y media antes, Herrera había sido una pequeña celebridad como especialista en crónica de sucesos.

Era un tipo con más de treinta años de profesión a la espalda y parecía totalmente quemado, pero Pablo lo defendió con ahínco cuando Terceiro llamó por teléfono, tras ver su fotografía y la noticia del nombramiento en la página segunda de *La Crónica*.

—Los periodistas suelen perder el sentido de la proporción, pero Herrera sigue con los pies en el suelo. Es ambicioso, aunque no lo parezca; sabe que la gloria dura sólo cinco minutos. Ha llevado una vida muy aperreada, pero todavía no se ha desintegrado del todo y creo que es relativamente manejable.

—¿Relativamente?

—No es gilipollas y parece tener fibra.

—A ver si nos sale rana y hacemos un pan como unas hostias. De lo que se trata es de recortar la plantilla y tú estás engordando la nómina que da gusto.

—Espera unos días y ya verás. Voy a dejar la redacción como una era.

—¡Joder! Tanto echarme en cara, el día que comimos en La Ancha, que siguiera manteniendo al subdirector y al otro listillo y vas tú y lo primero que haces es crear nuevos cargos y subir los sueldos.

—Hay que aglutinar un núcleo de gente afecta y este Herrera me viene que ni pintado. Tiene peso en la redacción, conoce el oficio y si se monta bronca, es mejor tenerlo de nuestro lado que en contra.

—Si tú lo dices.

—Hazme caso. A Herrera ya se le ha pasado la edad de la tontería. Si le hacemos un hueco y huele pasta, estará con nosotros.

No fue Terceiro el único que se extrañó de la súbita promoción de Herrera. Nuria Puente, el subdirector lunático y su triste acólito también se dirigieron a Pablo protestando o tratando de saber.

El viejo refrán popular dice que nadie es grande para su ayuda de cámara y lo mismo sería aplicable para los que han compartido lecho. En el caso de Nuria, y a diferencia del resto de la redacción, no experimentaba hacia Pablo la mezcla de respeto, temor y lejanía que suelen sentir los empleados ante un jefe nuevo. Ella lo había conocido antes. Brevemente, pero de forma intensa, e irrumpió en su despacho sin cita previa, sorteando a la atónita secretaria y con la desfachatez con que se aborda a un ex novio farsante en la barra de una discoteca.

—Tenía ya ganas de pillarte.

Con burlona cordialidad, Pablo le señaló una de las sillas situadas al otro lado de su mesa.

—¿Qué te pasa...?

—No me pasa nada, pero me ha llamado la atención que hayas ascendido a todo el mundo y a mí, que soy amiga tuya y mejor profesional que todos esos mendrugos, me dejas en la estacada.

Pablo no pudo evitar la risa.

—Esto no tiene ninguna gracia —refunfuñó la reportera.

—Por supuesto que no tendría gracia si fuera como tú lo ves, pero no es así.

—Pues quién lo diría.

Pablo se incorporó, bordeó la mesa y se acercó.

—Creo que eres buena. Todo el mundo habla maravillas de ti, pero no voy a malograr tu espléndido futuro haciéndote jefa de sección y atándote a una mesa para siempre. Tengo reservadas para ti cosas estupendas.

Hizo una pausa, para que calaran sus palabras.

—Ten paciencia y espera unos días.

Le gustaba la chica y de buena gana le hubiera dado un tiento allí mismo, pero se estaba jugando mucho y decidió que no era momento de hacer mamarrachadas. Para evitar equívocos y ante la mirada zalamera de ella, se dirigió a la puerta y la abrió de par en par.

—Vuelve corriendo a la redacción y ya hablaremos. ¡Venga!

Al subdirector y al redactor jefe también les prometió una parcela en el Paraíso Terrenal cuando desfilaron por su despacho. No quería que sospecharan que ambos encabezaban la lista de medio centenar de empleados a los que se iba a entregar cartas de despido junto al sobre con la nómina de diciembre.

Su único confidente en esos días era Quique. Al dueño de Congo le extasiaba el misticismo con que Pablo adobaba sus proyectos sobre *La Crónica*. En lugar de tomarse el periódico como una oportunidad de dar un buen sablazo, lo planteaba como el sueño de su vida, como un apostolado. En cuanto lo vio aparecer por la discoteca, se lo espetó sin prólogo alguno.

—Yo pensé que esto era un chollete para unos meses, pero te lo has tomado como una cruzada. Hablas como san Pablo cuando se cayó del caballo camino de Damasco y quedó medio disléxico. Ya ni vienes por aquí.

—Lo que estoy haciendo merece la pena.

—Será para ti, a mí me parece un coñazo de mil pares de pelotas.

—Los italianos suelen decir que ser periodista siempre es mejor que trabajar y tienen razón. ¿Te acuerdas de *Ciudadano Kane*?

—Vagamente —contestó Quique, que sólo recordaba que la película era de Orson Welles, en blanco y negro y bastante antigua.

—Pues hay una frase, al principio, en la que el magnate Charles Foster Kane dice: «Yo no sé dirigir periódicos, hago lo que se me ocurre.» Pues a mí me pasa lo mismo. He visto esa película docenas de veces y te juro que me gustaría poder hacer en *La Crónica* algo parecido a lo que Kane hace en el *New York Inquirer.*

—¿Termina mal el Kane ese?

—Sí, pero eso no es lo trascendental —cortó Pablo.

Para una vez que su amigo le daba pie, no iba a dejar pasar la oportunidad de explayarse.

—La historia es genial. El protagonista es un tipo que hereda una gran fortuna, en la que hay desde minas de oro a edificios, pero donde lo más interesante para él es un diario de Nueva York, que ha sido siempre de su familia y va fatal. Contrata a dos de sus amigos, se planta en la redacción y da un vuelco completo al periódico. Lo mismo que quiero hacer yo.

—¿Quiénes son tus dos amigos? —preguntó Quique divertido.

—Por el momento sólo tengo uno de verdadera confianza, que eres tú.

—Gracias por lo que me toca, pero ni loco me metía yo ahora en un asunto así.

—Tampoco te lo estoy pidiendo. Lo que tienes que hacer es darme cobertura desde fuera.

—Eso por descontado.

—Tiene gracia, pero el redactor jefe que Kane se encuentra al llegar es un espécimen que parece extraído del museo del periodismo y tan apocado como Justino Blázquez, el piernas que dirige *La Crónica*. No voy a hacer como Kane, que le arrebata el despacho y se hace instalar una cama allí para dormir a pie de obra, pero lo voy a marginar totalmente.

—De que vas a joder a unos cuantos, no me cabe la menor duda.

—¿Quieres que te cuente un detalle curioso que me ha dado muy buena espina?

Quique levantó las cejas expectante.

—Cuando Kane empieza, el *New York Inquirer* vende 26.000 ejemplares. La cifra se publica diariamente en la cabecera del periódico y aparece en un plano de una ventana al inicio de la película.

—¿Y eso qué?

—*La Crónica*, en estos momentos, también vende 26.000 ejemplares. Puede ser casualidad, pero yo creo que es el destino.

A Pablo le hizo gracia la expresión empleada por Terceiro para resaltar que se trataba de una cena formal. «De punta en blanco» era lo que le decía su madre cuando era niño y le quería dar a entender que debía ponerse chaqueta azul, pantalones grises de franela, camisa blanca y corbata: la ropa de los domingos en el colegio.

Se presentó vestido como siempre y seguro de que parecería un príncipe entre la *troupe* de nuevos ricos, ejecutivos con ínfulas y opositores estirados que habría invitado el empresario.

Laureano Terceiro y su esposa Alicia residían al lado del Club de Golf de La Moraleja, en una casa que parecía extraída de una serie televisiva californiana y cuya ornamentación sólo podía ser fruto del dispendio disparatado de media docena de diseñadores.

La comida fue espléndida. La habían encargado a un servicio de catering con nombre francés. El servicio también fue óptimo: un mayordomo portugués y camareros de uniforme, respetuosos, educados y profesionales. Lo que dejaba un poco que desear eran los asistentes. Para empezar, estaba el notario, socio de Terceiro, acompañado por su hijo, el joven registrador que había ido a la montería y al que había dado un meneo de advertencia por propasarse. Había traído a su insulsa novia, aunque esta vez sin perrito. Además, estaba un matrimonio ya maduro que debía vivir en la urbanización. Ella iba enjoyada como un árbol de Navidad y él tenía toda la pinta de proceder del rentable sector de la construcción. También aparecieron varios representantes de lo que Pablo denominaba festivamente «Clase Volante»: economistas y abogados que se despedían diciendo «ciao» y cuya jornada laboral transcurría en el asiento de un «Airbus». Tipos que llevaban en la cartera una de esas tarjetas que las compañías aéreas entregan a los asiduos y ganaban tantos kilómetros gratuitos al año, que se podían permitir la frivolidad de volar varias veces a Londres para comprar en las rebajas sin soltar un duro por los pasajes.

Hasta habían invitado a un actor, uno de los excéntricos que acudían asiduamente al gimnasio de Alicia. El de la farándula era un vejete de perfil equino, con caderitas de novillero y maneras afeminadas. A Pablo le sonaba conocido pero fue incapaz de recordar su nombre.

Pablo hubiera preferido pasar desapercibido, pero Terceiro lo convirtió involuntariamente en el epicentro del ágape. Lo presentó como el nuevo editor de *La Crónica* y al cabo de unos minutos la mitad de los presentes lo miraba de soslayo, creyendo que era periodista y la otra mitad se dedicaba a vituperar a su supuesta profesión, como culpable de todos los males del Universo.

—Un periodista es peor que un ama de casa aburrida —afirmó el actor, dirigiéndose directamente a Pablo—. Son todos unos chismosos.

—De alguna forma se tendrán que ganar la vida, ¿no? —respondió Pablo, tratando de no entrar al trapo.

Se las había arreglado siempre para hacer creer a los idiotas que era un insubstancial —un tipo guapo y bronceado aficionado a la caza— y no pensaba tomar en serio a aquel eunuco. El engorro fue que el comediante no era el único proclive al vicio fácil de dar caña a la gente de la prensa y de culpabilizar de casi todo a los medios de comunicación.

—Algo que me parece muy significativo es que nunca haya un periodista implicado en un escándalo.

El notario alzó la vista parsimoniosamente y miró a Pablo con un distanciamiento burlón. Hablaba despacio, pero con enorme convicción.

—Es curioso que publiquen fotos de marquesas sin ropa interior, que saquen a toda página fotocopias del extracto de la cuenta corriente de cualquier concejal de Urbanismo o revelen papeles secretos del propio CESID, pero nunca he visto en letra impresa un trapo sucio de alguien que trabaje en un medio de comunicación.

Pablo volteó las manos en son de paz. Sólo había visto al notario una vez, cuando firmó con Terceiro los contratos de venta y recompra de *La Crónica*, y no le parecía el más indicado para hacer ese tipo de alegato.

—Yo estudié Derecho. Mi profesión es la de abogado y hasta hace cinco años estaba en el sector del tabaco. Ya sé que promocionar el consumo de cigarrillos es políticamente incorrecto, pero nadie es perfecto y es el único pecado que he cometido.

—Manda usted en un periódico —insistió el notario.

El hombre esperó unos instantes con las cejas alzadas. Al ver que Pablo no recogía el guante, volvió a la carga.

—Supongo que en *La Crónica* y en el resto de los diarios y emisoras de radio y televisión habrá personas que actúan mal. Los medios de comunicación tienen miles de empleados y entre ellos es inevitable que haya algunos deshonestos.

—Lo que hay es mucho burro. Abundan los pollinos —repuso Pablo desenfadado—. Muchos periodistas nunca han sido muy partidarios de perder el tiempo en las aulas estudiando. Creen que el reportero de raza nace con la mirada asesina y lo único que necesita es un buen jefe que le oriente. A veces ocurre así, pero también tenemos en la plantilla a unos cuantos convencidos de que la halterofilia es una perversión sexual, como la zoofilia o la pedofilia, y de que Kipling es un deporte nuevo, en lugar de un escritor estupendo.

Hubo risas y Pablo supuso que con su chiste había dejado satisfecho al notario, pero no fue así. El hombre permaneció mirándole, impávido, inmune a sus agudezas y aguardando explicaciones.

—No me ha respondido a lo que le he preguntado.

—Qué más da —repuso Pablo evasivo.

—A mí no me da igual y creo que a muchas personas, que se han visto damnificadas por lo que se publica alegremente en los periódicos, tampoco.

Se expresaba con una seriedad tétrica y Pablo calculó que le convenía más ceder un poco, que entrar en una discusión seria o en un agrio intercambio de argumentos.

—Quizá tenga usted razón. Ya en la Biblia, en el Nuevo Testamento para ser más precisos, Jesucristo advirtió contra los que ven la paja en el ojo ajeno y no ven la viga en el propio.

El notario asintió. Pablo expulsó aire y añadió:

—En cualquier caso, ese defecto no es privativo de los periodistas. Abunda en los seres humanos, incluso entre los notarios.

Por suerte para él, alguien sacó en ese momento el tema de las dietas de adelgazamiento y la novia del registrador tomó la palabra.

Empezó a hablar sobre las virtudes de la vida sana y en menos de un minuto les había endosado más información sobre vitaminas que la que contiene la etiqueta de una lata de conservas. Su voz le resultaba tan desagradable como el sonido del torno del dentista, pero Pablo simuló estar interesado para quitarse de encima al notario y al actor.

—A mí todo eso del colesterol bueno y el malo me parece un invento de los americanos —interrumpió Terceiro—. Como dicen en mi tierra: el caso es tener salud, que las ganas de follar vienen solas.

Pablo irguió la cabeza y se encontró con los ojos de Alicia. La rubia entornó los párpados y marcó un atisbo de sonrisa. No le miraba de la manera adusta con que se había despedido en El Cantrojal. Tuvo la impresión de que tenía una actitud mucho más amistosa.

Alguien le preguntó si estaba casado y Pablo respondió que ya no.

—Me separé hace cinco años. La verdad es que se separó ella.

—Es decir, que te plantaron —barbotó Terceiro desde el otro lado de la mesa.

—Más o menos; es una mujer estupenda.

—¡Será posible! —exclamó el empresario, ya subido de tragos.

—¿El qué?

—Me huelo que te corneó hasta hartarse y lo gracioso es que todavía te brillan los ojos cuando hablas de ella.

—La vida.

Era evidente que Terceiro no sabía quién era Victoria y carecía de mala intención, pero su chabacanería hizo mella en su espíritu, sobre todo por la reacción de los otros. La risotada general rozó carne viva en el interior de Pablo. Le hicieron daño donde más le dolía: en el amor propio.

Se maldijo por haber sido tan explícito. Empezó a arrepentirse de haber acudido a la cena. Dadas las circunstancias, lo único que podía hacer era mostrarse cortés y despedirse en cuanto fuera posible. Pero no se le ocurrió nada que alegar.

Dejó pasar media hora y ya se iba, con la sensación de haber perdido miserablemente el tiempo, cuando Terceiro lo retuvo por el brazo. Se lo llevó a la terraza, para hablar en privado. Hacía frío y estaban a cuerpo, pero el empresario había bebido mucho y no parecía notarlo.

—¿Cuándo empiezas a cortar cabezas?

—Ya mismo. La lista de despedidos está hecha y sólo falta comunicarlo.

—¿No habrá mucho jaleo?

—Va a haber follón, pero no queda otro remedio.

—No sé si sería mejor ir más despacio.

Pablo se encogió de hombros, como si las prevenciones del otro no vinieran al caso.

—Tengo la impresión de que a ti el cine te la trae floja, pero si tienes ocasión de ver una película titulada *Juan Nadie*, no te la pierdas. Trabaja Gary Cooper, es de Frank Capra y comienza con un operario pintando un nuevo nombre en la puerta de un despacho, el del director. ¿Sabes por qué?

Hizo una pausa.

—Porque no se puede cambiar un periódico sin cambiar a su director y echar a la puta calle a los que no sirven.

—¡No me habías dicho que ibas a despedir también a Justino! —exclamó Terceiro, que había perdido el hilo y de la metáfora cinematográfica sólo se había quedado con lo del pintor.

—A Justino hay que mantenerlo, porque nos puede venir bien, pero hay que hacer una degollina.

—Procura que no me salpique la sangre.

Pablo estaba irritado con el empresario pero sonrió. Una mueca que no encontró paralelo en sus ojos, fríos y duros como el pedernal.

El Comité de Empresa llevaba mucho tiempo prediciendo un cataclismo, pero la drástica regulación de empleo decidida por Pablo pilló a todo el mundo por sorpresa. Nada más conocerse el número de despedidos y la noticia de que todos los corresponsales en el extranjero tenían que escoger entre la indemnización o la vuelta a Madrid, el Comité convocó una asamblea. El subdirector se encaramó a la misma mesa en forma de herradura donde llevaba aposentado cuatro años y lanzó una diatriba contra «los provincianos advenedizos que entran en el sector prensa sin distinguir un periódico de un jabalí». Cuando concluyó su filípica, estaba asmático de indignación. A mano alzada, se aprobó una huelga indefinida. Hasta que la empresa readmitiese a los despedidos, no se volvería a imprimir un ejemplar.

Justino, que había seguido la algarabía a través de la puerta entreabierta de su despacho, subió a la tercera planta. Sofocado y con frases entrecortadas explicó prolijo que no había habido votos contrarios a la huelga, pero sí 53 abstenciones. Pablo pensó que no era un mal resultado para él.

La Crónica estuvo ausente de los kioskos cuatro días. Al quinto, gracias a Justino, Herrera y Nuria, los recién ascendidos a jefes de sección y unos cuantos más, se tiraron unas copias que tuvieron que ser distribuidas en furgón blindado. Lo mismo ocurrió los dos días siguientes, tras lo cual las aguas volvieron a su cauce.

La única nota discordante, durante una semana, fueron las patéticas siluetas del subdirector y el redactor jefe, apostados cada tarde al otro lado de la calle, con una enorme pancarta en la que se podía leer: «Pablo Ruiz: carnicero. 50 familias pasan hambre por tu culpa.»

5. LA PÓCIMA

De jefe de sección para arriba, estaban todos en la sala de reuniones, un espacio acristalado situado en un lateral de la primera planta, entre el despacho del director y la amplia zona destinada a los redactores. Hasta entonces, Pablo nunca había tomado la palabra en ese foro. Se sentaba en el extremo y seguía en silencio las discusiones vespertinas para diseñar la portada o el planteamiento matutino de los temas de la jornada.

La reunión de las siete de la tarde era muy restringida, pero la matinal se asemejaba a la que se describe en *Detrás de la noticia*. En *La Crónica*, a diferencia de lo que ocurría en el *Sun*, el periódico de la película, había una gran mesa ovalada en el centro y el director ocupaba un puesto preferente, pero la dinámica era muy parecida. Todos, por turno, iban enumerando ideas, mientras el resto hacía comentarios complementarios, críticos o jocosos, según el estado de humor de los altos mandos. Como pasaba en la reunión del *Sun* y comprobó presto Pablo, uno de los defectos congénitos de la reunión era la lejanía y la frialdad de las sugerencias que solían hacer los asistentes. Trufadas con las repetitivas y anticlimáticas declaraciones de políticos y sindicalistas, había de vez en cuando propuestas para dedicar espacio a crímenes abyectos, mortíferas catástrofes e ignominiosos golpes de Estado, pero rara vez estaba implicado en esos truculentos acontecimientos alguien de Madrid o por lo menos de nacionalidad española.

Ese día, Pablo actuó como de costumbre. Estuvo de invitado de piedra hasta el final y, cuando vio a Justino recoger su dietario, meter su pluma Montblanc en el bolsillo de la camisa y aprestarse a dar por concluido el cónclave, tosió para llamar la atención.

—Un momento, por favor.

Esperó a que se hiciera el silencio.

—Aprovechando la reunión, quisiera deciros un par de cosas.

Se aclaró la garganta y prosiguió:

—A partir de ahora, en este periódico las normas son claras: si puedes andar puedes trabajar.

Había llegado el momento de establecer nítidamente las nuevas reglas del juego.

—Se han acabado las bajas por supuesta enfermedad. No más catarros, no más absentismo los lunes y fin de los guateques en torno a la máquina de café.

No era la primera vez que un empresario se quejaba de la plantilla o criticaba acremente a los redactores de *La Crónica*. Terceiro no se había reprimido a la hora de clamar contra los vagos, pero nunca lo había hecho de forma tan brutal. Pablo describió la tesitura como «crítica». Afirmó que apenas vendían 26.000 ejemplares y recalcó, puntuando cada palabra con un golpe de nudillos en la mesa, que o subían rápidamente la tirada o tendrían que cerrar.

—Hemos recortado gastos, pero los anunciantes no creerán en nosotros hasta que lleguemos a 50.000 ejemplares y sin ingresos publicitarios ningún diario puede subsistir. Es una cuestión de vida o muerte.

A su lado, Justino cabeceaba como un buey.

—No está el sector como para andar haciendo tonterías. Esto es un barco y remamos todos o naufragamos todos. Está en juego el pan de mucha gente —afirmó Pablo.

Tenía la voz densa, pero sabía modularla con precisión, subir y bajar el tono hasta conseguir el efecto deseado. Era un actor, un intérprete que no dejaba nada al azar: el traje, la corbata, la colonia, el momento, los términos...

—Justino ha sido confirmado como director pero, como editor ejecutivo y presidente del Consejo de Administración, soy el máximo responsable de esta empresa y tengo la obligación de advertiros de que antes de que se hunda la nave estoy dispuesto a soltar lastre.

Paseó la vista de un extremo a otro.

—Si es necesario tirar a unos cuantos por la borda, lo voy a hacer. ¿Alguna duda?

Ninguno de los presentes se atrevía a intervenir, aunque varios se agitaban inquietos.

—¿Está todo claro?

Herrera levantó la mano a ras de la sien antes de hablar.

—Creo que todos estamos interesados en sacar adelante *La Crónica*. No somos unos chiquillos para que se nos riña y esto no es el colegio.

—He expuesto crudamente las cosas porque la situación está verdaderamente cruda.

—Aquí nadie está pensando en escurrir el bulto.

—Eso espero.

Ese mediodía almorzó con Terceiro para darle cuenta de sus planes. Comieron en La Misión, un restaurante de aire colonial situado en la calle José Silva, en la zona de Arturo Soria. Pablo pidió espárragos trigueros a la parrilla y mero a la sal. El empresario, champiñones rellenos de cangrejo y chuletón de buey.

Cuando el camarero advirtió que el chuletón tenía que ser para dos personas, Terceiro lo despidió con un bufido. Devoró el inmenso trozo de carne roja, la ración doble, en un pis-pas. Bebieron vino tinto; un Gran Reserva del 85 de Martínez Lacuesta. Pablo no tomó postre, pero Terceiro saboreó con deleite un gratinado de frutas con helado de maracuyá. Le chiflaban los dulces.

Debía abordar un avión a las cinco de la tarde y explicó a Pablo que había elegido expresamente ese sitio porque tenía fácil salida hacia el aeropuerto.

—Tengo que ver al alcalde y arreglar como sea la licencia de obra. Se ha invertido ya mucho en ese campo de golf y en poner en marcha la urbanización de la playa. Como ahora nos paren el proyecto, vamos a perder un montón de millones.

—¿No tenías los permisos?

—Hasta que no se metieron por medio los ecologistas y se pusieron a piarlas y a decir que la construcción rompía el equilibrio del Parque Natural, todo iba como la seda. El alcalde estaba entregado y me comía en la mano, pero se ha amariconado. Los políticos son siempre así; ponen el cazo, cobran y después, en cuanto los medios de comunicación empiezan a joder, se echan para atrás.

—¿Le habías pagado mucho?

—Él no ha trincado directamente, pero hemos cedido al ayuntamiento unos terrenos. Por si fuera poco, también le pagamos los carteles y toda la papelería en la campaña de las últimas municipales.

Cuando aclaró que estaría ausente un par de días, fue cuando brotó en el interior de Pablo la tentación de llamar a Alicia.

No sabía cómo reaccionaría y dudó antes de dar el paso. Habían transcurrido cinco semanas desde la montería y el ardiente encuentro en el cuarto de baño de El Cantrojal. Se habían visto algunas veces, pero rodeados de gente, y ella se había mostrado bastante fría. Siempre que se encontraban, lo saludaba con el mismo educado desinterés con que trataba a todos los que trabajaban a la sombra de su poderoso marido.

En cuanto Terceiro se encaramó a su Volvo, Pablo retornó al restaurante. Tenía su móvil, pero prefería utilizar el teléfono de monedas colgado junto a la puerta, a un costado del mural de tonalidades ocres con nombres y bosquejos de misiones españolas en tierras californianas. El teléfono público suele ser más seguro y discreto que uno particular. Marcó el número de la casa del empresario. El aparato dio cinco veces la señal, antes de emitir ese desquiciante «click» que anuncia la existencia de un contestador automático.

«No te puedo atender, pero no te olvides de dejar un mensaje.»

Era la voz de una mujer ya hecha, cultivada y prudente. Estuvo a punto de colgar. Siempre que llamaba a Terceiro lo hacía a su teléfono celular. El empresario había dicho que estaría fuera dos días. Lo lógico era que Alicia revisara el contestador antes de que volviera su marido, pero nunca se sabe lo que puede pasar. Grabar un mensaje en la cinta equivalía a jugársela. Dudó. Sonó el pitido y todavía dejó transcurrir unos segundos antes de decidirse. Al dirigirse al contestador, adoptó un acento deliberadamente inexpresivo.

—Alicia, soy Pablo Ruiz.

Se imaginó a la rubia escuchando a través del altavoz.

—Siento molestarte a estas horas, pero quería hablar contigo.

Hizo una pausa. Intuía que la mujer permanecía pegada al contestador, vacilando entre el deseo de responder y la decisión de no volver a hablar con él.

—Estaré en el periódico toda la tarde.

Si las cosas se embrollaban y Terceiro escuchaba la grabación, siempre podría argumentar que había llamado a la casa porque el móvil del empresario estaba fuera de cobertura y necesitaba localizarlo con urgencia.

Cuando llegó a *La Crónica*, Justino y Herrera estaban perfilando la portada del periódico. En lugar de bajar a la reunión se acantonó en su despacho de la tercera planta y dedicó el resto de la tarde a mirar publicaciones extranjeras. A las nueve y media sonó uno de los teléfonos de su mesa. Era la línea directa y descolgó convencido de que se trataba de Quique o de Terceiro. Casi nadie conocía ese número.

—Sí...

—¿Qué es eso tan importante que tenías que decirme?

Reconoció la voz al instante y se estiró excitado.

—¡Qué sorpresa!

—Sorpresa la que tú me has dado; yo me estoy limitando a devolverte la llamada.

—Para empezar, ¿cómo estás?

—Yo muy bien, ¿y tú?

—Encantado de oírte.

Hasta ese instante la conversación se había desarrollado como si cada uno de ellos estuviera recitando su respectivo papel en una obra de teatro. Ella dio por concluido el juego.

—Bueno... ¿qué querías?

Adoptando un aire apacible, en evidente discordancia con su turbulencia interior, Pablo se lanzó al ataque.

—Quería saber si te apetece volver a verme.

Conjugó el verbo volver estirando la «r» final y haciéndola vibrar un poco. Deseaba que ella identificara la propuesta con el tórrido incidente de El Cantrojal. Al otro lado de la línea se oyó una risita.

—Todo depende de lo que me propongas.

La respuesta iba cargada de segundas intenciones. Pablo chasqueó la lengua. Cuando volvió a hablar su voz tenía una calidad espesa.

—Te propongo que cenemos juntos y que luego... juguemos un poco.

—¿Que juguemos a qué?

—Tú sabes lo que quiero decir.

Alicia siseó maliciosa. No se sentía cohibida pero aquello eran palabras mayores. Lo de la montería había sido una trastada antológica, pero en El Cantrojal estaba algo cargada de copas y convencida de que Terceiro no se enteraría de nada. Para colmo, Pablo era entonces un desconocido y no había mediado premeditación. Había sido un pecado espontáneo. La cosa era muy distinta ahora. Se trataba de una cita en pleno Madrid, con un hombre estrechamente vinculado a su marido y sobre cuyas intenciones no cabía albergar duda alguna.

—No me apetece mucho ir a un restaurante.

—Podemos quedar en tu casa o en la mía.

—Aquí no; dame tu dirección.

Pablo le dictó el nombre de la calle y el número.

—El cuarto B. ¿Te parece bien a las once?

—Muy bien.

Antes de cortar la comunicación, a modo de despedida, Alicia le recordó que habían quedado para cenar.

—Prepárame algo rico.

—No te preocupes; todo va a ser delicioso.

—¿Qué me vas a dar?

—De todo y por todos lados.

Camino de su casa, se detuvo en la confitería Mallorca para comprar salmón ahumado, tres latas de caviar iraní y medio kilo de ensalada de mariscos. Tenía vino en el apartamento, pero metió un par de botellas de «Vega Sicilia» en la bolsa. Al llegar, antes de ducharse y cambiarse de ropa, puso la mesa, echó el caviar en un recipiente de plata, aderezó las lonchas de salmón con aceite de oliva y unas gotas de limón, volcó la ensalada en un cuenco de porcelana y llenó la panera con pequeñas tostadas suecas.

Alicia llegó puntual. Pablo la saludó muy cortés, preguntó si había venido en su coche o en taxi, descorchó una botella de vino, sirvió dos copas y la besó en el cuello. A los cinco minutos estaban desnudos, retozando sobre la cama del dormitorio.

—Tenía unas ganas de volverte a pillar, que me moría —dijo él, aspirando aire con fruición.

—Pues no se te notaba, porque has tardado lo tuyo en llamar.

A diferencia de lo que había hecho en el cuarto de baño de la finca, Alicia intentó dejar la habitación en penumbra, pero Pablo se negó. Quería mirarla bien y ver cómo se movía. Ella se resistió, porque en el fondo se sentía levemente insegura. En otro tiempo había sido una belleza. Sus piernas eran tema de conversación y su culo un bien codiciado. Aún solía pasearse en bikini por la playa. Para enfado de Terceiro, hasta se quitaba la parte de arriba para broncearse el pecho, pero ya no era una quinceañera aunque se resistiese a admitirlo. Era de las que vivían para sudar: jogging, gimnasio, pádel, hidratantes, masajes y mucho dinero.

Pablo pensó que estaba mejor vestida que en cueros. Era alta y elegante como una garza y tenía buenas nalgas, pero las tetas eran canijas. A pesar de eso le atraía de una forma enfermiza. Propalaba algo pecaminoso que le turbaba.

—¿Follas mucho?

—¿Y a ti qué te importa?

Pablo sacó del cajón de la mesilla un antifaz negro, como los que entregan en los aviones durante los vuelos transoceánicos, y un tubo de vaselina.

—¿Qué vas a hacer? —preguntó ella, dejando traslucir una pizca de inquietud.

—Tranquila...

—Dime.
—¡Shsss...! Estáte quietita y ya verás qué bien lo pasas.
Le anudó el antifaz en torno a los ojos y la obligó a tumbarse boca arriba. Con la palma de la mano empujó en la parte interior del muslo derecho para que separara las piernas.
—Eso es... buena chica.
Inclinó delicadamente la copa y vertió unas gotas de vino sobre el ombligo. Alicia se encogió ligeramente. Pablo le dio un azote, para que volviera a estirarse y le echó un chorrito de arriba a abajo, desde la garganta hasta el pelo del pubis. Después se puso a cuatro patas y comenzó a sorber el líquido. Al llegar al clítoris lamió con fuerza, como si fuera un cachorro de perro. Alicia ronroneó.
—¿Te gusta eso? —jadeó él con la boca metida en su sexo. Ella emitió un quejido de placer.
—Mucho ¿y a ti?
—Cómo no me va a gustar; la del 82 fue una cosecha excelente.
Se rieron compaginadamente.
—Eres tremendo.
—Tú si que estás tremenda —masculló Pablo, a la vez que la daba la vuelta, la arrastraba hasta el borde del lecho, le untaba vaselina y la penetraba.
Después del orgasmo, mientras Alicia estaba en el baño, fue hasta el salón y regresó con una bandeja. A Pablo le abrasaba la curiosidad de saber si Terceiro estaba al corriente de las andanzas sexuales de su mujer y, mientras le daba cucharaditas de caviar, se lo preguntó.
—Yo no me dedico a esto —respondió ella furiosa, a la vez que le daba un manotazo que hizo saltar por los aires una lluvia de diminutas bolas negras.
—¡Vaya desperdicio hija! Cada pelotita de éstas debe costar veinte duros.
—¡Vete a hacer puñetas!
Pablo la sujetó por el brazo para evitar que se levantara.
—¡Suéltame! ¡Me haces daño!
—Perdona.

—Porque haya follado contigo, no quiere decir que ande como una perra en celo tirándome a todo el que se me cruza.

—Yo no he dicho eso —se disculpó Pablo.

Puso cara de apesadumbrado e intentó besarla. Ella lo rechazó airada.

—Mira... No sé lo que habrás pensado, pero yo tengo un marido estupendo, con el que llevo casada más de veinte años. Nunca he tenido problemas y lo último que se me ocurriría es buscármelos con un «mindundi» como tú.

—Vale... pero no me has entendido.

Durante largo rato el silencio reinó en la habitación. Tras el arrebato, ella se sentía agotada y él temía decir algo que la enfureciera de nuevo.

—¿Vamos a estar así toda la noche?

—No sé —musitó Pablo, tratando de parecer inocuo.

Recogiéndose coqueta el pelo tras la nuca, Alicia se encaramó a horcajadas sobre él y empezó a frotarse.

—¿Qué te pasa? ¿Ya no te quedan fuerzas?

—Tú sigue moviéndote ahí y ya verás lo que te encuentras.

Tenía la impresión de haber sido patoso. La forma de arreglarlo era administrarle a aquella pretenciosa una buena ración de sexo duro. Se empleó a fondo.

A las cuatro de la madrugada pidió por teléfono un taxi y bajó con ella a esperarlo en la calle. Todavía le picaba lo acaecido en la habitación. Sentía que Alicia se había excedido interpretando el papel de «la perfecta casada» y sobre la acera, antes de abrir la puerta del vehículo, se lo echó en cara sin acritud.

—No dudo de que tengas un marido estupendo, pero estoy seguro que no te hace lo que he hecho yo hoy.

Alicia entornó los ojos y se pasó la punta de la lengua por los labios.

—A mi marido le encanta ponerse mi ropa interior y que le pegue en el culo con el calzador. No es como tú en el catre, pero tiene su lado erótico: sabe cómo dirigir una constructora y hace millones al día. Eso tampoco está mal ¿verdad?

Se apretó contra él y le besó con fiereza en la boca.

—¡Llámame!

Ya en su cama, Pablo le estuvo dando vueltas a la cabeza tratando de entender el juego que se traía Alicia. Había ventilado la habitación, pero todavía flotaba en el aire el perfume de ella y un tenue olor a almendras amargas: el aroma del sexo. No podía amar a su marido. Probablemente, ni siquiera había estado enamorada de él cuando se casaron, pero Terceiro había sido una leyenda en el mundo de los negocios y además era rico; muy rico.

El acuerdo con Terceiro le obligaba a asumir el control del periódico, hacerse pasar por el propietario y aparecer en público como el responsable de todo: lo bueno, lo malo y lo regular. El empresario le pagaba un sueldo y le había entregado 14 millones en dinero negro como compensación por reducir la plantilla, recortar gastos, dar la cara, cargar con la impopularidad y, llegado el caso, encargarse de dar el cerrojazo.

Despedir a medio centenar de personas, aunque el ex subdirector siguiera de pasmarote en la acera de enfrente y le insultara cada vez que su «Audi» perdía velocidad para entrar en el garaje, no había sido muy doloroso. Hasta le había divertido. El calvo era de una ralea que no soportaba ni cuando estudiaba en la universidad. En su opinión, pertenecía a ese «hatajo de progres» que en el fondo de su alma lamenta todas sus elecciones vitales y sin embargo se cubre con la excusa de que ha tomado siempre la decisión moral correcta y por ello es mejor que el resto de los mortales.

Daba por supuesto que no todos los periodistas de *La Crónica* eran de esa calaña, aunque algunos indeseables habían sobrevivido a la criba. A pesar del predicamento social de que gozaban los profesionales de la comunicación, a Pablo nunca le habían parecido muy listos. Estaba seguro de que bastaba un poco de sentido común y cierta audacia para triunfar en el sector y se fue involucrando en la cotidianeidad y en las contingencias de la redacción.

La mezcla de arenga y regañina que propinó a Justino, Herrera y los jefes de sección el día que tomó por primera vez la palabra en la reunión matinal fue tanto una ácida llamada de atención, como una entusiasmada declaración de principios. Esa apreciación de la existencia como un reto continuo era algo consubstancial a su carácter. A partir de entonces, aunque no se lo dijo a nadie que no fuera Quique, tomó las riendas decidido a convertir *La Crónica* en el diario más vendido del país.

Era su primera experiencia práctica en un periódico, pero Pablo tenía cuatro o cinco ideas muy definidas de lo que había que hacer para aumentar la difusión y no todas procedentes del cine. Debido a la profesión de su padre, había pasado muchos años en el extranjero. Había viajado más que una azafata durante la etapa en que trabajó como alto ejecutivo en Tabac Incorporated.

Desde su divorcio vivía semirrecluido saltando del ático del Paseo de la Habana a la finca de Toledo, pero no se había atrofiado. Lo que había que hacer era un periódico popular, al estilo de los tabloides británicos, con titulares muy grandes y escandalosos. Las fotos llamativas, los textos cortos y el estilo directo eran esenciales, pero la pócima milagrosa era el olfato. El secreto radicaba en sintonizar con la gente de la calle. En saber apostar. Había que omitir las posturas elitistas, liberales y educadas que caracterizaban al resto de los diarios nacionales y alinearse decididamente con los inconfesables sentimientos de las masas.

—Lo que yo quiero es algo como esto —decía Pablo, agitando un ejemplar del *Daily Mail* como si fuera un matamoscas—. La gente está saturada de ver negros vendiendo droga en la Gran Vía, de no poder aparcar el coche en la calle sin que le roben el radiocasete y de aguantar coñazos. ¡Quiero historias!

Justino parpadeó sin comprender.

—Llevamos hoy un reportaje sobre la financiación de los partidos que no está nada mal.

—Un reportaje en el que lo único que se cuenta es lo que dice un político estreñido cuya opinión no interesa a nadie.

—En el Congreso se debate mañana la ley en la que se van a fijar por fin normas para controlar el dinero de los partidos, y un periódico de calidad tiene que entrar en esos temas.

—La diferencia entre lo que llaman un periódico de calidad y un tabloide es sólo el grado de hipocresía —afirmó Pablo rotundo.

Desplegó el ejemplar del *Daily Mail* y fue canturreando uno a uno los llamativos titulares.

—Quiero algo así pero a la española. Si un juez agarra por las tetas a su secretaria, en lugar de hablar de acoso sexual, hay que hacer hincapié en el calentón de su señoría y poner una foto en que se vea lo buena que estaba la tía. Lo mismo ocurre con los crímenes. Todo tiene un trasfondo social, pero si el que mata es un sudaca, un extranjero o un ex presidiario hay que destacarlo. Tenemos que crear etiquetas y estereotipos que enganchen al lector. Necesitamos muchas Dulce Neus, muchas Damas Negras, muchos Asesinos del Rol y muchos Violadores de Pirámides. Aquí se ha acabado eso de que el delincuente es una víctima de la sociedad.

Mientras hablaba le vino a la mente *Mientras Nueva York duerme*, de Fritz Lang, otra de sus películas favoritas. La terapia profesional a la que estaba sometiendo en esos instantes al sufrido Blázquez no era muy distinta a la cáustica reprimenda que el editor protagonista del filme administraba en el celuloide a su director.

En la secuencia inicial, el potentado aparecía postrado en la cama e indignado, porque acaba de leer en el teletipo una gran noticia: «El cuerpo de Judith Felton, bibliotecaria, fue hallado a última hora de ayer en su apartamento. En la pared, el asesino escribió con un lápiz de labios: "Pregúntaselo a mamá".»

A Pablo no le hubiera importado hacer como el rico protagonista de *Mientras Nueva York duerme*, que está que trina porque su gente no se ha enterado a tiempo del asesinato. Tenía su gracia eso de convocar a los subalternos al dormitorio para reñirles desde la cama, pero lo que le hubiera gustado de verdad habría sido poder echarles en cara las mismas cosas y con idéntica brillantez: «Quiero que cada vez que las mujeres se pinten, se estremezcan de terror. Llamad a ese tipo en primera plana "el asesino del lápiz de labios".»

—A nuestros lectores les va a chocar un cambio tan drástico —argumentó débilmente Justino.

Estaba seguro de que el director esgrimiría la supuesta superioridad del periodismo serio. Sabía que censuraría piadosamente el desbocado amarillismo preconizado por él y tenía presta una respuesta lacerante.

—A nuestros lectores no les va a chocar nada, porque no existen.

Pablo abrió los brazos a fin de subrayar que daba por concluida la charla. Apenas llevaba dos meses al frente de *La Crónica*, pero después de escuchar las tímidas quejas de la máxima autoridad de la redacción creía comprender por qué su diario se vendía tan poco: era mortalmente aburrido.

—He pedido a mi secretaria que te prepare una serie de ejemplares del *Mirror*, del *Daily Mail*, del *Sun* y del *Sunday Times* para que te inspires. Dile a Herrera lo que quiero; reuniros con los diseñadores y preparad una nueva maqueta.

Pasó la yema del dedo por el pequeño calendario que había sobre su mesa, contando huecos.

—El día 7 de enero, cae en lunes.

Justino asintió dócilmente.

—Tenéis más de dos semanas, con las vacaciones de Navidad incluidas, para diseñar un «monstruo» nuevo y para volcar los formatos en el ordenador central. Espabilaros, que a partir de enero le daremos marcha a esto. Lo único que necesitamos es un poco de suerte. Año Nuevo, periódico nuevo.

6. LOS VIOLADORES

El grandón le dirigió una sonrisa enorme, de oreja a oreja. Era muy negro y sus dientes, los dos del centro forrados en oro, resaltaban a la escasa luz del parque.

—¡Por favor! ¡Por favor! ¡No me haga daño!

—¡Cállate puta!

La chica buscó con los ojos a su novio, al que el otro asaltante había sacado del coche y mantenía aplastado boca abajo junto al capó.

—¡Por favor!

Al oír las quejumbrosas súplicas de su novia, el muchacho alzó un poco la cabeza, pero le bastó sentir cómo se incrementaba la presión de la navaja contra su yugular para inmovilizarse.

—Llévense lo que quieran, pero no nos hagan nada —imploró la chica anegada en llanto—. ¡Por favor!

—¡Si no te callas, te voy a zurrar!

El de los dientes de oro cimbreó el bate de béisbol con el que había pulverizado el cristal del parabrisas y, moviendo el dedo índice como un gancho, hizo señas a la muchacha para que se bajara del coche. Ella salió despacio y se quedó, temblando como una hoja, pegada a la chapa del vehículo.

—Quietecita, ¡eh!

Solazándose, le introdujo el extremo del bate entre las piernas y fue levantándolo lentamente, tirando del borde de la falda hacia arriba, hasta dejar al descubierto su vientre.

—¡Pero cómo estás...! ¡Cochina!

La chica se llevó las manos al rostro y pegó los codos al cuerpo.

—¡No me haga nada!

El granuja se rió de una manera chirriante.

—Sólo te vamos a hacer lo mismo que estabas haciendo, pero por partida doble.

El que sujetaba al novio, un chaval enjuto de pelo rizado y pómulos prominentes, celebró la macabra amenaza con una carcajada.

—Acaba ya con esa puta, que estoy que me meo de ganas.

—¡Por favor! —rogó la muchacha.

El grandón se puso huraño.

—¡Cállate ya!

Le dio un violento empellón que la hizo caer al suelo.

—¡Quítate la ropa!

Mientras su compañero observaba con ojos brillantes, esperó a que se despojase de la blusa y el sujetador.

—¡Todo! ¡Quítate todo!

Acompañó su orden con una bofetada.

—¡Todo!

La muchacha obedeció. Estuvo un buen rato con ella, sometiéndola a toda clase de vejaciones. Después cedió el sitio a su amigo.

—Que te la chupe, ya verás qué bien lo hace.

Creyendo que estaba distraído, el novio intentó escabullirse. El de los dientes de oro le dejó dar dos pasos y lo derribó golpeándole en las piernas con el bate. Después, cuando lo tenía inerme en tierra, le sacudió dos tremendos estacazos en la espalda.

—¡No seas tonto, que te la juegas!

Volvió a golpearlo. Esta vez en el estómago. El chico se ovilló, en posición fetal, lagrimeando como una Magdalena. Antes de desaparecer en la oscuridad del Parque del Oeste, con las carteras, los relojes y las llaves del coche, el grandón volvió a violar a la chica. Esta vez de pie y desde atrás, forzándola a apoyar las manos en la chapa del automóvil.

La pareja llegó a comisaría pasada la medianoche. El novio, todavía conmocionado, había querido dejarlo pasar. Le daba vergüenza. Dijo que presentar una denuncia no serviría para nada. Estudiaba Derecho y argumentó desesperado que, en los juicios por violación, la víctima lo pasa peor que el delincuente. Propuso que guardasen el secreto y se limitasen a decir que les habían robado, pero ella se obstinó. Además de lo que le dolía el cuerpo, se sentía sucia y humillada. Precisaba hacer algo. Fue ella la que entró en vanguardia y quien tomó la iniciativa.

—Nos han asaltado... en el Parque del Oeste.

El funcionario sentado tras el mostrador del cuerpo de guardia alzó la vista.

—¿Cómo ha dicho?

—Que nos han atacado. Han sido dos personas... con navajas y un bate de béisbol...

El policía percibió inmediatamente de lo que se trataba. El joven permanecía en segundo plano, escudándose en la chica, pero ella traía la ropa hecha jirones, el labio partido y un enorme moratón en la frente. Había llorado mucho, porque tenía los ojos hinchados y enrojecidos.

—¿Me deja su carnet de identidad?

—No lo tengo. Estaba dentro del bolso y se lo llevaron.

El agente miró por encima del hombro de la chica.

—¿Usted tampoco tiene documentación?

El muchacho negó con la cabeza.

—No se preocupen. Esperen un momento ahí fuera.

Señaló hacia el pasillo, donde había bancos de madera alineados a lo largo de la pared y pulsó el botón del interfono. La chica se sentó lejos de su acompañante, con las piernas muy juntas y las manos en las rodillas. El desfile de curiosos comenzó a los pocos minutos. Todos los empleados de la comisaría parecían tener algo que hacer en el cuerpo de guardia. Cada vez que cruzaban se volvían a contemplarla como si fuera una atracción de feria.

Era la cuarta ocasión en ese mes en que parejas de estudiantes se presentaban con historias parecidas. Salustiano Suárez se hizo una composición de lugar casi completa en cuanto el agente de servicio le informó de que acababan de denunciar una nueva violación en el Parque del Oeste.

—Dos tíos, ¿no?

—Sí señor.

—Con un bate de béisbol, ¿eh?

—Y una navaja.

—¿Les han hecho una revisión médica?

—Todavía no.

—Voy a empezar con el hombre y que, mientras tanto, vayan examinando a la mujer. ¿Vale?

—Sí, jefe.

Salustiano Suárez era todo carne: cara de hamburguesa, carrillos de cerdo, orejas de elefante, papada abundante y panza prominente. Tenía fama de vulgar y machista, lo que él estimulaba contando chistes verdes y hablando de fútbol, pero era bastante listo. Hubiera llegado a algo en el Cuerpo de no haberse cruzado en su camino una rubia teñida, al poco de ascender y recién cumplidos los 40 años. Acababa de superar la oposición a inspector jefe y de pasar a Estupefacientes, tras casi dos decenios de dejarse la piel en el Servicio Central de Información y de bregar con los grupúsculos de extrema izquierda que alborotaban durante la Transición, cuando apareció la mujer y se enredó con ella.

Una mujer con la que, para empezar, no debía haberse casado. Se trataba de una maciza obsesionada con las compras, que cada dos o tres días volvía a casa con el utilitario rebosante de paquetes y bolsas, todo a cuenta de la tarjeta de crédito que le había regalado Salustiano junto con el anillo de pedida. El inspector jefe no tardó más de un año de matrimonio en cerciorarse de que estaba «empufado» hasta las rodillas. La única alternativa era deshacerse de la esposa o ingresar más pasta. Los trienios no iban a servir para mucho, como tampoco seguir trampeando con las dietas y las notas de gastos.

La perdición fue que no estaba dispuesto a prescindir de ella. Siendo como era exageradamente obeso, feo con ganas, cuarentón y habiendo disfrutado tan poco de la vida, porque en su familia siempre anduvieron apretados y él había tenido que dedicar parte del sueldo a ayudar a sus hermanos, el único sueño de Salustiano era volver a casa y reposar sobre el colchón de rizos, labios, muslos y tetas de la maciza.

Ante la situación optó por lo que algunos del Cuerpo denominaban entonces «financiación creativa». Era el número dos de la Brigada de Investigación de la Unidad Central de Estupefacientes y eso abría muchas posibilidades. Cada vez que cazaba a un camello, parte de las pruebas desaparecían e iban a parar a sus bolsillos.

—¡Es un chollo! Tumbas la puerta y te encuentras a cuatro colombianos mamones con cinco kilos de coca y tres millones de pesetas en billetes usados. Lo único que tienes que hacer es andar listo —había confesado a unos compañeros de su cuerda, antes de que se descubriera el pastel.

A la hora de decomisar las pruebas en el juzgado, sólo entregaba medio kilo de droga. En el juicio aparecían, como mucho, unos cientos de miles de pesetas. Los maleantes renegaban por dentro, pero no protestaban, porque eso aminoraba la pena. No era algo inédito. A finales de los años setenta, el comisario García ya había puesto de moda lo de autoadjudicarse en beneficio propio los bienes de los delincuentes. Para su desgracia los tiempos habían cambiado y cuando los de Asuntos Internos se enteraron de las argucias de Salustiano, cayeron sobre él como halcones. Afortunadamente era año electoral. Nadie quería destapar una corruptela que sirviera de carnaza a la oposición y se buscó una solución de compromiso. Echaron un tupido velo sobre el expediente, Salustiano renunció a su puesto en la Brigada de «estupas» y fue sepultado en una oscura comisaría. Lo mandaron al distrito de Universidad, como inspector jefe de un grupo de Seguridad Ciudadana. Se encargó de atender quejas, de responder a las llamadas al 091 y de tramitar denuncias al Juzgado de Instrucción.

La maciza también renunció, pero a la vida conyugal. Se dio las de Villadiego con un importador de marisco en cuanto dejó de afluir el dinero. Por aquel entonces hacía ya mucho que Quique había abandonado la Brigada de Delitos Económicos. Había solicitado primero la excedencia y después la baja definitiva. Ni siquiera se dedicaba a la seguridad privada. Tras dejar Consultores Magnum en manos de subalternos, estaba volcado en el negocio de las copas, las putas y en sacar adelante el restaurante.

Uno de los escasos rasgos que honraban a Quique era que nunca negaba nada a los amigos, y él y Salustiano habían sido algo más que compañeros de promoción. Habían coincidido durante el año de prácticas. Le socorrió en el papeleo del divorcio, lo acogió una temporada en su casa y le prestó dinero. En cuestión de sinsabores el amoroso de Salustiano era poco original, pero al inspector le parecía único en la historia de la Humanidad y Quique puso el hombro para que el gordo plañiera por la traidora. También le sirvió copas gratis en Congo para que se emborrachara hasta la estupefacción.

Salustiano apenas dedicó diez minutos al atribulado novio. Le mandó hacer un relato de lo ocurrido, le pidió que aclarase algunos pormenores y le alargó por encima de la mesa un grueso cuaderno de anillas.

—Dime si te suena alguno.

El muchacho fue pasando lentamente las hojas, deteniéndose de vez en cuando con gesto concentrado, pero todas las caras de las pequeñas fotos de carnet le parecían iguales.

—No sé...

—Fíjate bien.

El chico estudió detenidamente la última hoja y dejó caer la cabeza, abatido.

—No... Me encuentro mal.

—¿Por qué no defendiste a tu novia?

—No pude —balbució con tono lastimero—. Me hubieran matado.

No era la primera vez que el veterano inspector jefe se veía en una de ésas. Sabía que al final, una vez recuperado de la frustración y de la vergüenza, había altas probabilidades de que el muchacho culpase irracionalmente a su novia de haber sido violada. Quizá por eso experimentaba un malsano placer en restregarle en la cara que se había acojonado.

—Tuviste suerte.

—¿Por qué dice eso?

—Tal como te tenían, te podían haber enculado.

El muchacho empezó a hacer pucheros.

—Bueno. Llévate el cuaderno fuera y lo vas mirando. A ver si te acuerdas de algo. Pide que te den un par de aspirinas y dile a tu novia que pase.

Salustiano sabía perfectamente que el sujeto de los dientes de oro y su siniestro amigo no estaban en el cuaderno. Ninguna de las tres parejas que habían desfilado compungidas por su despacho las semanas precedentes había identificado sus jetas entre la colección de fotografías. Por la forma como operaban, eran habituales. Uno de ellos, el que actuaba como jefe, no era español. Presumiblemente era marroquí. Eso aclaraba algunas cosas. Si eran moros, podían haber llegado hacía poco a Madrid y por eso no estaban fichados.

Se levantó al ver entrar a la chica, y en lugar de sentarla al otro lado de la mesa le ofreció uno de los manchados sillones del tresillo de «sky» de la esquina.

Era gordita y tenía los ojos oscuros. Se teñía los rizos con mechas rubias y le recordó a su ex mujer. Al pasar a su lado para sentarse, Salustiano le tocó el pelo con ademán protector.

—¿Cómo estás?

La muchacha se encogió de hombros. Se había roto una uña y se chupaba el dedo, circunstancia que de forma un tanto extraña hizo recapacitar al inspector jefe sobre la fragilidad humana.

—¿Te han hecho daño?

—Sí.

Abrió la libreta, trazó una raya un centímetro por debajo de las declaraciones del novio y sonrió.

—Cuéntame cómo ocurrió.

Antes de iniciar el relato, la chica adoptó una expresión reconcentrada.

—Salimos de la Facultad y estuvimos tomando unas cañas en Princesa. Pensábamos ir al cine, pero se nos hizo tarde y fue cuando decidimos bajar hasta el Parque del Oeste. Teníamos las ventanillas cerradas, porque hacía frío. No les oímos aproximarse. Estábamos en el coche y de repente escuchamos un golpe espantoso y se astilló el parabrisas. Yo pensé que alguien nos había tirado una piedra pero enseguida dieron otro golpe y se rompió el cristal. Cuando me giré, vi al de los dientes...

La chica apenas denotaba emoción. Hablaba como si fuera cronista de deportes y estuviera relatando lo acontecido en un partido de Segunda B. No se trataba tanto de sus palabras textuales como del modo analítico con que se expresaba. Sólo al llegar a la violación perdió la entereza.

—Me dijo que me quitara la ropa y me pegó.

—¿Qué habíais ido a hacer al Parque del Oeste?

Se quedó helada.

—Era muy tarde para ir al cine.

—¿Habíais bajado los seguros?

—Sí.

—¿Qué estabas haciendo cuando os atacaron?

Como buen machista, odiaba a los violadores. Era de los que sostenía que había que caparlos, después de meterles un hierro al rojo vivo por el esfínter, pero la gordita le ponía cachondo. Excavó sin piedad a la busca de detalles escabrosos.

—Estabais follando cuando llegaron, ¿no?

Ella cerró los ojos e hizo una grácil inclinación de cabeza en señal de asentimiento.

—¿Estabas desnuda?

—No, sólo me había quitado las bragas.

—¿Dónde las habías puesto?

—En el bolso.

Salustiano hizo como que tomaba notas.

—¿La segunda vez, el de los dientes de oro te penetró también vaginalmente?

—¿Cómo?

La chica tragó saliva con dificultad. No esperaba preguntas como ésas y la desconcertaron, sobre todo porque el inspector adivinaba las respuestas.

Salustiano apuntó varias cosas y salió al pasillo para ordenar que avisaran al Servicio de Apoyo a la Mujer. Ya no había nada que sacar y era mejor que fuera una agente del SAMU la que hablase con la chica. Entre mujeres era más sencilla la complicidad y se sentiría menos tensa.

Lo que decidió a Salustiano a actuar fue la llamada del comisario principal. Después de su traspiés en la Brigada de Estupefacientes, no soportaba los chorreos. Le supo a cuerno quemado que le telefonease para decirle con malos modos que había consternación en las alturas por la ola de violaciones. Explicó que habían redoblado la vigilancia en la zona y puesto patrullas móviles, pero el jefe no le hizo caso. Quería resultados. El comisario debía estar hablando con el aparato en manos libres y con el subdirector general operativo delante, porque le largó un verdadero sermón y repitió, como si fuera una tortura china, soplapolleces como «alarma social» y «estabilidad democrática».

Apenas colgó, Salustiano se repantigó en la silla. Desde lo de su mujer, el ambiente de la comisaría y el empleo eran su razón de ser. Estaba hasta las corvas de gerifaltes que no habían visto chorizos más que en las charcuterías y a los que lo único que preocupaba eran los parabienes de los políticos y las mamonadas que se decían en las tertulias radiofónicas.

A él se la arreflinflaban los formalismos. Era la especie de policía que añora que se haga justicia. Naturalmente, si ello implicaba que un supuesto inocente pasase unas horas en el calabozo o que algún tipejo malencarado resultara con contusiones, a él le daba igual. Pulsó el botón del interfono verdaderamente irritado.

—¿Está por ahí Mata Hari?

—Ha salido a tomar un café con otros compañeros.

—Cuando vuelva, dile que suba a mi despacho.

—A la orden, jefe.

Mata Hari, como la llamaban cariñosamente en la comisaría, era una de las agentes de la Escala Básica. Se había incorporado recientemente. Había dejado a medias Magisterio para hacerse policía y estaba loca por ascender por promoción interna a la Escala de Subinspección.

No es que fuera guapa, pero estaba buena. Demasiado jaquetona para los gustos de Salustiano, pero mucho mejor que el racimo de machorras que había en la Dirección General. Era canaria, de la isla de Tenerife y tenía fama de ligera de cascos. El inspector jefe la recibió con una sonrisa de chacal.

—¿Tú sabes lo que contestan las norteamericanas cuando les preguntan lo que quieren ser en la vida?

—No tengo la menor idea.

Llevaba una blusa muy ceñida y le sentaba bien. Salustiano estuvo a punto de soltarlo pero se contuvo. Era un piropo, pero podía tomarse por una ofensa y no andaban los tiempos como para arriesgarse a que le acusasen de acoso sexual en el trabajo.

—Pues siempre dicen lo mismo.

—¿El qué?

—Quiero ser rica y famosa.

—¿Y eso qué tiene que ver conmigo?

Salustiano enarcó las cejas y frunció los morros. Le encantaba cubrirse con un manto de misterio.

—Para ser rica tenías que haber elegido otra profesión, pero un poquito de fama sí te puedo conseguir.

—Usted dirá, jefe.

—No hará falta que te explique que hemos tenido cuatro casos de violación en lo que va de mes.

—Conozco los detalles.

—Pues si los conoces, sabrás que son dos, probablemente moros y que actúan siempre juntos. Pues bien...

Hizo una pausa teatral, como la que precede al momento en que el mago saca el conejo de la chistera.

—Sé cómo cazarlos y te necesito a ti para hacerlo.

Ella pestañeó exageradamente, para animarle a continuar.

—Ese cuento de que a los delincuentes se les caza después de una profunda investigación está bien para los seriales de la televisión, pero no tiene nada que ver con la realidad.

—Tampoco es eso, jefe.

—Sí. Es exactamente como te digo. Los chorizos caen por dos razones. Una es la mala suerte. La otra es que suelen ser bastante majaderos. Si pegan un palo y les sale bien, siguen dándolo hasta que los pillamos. Siempre igual. No cambian de sitio, ni de hora, ni de nada.

El razonamiento de Salustiano era de una llaneza cartesiana. Todas las denuncias hablaban de dos sujetos. Uno alto, fuerte y de piel oscura y el otro muy delgado. Ambos de porte moruno, aunque el hecho de que hablasen entre sí en castellano hacía suponer que uno de ellos era español. Podían ser sudamericanos ambos. Como la gente no siempre denuncia las violaciones, cabía la posibilidad de que hubieran cometido muchas otras pero ellos sólo tenían registradas cuatro, y era sobre esas cuatro sobre las que había que trabajar.

Los dos rufianes actuaban en el Parque del Oeste y siempre de forma similar. Los estudiantes no solían llevar mucho dinero encima, pero eran presas fáciles. Quizá habían comenzado con robos y se aficionaron a las violaciones, cuando descubrieron lo sencillo que era cometerlas. Buscaban unas perras y algo de diversión y la confiada clientela universitaria de los bares de la zona de La Moncloa y del Paseo de Rosales se lo garantizaba. Localizaban un coche aislado, esperaban a que la pareja se pusiera a la tarea y se aproximaban sigilosamente, uno por cada lado. Una vez junto al vehículo, reventaban de un garrotazo el cristal. Antes de que los amantes se dieran cuenta, tenían una navaja en el cuello.

—El resto ya sabes cómo es y no creo que haya necesidad de entrar en detalles: primero la fuerza uno, después el otro y, durante todo el rato, el novio cagado de miedo y mirando.

—Ya.

—A estos dos cabrones les ha salido hasta ahora muy bien. Joden y además sacan unos duros para comprar papelinas o tomarse unas cervezas. Van a repetir. De lo que se trata es de ponerles un cebo y trincarlos la próxima vez que salgan a divertirse.

—Jefe...

La muchacha esperó, hasta que Salustiano levantó la vista.

—Este asunto no entra dentro de nuestra competencia. Deberían ocuparse los de delitos sexuales...

La duda debía estar escrita en su cara, porque el inspector jefe la miró paternal.

—De eso no te preocupes.

Salustiano abrió sus enormes brazos satisfecho.
—¿Tienes algo que hacer este viernes por la noche?

Podía haber solicitado uno de los «K», los vehículos camuflados que usaban para el servicio, pero hubiera sido sospechoso, así que decidió que era mejor llevar su propio coche. No era corriente que Salustiano saliera a la calle a hacer un arresto. Si trascendía y además se torcía la cosa, lo crucificarían. Los carroñeros de la Unidad de Asuntos Internos se le echarían gustosos encima. Dirían que chocheaba, que había sobrepasado sus competencias o lo que es peor, que se había inventado un cuento para ver si conseguía fumigarse a Mata Hari.

Antes de recoger a la agente en la puerta de su casa, estuvo manipulando en el cajetín de los fusibles del coche hasta dar con el correspondiente a las luces interiores.

—Quiero poder abrir la puerta sin que se ilumine el receptáculo —explicó después a la mujer, cuando iban ya camino del Parque del Oeste—. La clave de esto es la sorpresa.

—Jefe, ¿cree que aparecerán?

—Puede que sí y puede que no. Todo depende de lo bien que lo hagamos.

—¿Que hagamos el qué?

La miró con ojos ávidos.

—Amartelarnos y parecer una pareja normal. Hasta nos los podíamos hacer para dar realismo a la cosa.

Ella clavó el mentón en el pecho. Estaba harta de los superiores listillos que intentaban propasarse.

—¡Jefe!

—Era broma. ¡Tontona!

Aparcaron a un centenar de metros de La Palmatoria, la fuente con forma de flor situada en la rotonda del Paseo de Camoens, en un solitario caminito de tierra que iba a morir entre la maleza de la parte baja, lindando ya con la vía del ferrocarril. Apenas había luz y la mujer policía no pudo evitar un estremecimiento.

—No se ve un burro a tres pasos.

—Mejor. Pon el seguro.

—¿Cuánto pueden tardar?

—No lo sé.

Salustiano levantó la muñeca para ver la hora en la esfera luminosa de su reloj.

—Son las diez y media. Vamos a esperar hasta la una de la madrugada y, si no aparecen, nos vamos.

—¿Puedo poner música?

—No.

—¿Y fumar?

—Sí, coño.

Estuvieron charlando en susurros, sobre el trabajo, los colegas, los ascensos y la vida en general, hasta que el inspector calculó que había llegado el momento de volver a intentarlo.

—¿No te apetece jugar un poquito?

—Jefe, que tengo novio.

—Y qué más da. Yo no soy celoso.

La chica se rió nerviosa.

—¿Tú no querías irte a Canarias?

—Sí.

Había conseguido intrigarla.

—Pues tengo un compañero que acaba de ser promocionado a Comisario de Maspalomas, en Las Palmas. Si yo se lo pido, te podría reclamar para el grupo que quisieras.

Deslizó la mano izquierda bajo la blusa y le acarició las tetas, primero por encima y enseguida metiendo los dedos y buscándole los pezones. Después, dejó caer la zarpa derecha, la que tenía apoyada en el cabezal y con una hábil maniobra de pulgar e índice le desabrochó el sujetador.

Ella se puso rígida. Hay algo en los automóviles ajenos que parece sellar el propio destino. Cuando se cierra la portezuela y el motor arranca, uno se vuelve vulnerable, sin posibilidad de huida. La chica arrugó la frente asqueada y subió los codos, pero Salustiano siguió sobándola. Mientras lo hacía, miraba de costadillo, disimuladamente, no fueran a aparecer los violadores o alguien que pudiera aguarle la fiesta. Alzó la vista al oír un crujido y los vio.

A través del espejo retrovisor sólo se atisbaba una masa oscura, pero tuvo la sensación de que una sombra se había movido detrás del coche. No dijo nada. Sin dejar de acariciar los senos de la chica, bajó la mano derecha, la que apoyaba en el reposacabezas y le había servido para soltar el sostén, y aferró con fuerza la culata del revólver. Se había sacado la Star 28 PK de la sobaquera para sentirse más cómodo. Tenía el arma reglamentaria, la misma semiautomática que le habían entregado hacía ya cinco lustros en la academia, sujeta entre los muslos, sobre el asiento.

La mujer policía no se dio cuenta del gesto de Salustiano. Tampoco interpretó correctamente su súbito silencio. Ni ella ni los dos que se acercaban casi en cuclillas por los laterales podían imaginar lo que se avecinaba.

Todo fue vertiginoso. El del bate, después de reventar de un golpe el cristal de la ventanilla del conductor, se agachó para abrir el seguro y se encontró con el cañón de la 9 mm Parabellum apoyado en el parietal.

—¿Adónde ibas?

El hombre desorbitó los ojos y abrió la boca. A pesar de la oscuridad, el inspector se fijó en que tenía dos dientes, los dos incisivos de abajo, forrados de oro.

—¡Perro!

El tipo intentó decir algo, pero no le dio tiempo. Salustiano apretó una vez el gatillo y le descargó un tiro en plena cara. Al escuchar el estampido, el que estaba al otro lado del coche tratando de abrir la puerta del acompañante dejó de tirar de la manilla y exclamó:

—¡¿Qué ha sido eso?!

Si no hubiera estado tan oscuro, quizá habría visto el rostro de su cómplice convertido en un amasijo sanguinolento. Sólo atisbó al gordo que salía del coche. Cuando advirtió la pistola y que el gorgoteo que se oía eran los estertores de su amigo, se dejó caer de rodillas al suelo, soltó la navaja y alzó las manos.

—¡No dispare! ¡No dispare!

Salustiano bordeó de tres zancadas el capó del automóvil y se plantó ante él. Separó la piernas, se inclinó hacia adelante y le apuntó al entrecejo.

—¿Qué ibas a hacer? ¡Hijo de puta!

El delincuente miraba hipnotizado la automática.

—¡Nada! ¡Le juro que nada!

No era sudamericano. No tenía ni veinte años y era un pobre colgado. Un yonqui. Tenía la extrema delgadez y el temple cetrino de piel que traiciona a los heroinómanos.

—Yo no me he metido con nadie.

Salustiano empujó con la punta del pie la navaja.

—¿Y esto qué es? ¿La llave de casa?

Se rió de una forma siniestra.

—¡Por favor! ¡No me haga nada!

El inspector apretó el gatillo dos veces. Después, ante los ojos estupefactos de Mata Hari, que seguía pasmada y con la espalda pegada a la felpa del asiento, giró sobre sus pasos y remató al de los dientes de oro con un balazo en el pecho, a nivel del corazón.

7. LA JUEZA

Salustiano se la imaginaba distinta y su aspecto le hizo intuir que las cosas no iban a ser fáciles. Era una cuarentona escuálida, plana como una tabla y con un rostro chupado en el que brillaban con inteligencia los ojos. Apenas iba maquillada. Llevaba el pelo muy corto, a lo paje. La impresión de sobriedad se veía acentuada por el vestuario: austera falda negra, simple jersey de cuello alto, zapatos bajos y ausencia total de joyas o abalorios. Ni siquiera llevaba anillo. Tan sólo un reloj Rolex de oro en la muñeca derecha.

El inspector pensó que la inexistencia de colorido podría revelar una personalidad que había desterrado la emoción de su vida, pero estaba equivocado. Remedios Villamil, la jueza de instrucción, estaba fuera de sí e impulsada por una abrasadora sed de justicia.

—Le voy a procesar por asesinato.

—¿Pero qué dice?

—Lo que ha oído: voy a dictar un auto de procesamiento contra usted. Artículo 139 del nuevo Código Penal. Dos asesinatos para ser exactos.

Ya había iniciado de oficio la investigación y ordenado a los agentes de la Policía Judicial adscritos a su juzgado que hicieran las diligencias pertinentes para completar el atestado.

La jueza empujó la copia del informe aportado por el inspector y le dio un manotazo, como poniendo punto final a la discusión.

—A partir de ahora las cosas van a ser muy distintas. No puede abandonar Madrid. En los próximos días le enviaré el auto de procesamiento y la citación para tomarle declaración como inculpado.

—Escuche... —Salustiano intentaba ser amistoso—. Si lee mi informe habrá visto que eran habituales y llevaban navajas. Esos dos sujetos estaban implicados en varios robos con violencia y al menos en cuatro violaciones.

—Eso es irrelevante.

—¿Cómo va a ser irrelevante algo así? ¡Eran dos pájaros de cuenta!

—Eso no da derecho a asesinarlos.

Era como empujar contra un muro. Se sentía inerme ante los ojos de ofidio y el cerril empecinamiento de la jueza.

—Lo he escrito en el informe y ya lo he repetido cien veces... disparé en legítima defensa.

—No es eso lo que dice la oficial que le acompañaba en el momento de los hechos. De todas maneras, ya podrá alegar que actuó en legítima defensa cuando se celebre el juicio oral.

Salustiano tomó aire. Durante treinta segundos su ruidoso resuello fue el único sonido que se escuchó en el despacho. Sacudió apesadumbrado su rostro de perro pachón. Notó que olía a sudor.

—Creo que se equivoca.

La jueza apretó la quijada.

—No me equivoco. Ya tendrá noticias mías.

La pecosa se volvió y, tras dudar un instante, se incorporó con un cigarrillo en la mano. Poseía unos dientes grandes y blancos y unos labios llenos. Una boca generosa.

—¿Tiene fuego?, señor.

Aquel «señor» tan respetuoso no estaba exento de cierta ironía. La chavala tenía pinta de lista, debía ser un poco fresca y probablemente había captado un discreto flujo de deseo en las disimuladas miradas que Pablo echaba de vez en cuando hacia su mesa.

—No, pero se lo pedimos al camarero.
—Muchas gracias.

Pablo pensó que debía ser estupenda en la cama y sonrió, aunque en su interior estaba un poco cabreado. No había dado su juventud por agostada al terminar la carrera de Derecho o cuando los soldados de permiso y los médicos de guardia en las urgencias de los hospitales públicos le empezaron a parecer adolescentes. Ni siquiera cuando se casó, sino el primer día que se le acercaron unos escolares en la calle a preguntarle la hora y le llamaron «señor». El incidente no tenía mayor importancia, pero le afectó.

A esa hora, Rugantino estaba hasta los topes. A Pablo no le desagradaba el restaurante. La comida no era nada del otro mundo, pero los precios tampoco eran excesivos. Tenía la ventaja de quedar en la esquina de la calle Velázquez con López de Hoyos, casi en el centro de Madrid; contaba con un solícito aparcacoches y uno podía dedicarse a fisgar entre los libros y revistas del VIPS al terminar el almuerzo o para hacer tiempo en el prefacio.

Ese día, en contra de su costumbre, no se había acercado a los estantes de la librería. Lo habían colocado en una de las mesas esquineras de la concavidad que hay frente a la barra, con la espalda pegada al muro, y como tenía a la pecosa casi al lado le era imposible no fijarse en ella. Estaba tan absorto en sus pensamientos y tan meditabundo que no se apercibió de la llegada de Quique.

—¿Inmerso en la nostalgia? —bramó su amigo.

Pablo giró el cuello y señaló la silla situada enfrente de él. A Quique no se le escapaba una y le bastó un vistazo para adivinar lo que bullía en la mente de Pablo.

—Otra posibilidad es que estuvieras haciendo cábalas sobre cómo se lo hará la pecosa, aunque creo que a ésa le van los potros tiernitos, como el guaperas que tiene al lado.

Pablo siseó, para que atemperara la voz.

—Estaba pensando en cómo éramos y lo que hacíamos cuando teníamos la edad de ésos.

Señaló con los ojos hacia la mesa contigua, donde la pecosa y sus amigos se reían a mandíbula batiente. Quique cruzó los antebrazos hacia dentro y hacia fuera, sucesivamente, como los árbitros de baloncesto al indicar el final del partido.

—Vamos a ver si nos concentramos —dijo, mientras tomaba asiento.

Antes de empezar llamó al camarero y pidió una cerveza bien fría.

—Estoy que me llevan los demonios con esta historia de los violadores.

—El tema tiene muchísimo morbo.

—Eso no lo dudo, pero ha tomado un cariz que me jode profundamente.

Las ediciones del sábado estaban ya cerradas cuando la agencia EFE había pasado un breve teletipo informando de la muerte de dos delincuentes en el Parque del Oeste, por lo que la noticia no apareció en letra impresa y sobre papel de periódico hasta el domingo. Todos los diarios la habían metido en las páginas de la sección metropolitana y contaban más o menos lo mismo: lo que decía la nota hecha pública por el Gabinete de Prensa de la Policía.

Fue a partir del lunes, al calor de los magazines radiofónicos matinales, cuando el tema empezó a hervir. El punto de ebullición llegó el martes, cuando alguien del equipo de la jueza Villamil filtró a la prensa que el inspector jefe Salustiano Suárez iba a ser imputado por el asesinato de los dos jóvenes. El miércoles, los comentaristas políticos, los tertulianos y los editorialistas se despachaban a gusto.

Los contornos paquidérmicos y la fama de machista recalcitrante del policía le ayudaban muy poco. Una foto suya, tomada dos años antes durante la cena de homenaje a un compañero expedientado por hablar más de la cuenta y en la que aparecía levantando la copa, despechugado, sudoroso y ante una paletilla de cordero, ilustraba una serie de ácidos artículos en los que se le estigmatizaba con vocablos como «vigilante», «pistolero» o «vengador». Casi todos coincidían en calificarlo de «ultraderechista».

Los medios de comunicación exigían su depuración inmediata

y ya le consideraban culpable de asesinato. Junto a su biografía, redactada con trazo grueso y en tintes negros, aparecían reseñas sobre los dos delincuentes muertos, en las que se destacaba la tierna edad de uno de ellos y el carácter de emigrante —«llegado del otro lado del Estrecho en busca de una vida mejor»— del otro.

—¡Es vomitivo! —exclamó Quique, dejando caer el tenedor—. ¡Eran dos hijos de puta y se merecían eso y mucho más!

Pablo le volvió a hacer gestos para que bajase la voz.

—Cálmate que te va a dar un síncope.

Con afectada desesperación, Quique evocó su vieja amistad con Salustiano. Desde los tiempos dorados de la Academia de Ávila hasta la lacrimosa etapa en que todavía estaba traumatizado por el divorcio y necesitaba frecuente consuelo.

—Lo que más me jode es que lo van a empapelar. Tal como se están poniendo las cosas y con toda la prensa pidiendo su cabeza, hasta puede acabar en la cárcel. Por asesinato, el nuevo Código Penal te endiña de 10 a 15 años.

—¿Qué tal es?

—¿Quién?

—El policía pistolero.

—No le llames así... ¡joder!

—¿Cómo es?

—Un poco extravagante y bastante amargado, pero en el fondo es un tío cabal —dijo Quique.

A Salustiano, los tres adjetivos le cuadraban casi a la perfección. Quique había tenido la oportunidad de trabajar junto a él cuando todavía estaba en activo y ambos eran dos pipiolos en período de prácticas. Habían hecho buenas migas. Posteriormente, en la época de las vacas gordas, cuando todavía tenía a la maciza y mangaba dinero a los camellos, no se le habían subido los humos a la cabeza. Todas las veces que le pidió un favor se lo hizo y, por eso, cuando a Salustiano le empezaron a ir fatal las cosas y a él le sonreía la vida cada día más, se impuso la obligación de velar por él. Había llegado a conocerlo mejor que la mayoría de los miembros del gremio.

—¿Por qué no le echas una mano?

—Como no sea al cuello, no se adónde se la voy a echar.

—Tú le podrías ayudar.

—¿Cómo?

—¿No tienes un periódico?

—Hago que lo tengo —convino Pablo, con una sonrisa benigna.

—Pues defiéndelo.

Quique adoptó un tono cuidadoso y profesoral, como si se estuviera dirigiendo a un alumno.

—En estos tiempos la palabra de Dios y la de los medios de comunicación se confunden, especialmente en la estrecha mente del pueblo. Publica un editorial alabando la heroicidad de Salustiano y haz que tus empleados hablen bien de él.

—No es fácil. Se ha llevado por delante a dos tíos —replicó Pablo sin excesivo énfasis—. Uno de ellos era un chaval de San Blas, al que todos querían en el barrio y que según su madre estaba intentando dejar la droga.

—¡No jodas! Lo que querían los vecinos era verlo muerto.

Al camarero, que se acercaba con la libreta en posición de presenten armas, se le heló la sonrisa al escuchar el final de la rotunda frase de Quique.

—¿Les tomo nota o prefieren esperar un poco?

—Yo ya sé lo que quiero —respondió Quique.

Siempre comía lo mismo y ni se molestaba en mirar la carta.

—Usted dirá.

—Carpacio de salmón y una hamburguesa doble, con muchas patatas fritas.

—¿Y usted?

—A mí me trae una ensalada de espinacas y espaguetis a la vongole.

Pablo era frugal a su manera, y se comportaba con refinamiento en la mesa. En eso divergía bastante de su amigo. No existe una forma delicada de comer una hamburguesa. Hay que engullirla a mordiscos, soportando que la cebolla resbale y que la mostaza y el ketchup chorreen por los lados. Pero la manera en que acabó con la suya Quique dejó atónito a Pablo. Se la tragó de tres bocados.

—Voy a pedir otra.
—¿Te has quedado con hambre?
—Pues la verdad es que sí.

Quique había trabajado con criminales durante muchos años. Se jactaba de conocer muy bien a la gente peligrosa y sabía que podían ser tipos atractivos, inteligentes, incluso divertidos. Algunos hasta eran capaces de engañar al más pintado. De lo que estaba seguro, y eso lo llevaba grabado en el fondo del cerebro, era de que no eran las víctimas sociales que presentaba la prensa.

—A mí y a la mayor parte de la gente que anda por la calle nos repatea esa memez del pobrecito que delinque porque en su casa pasaban apreturas y su padre le daba palizas a su madre cuando se emborrachaba.

Se limpió los labios y tiró la servilleta sobre el plato.

—El hombre es una criatura que siempre puede decir no y si opta por violar, robar o traficar con drogas, lo lógico es que reciba un escarmiento por ello.

—Llevo poco tiempo en este negocio, pero una de las pocas cosas que he aprendido es que no se debe remar contra la corriente —dijo Pablo—. No sé si has oído las emisoras de radio esta mañana. El veredicto es inapelable. No te digo nada de los columnistas. Hay quien ha titulado su paja mental: «La muerte de los inocentes.»

Quique inclinó su corpachón sobre la mesa y miró a Pablo con expresión pétrea.

—Esos dos cabrones no eran inocentes; de eso estoy seguro. Los maderos como Salustiano puede que no sean Sherlock Holmes o Hércules Poirot pero conocen su oficio. Saben distinguir los matices y la densidad de la mierda, porque se pasan la vida metidos hasta las cejas en el estercolero.

—El problema es que la prensa ha tomado partido claro y no parece que ponerse a pecho descubierto ante la locomotora del tren sea lo más conveniente. Tú sabes muy bien que un policía que pegue tiros no le cae bien a nadie.

—No les gusta a los periodistas, pero eso no significa nada. En este negociado, a diferencia de lo que ocurre en los periódicos, las dietas son raquíticas, no se habla de tú a los ministros y cuando te equivocas te endiñan una parte, te degradan como le pasó a Salustiano o te meten veinte gramos de plomo en los pulmones.

—Vale, pero ¿qué quieres que haga?

—Ayúdale. Tú apenas sales ya a la calle, pero si escucharas lo que comenta la gente en los bares y por ahí, no tendrías duda alguna que apoyar a Salustiano es una buena inversión.

Cuando Pablo entró en la redacción de *La Crónica*, un par de reporteros tecleaba en la sección de Madrid, los de Internacional se repartían el cargamento de publicaciones extranjeras llegado a primera hora de la tarde y el jefe de Nacional se quejaba a gritos de la falta de espacio.

—¡Con lo que nos habéis dado, nos podemos ir a casa!

—Han entrado dos medias páginas de publicidad y a alguien hay que endosárselas —le explicó desde la mesa central el encargado del cierre.

—¿Me las quitas o no?

—Si este mes renuncias al sueldo, las levanto.

—¡Que te den por saco!

Néstor Herrera, el nuevo redactor jefe, estudiaba aplicadamente un larguísimo rollo de papel en la terminal de teletipos. Una de las secretarias, protegida tras la mampara de cristal y con los auriculares puestos, copiaba a toda prisa lo que le dictaba alguien desde el Congreso. Lo único reseñable, como siempre, era la figura de Nuria con las piernas cruzadas, leyendo la historia de Salustiano Suárez en uno de los diarios de la competencia. El titular de la primera página del periódico que tenía entre manos era concluyente: «Acusan al inspector Suárez de matar a sangre fría a dos personas.» Eran dos líneas de título y ocupaban cuatro columnas.

Pablo se encaminó directamente al despacho del director.

—¿A qué hora es la reunión de primera?

Justino, que estaba con los pies sobre la mesa y con una taza de café humeante en la mano, pegó un bote.

—A las siete, como todos los días.

Pablo echó un vistazo al reloj, como si necesitara saber la hora. Estaba pensando por dónde iniciar la siguiente frase y si debía hablar allí o hacer subir al director a la tercera planta.

—Se me ha ocurrido una idea y quiero que la discutamos.

—Estoy a tu disposición.

—Llama a Herrera, a los jefes de sección que anden por ahí y al que esté a cargo hoy de las páginas de Opinión.

—La opinión y el editorial dependen directamente de mí —puntualizó Justino, haciéndose el ofendido.

—Tanto mejor.

Podía haber utilizado la sala, pero dada la excepcionalidad de lo que pretendía prefirió juntarlos en el despacho del director.

—Lo que yo quiero es un titular llamativo cubriendo toda la portada. Algo así como «Un hombre justo»... y a toda página.

—Los titulares de pocas palabras y a toda página son de periódicos sensacionalistas —argumentó Justino, buscando con la vista el apoyo de Herrera y del resto de los periodistas.

Alguno de los jefes de sección cabeceó aprobatoriamente.

—Me importa un bledo que sea de periódico sensacionalista o no —rezongó Pablo.

Empezaba a desesperarse y, lo que era peor, a evidenciar su irritación con los discrepantes.

—Si hacemos lo mismo que los demás, vamos a seguir como estamos. La única manera de salir del hoyo y subir en ventas es dar una información diferenciada; marcar distancias con la competencia.

—No podemos pintar como un angelito al policía ese, porque se nos echaría encima toda la profesión —insistió Justino.

—A mí la profesión me da igual. Lo que me preocupa son los lectores.

—Corremos el riesgo de columpiarnos. Imagínate que salimos diciendo que disparó en legítima defensa. Publicamos que está exento de responsabilidad criminal porque obró con causa justificada. Decimos que es un héroe y que se portó como un machote y después resulta que los acribilló como conejos y que lo condenan por un doble asesinato.

—Todo se andará —interrumpió Pablo—. De lo que se trata ahora es de dejar patente ante la opinión pública que los dos muertos lo fueron cuando se preparaban para violar a una estudiante indefensa y que ya habían violado a otras tres.

—Da la impresión de que el inspector jefe tampoco es trigo limpio —comentó el jefe de Nacional.

Pablo se dio cuenta de que si no echaba toda la carne en el asador, el tema podía írsele de las manos. Levantó los brazos para imponer silencio.

—Cuando estábamos en el colegio, los buenos ganaban siempre, las colinas eran verdes, los villanos caían en manos de la justicia, la Bruja se asaba viva en el horno y las envidiosas hermanas de Cenicienta se quedaban con tres palmos de narices —enumeró despacio, palabra por palabra, con la mecánica devoción de un cura ante el misal—. En la vida real, tal como están las cosas hoy día, Cenicienta hubiera terminado de prostituta en una esquina de la calle de La Ballesta y sería adicta a la heroína; la Bruja habría conseguido que la admitieran como socia del Club de Campo y si la pillase la policía comiendo niños crudos, se libraría alegando enajenación mental transitoria o echando la culpa a la sociedad capitalista.

Paseó la vista alrededor y con acento amargo, desafiante, preguntó:

—¿No creéis que basta ya de coñas?

Haciendo visibles esfuerzos para contenerse, añadió:

—¡No quiero que este periódico salga defendiendo a dos violadores!

El director presentía que metería la pata, dijese lo que dijese, pero insistió tercamente en su argumentación.

—Como periodistas, tenemos que mantener la cabeza fría. Lo mejor es ceñirnos a los hechos y los hechos están claros: el inspector jefe Salustiano Suárez, policía del antiguo régimen, mató a dos personas a bocajarro.

Hasta entonces, Justino nunca le había plantado cara a Pablo, como tampoco lo hacía con Terceiro. El director era un pusilánime, pero tenía su pizca de pundonor y se consideraba dotado para la polémica. Por primera vez había defendido su parcela de autoridad. Más importante que eso. Había enarbolado el estandarte de la ética profesional frente a la empresa y eso siempre caía bien en las redacciones. Satisfecho de su actuación, instó a los demás a pronunciarse.

—¿No os parece que tengo razón?

Se hizo un espeso silencio, que quebró Herrera.

—Yo no estoy tan seguro. La mayoría de la gente con la que tomo copas está encantada con lo que ha pasado.

—Lo que se chismorrea en la barra de un bar no sirve. No es representativo ni puede servir de criterio. También, si haces una encuesta después de un atentado te sale que la gente aprueba la pena de muerte —argumentó Justino.

—Pues a lo mejor había que reimplantar la pena de muerte —le enmendó la plana Herrera—. Imagínate la cantidad de ejemplares que venderíamos publicando fotografías de la ejecución y el relato de la lenta agonía del asesino.

Torció la boca desencajando el maxilar inferior y giró teatralmente el puño, simulando que apretaba el torniquete de un imaginario garrote vil. Unos cuantos celebraron la ocurrencia con una risotada conjunta.

Justino se ruborizó como un colegial. Pablo respiró. Había convocado a la gente decidido a imponer su criterio contra viento y marea, incluso si todos se oponían. Las palabras de Herrera y la carcajada subsiguiente demostraban que al menos una parte, la más importante, cerraba filas con él. Miel sobre hojuelas.

—Venga... manos a la obra.

Se volvió hacia Justino con deferencia para evitar que el director se sintiese desairado.

—El que sabe de esto eres tú, así que organízalo todo. Lo que hemos hablado: un editorial justificando su acción, datos sobre delincuencia callejera y todo eso. Vamos a retrasar al máximo la reunión de primera, para que nos dé tiempo a hacer las cosas bien.

Justino no estaba acostumbrado a recibir órdenes. Se quejaría y murmuraría a escondidas, pero Pablo sabía que se le quitaba un peso de encima cuando otro —en este caso él— asumía la responsabilidad.

Pablo estaba ya bajo el marco de la puerta, cuando recordó algo y se volvió en redondo.

—Dile a Nuria Puente que venga.

La fotógrafa se presentó casi al instante. Lo normal hubiera sido que la orden la impartiera el director, pero Pablo se adelantó.

—Quiero que vayas inmediatamente a casa de Salustiano Suárez y que le hagas un buen retrato.

—¿El policía del jaleo en el Parque del Oeste?

—Sí, ése. Está en su casa, suspendido de empleo hasta que los de Asuntos Internos concluyan la investigación sobre la muerte de esos dos premios Nobel. Aquí tienes la dirección.

Pablo le extendió una cartulina con el anagrama del periódico y un par de líneas escritas a mano.

—No estará para bromas y a lo mejor ni me abre.

—Si tú no lo consigues, es que no lo consigue nadie —afirmó Pablo halagador.

—Vamos a ver.

—También escribes, ¿no?

—Hago mis pinitos, pero aquí casi nunca me dejan.

—Pues aprovecha, habla con él, que te cuente cosas de su infancia, del colegio y le haces un perfil.

—Por la pinta que tiene, más que un perfil va a tener que ser un mapa —respondió descarada la fotógrafa.

—Un mapa o el globo terráqueo. Lo que quieras, pero que sea algo amable. Con muchos datos humanos y anécdotas curiosas. Tú sabrás cómo hacerlo.

—A la orden, mi comandante.

Nuria se llevó la mano extendida a la sien derecha, en un gracioso remedo de saludo militar. Dio un taconazo y sonrió encantada.

Cuatro horas después, en la reunión de portada, por primera vez desde su desembarco en *La Crónica*, Pablo seleccionó personalmente la foto que debería dominar la primera página del periódico del día siguiente. Escogió uno de los retratos de Salustiano Suárez que había hecho Nuria esa tarde, en el que el inspector jefe aparecía muy serio, con corbata y cara de estudiante tragón.

8. EL SUMARIO

El motorista le llevaba todas las noches una copia de *La Crónica* a casa, pero Pablo no pudo refrenar la impaciencia. Habían cerrado tarde, además de doblar la tirada, y alrededor de las doce de la noche, harto de esperar al mensajero, marchó al VIPS de la calle Velázquez. Para matar el tiempo, aguardó la llegada de las primeras ediciones del jueves curioseando en la parte dedicada a librería.

Mientras fingía examinar cubiertas, solapas y contraportadas, fue derivando hacia el extremo del anaquel donde estaban *Playboy*, *Penthouse* y cómics duros como *El Víbora*. Allí, encajonado entre dos estantes, podía fisgar a su antojo nalgas redondas, pechos turgentes y tornasolados vellos púbicos sin ser visto desde la caja. Además, dominaba a distancia el lugar donde colocaban los periódicos. A Pablo le llamaban la atención las fotografías, pero menos que los dibujos. Como catalizador de sus fantasías sexuales, las historietas eróticas eran mucho más eficaces.

A las doce y media vio llegar al repartidor con los mazos de diarios y cómo retiraba los ejemplares del miércoles antes de cortar las tiras de plástico de los paquetes nuevos. Se dedicó a contar. Cuando un cliente se paraba dubitativo ante los montones, le empujaba mentalmente.

«Cógelo, cógelo; coge el de la izquierda.»

Era una ocupación tan infantil como aullar después de un gol de tu equipo de fútbol favorito, pero Pablo experimentaba un chorro de gozo cada vez que alguien elegía *La Crónica*.

Cuando ordenó aquella tarde que se imprimiesen 50.000 ejemplares, en lugar de los 26.000 habituales, Justino se había apresurado a advertir que se podían «comer el papel». Si en lugar de los 10.000 «invendidos» de costumbre, tenían una devolución de 35.000 ejemplares, como maliciaba el prudente director y pronosticaba el jefe de Distribución, sería catastrófico. La empresa no estaba en condiciones de perder varios millones suplementarios y Pablo había vacilado. Se trataba de una apuesta arriesgada, pero al final decidió asumirla confiando en su buena suerte.

A pesar de que se acostó tarde, al día siguiente estaba en su despacho a las ocho de la mañana. A las nueve, apenas entró la secretaria, le pidió que llamase al departamento de Distribución, situado en la planta baja, junto a los descamisados de Servicios Generales, y preguntase cómo estaban yendo las ventas.

—Dicen que es prematuro para saberlo —objetó la morena, que había pasado ya por la amarga experiencia de solicitar datos de circulación por encargo de don Laureano Terceiro, cuando éste presidía el Consejo de Administración—. Habrá que esperar a mañana.

—Ponme con el jefe de Distribución.

Antes de que el otro estuviera en línea, cambió de idea.

—Va a ser mejor que baje.

Salió como una exhalación hacia los ascensores, dejando a la secretaria con el teléfono en la mano. El jefe de Distribución, un hombre pálido y medio calvo que recordaba a los curas de la posguerra española y tenía un defecto en las cuerdas bucales que hacía difícil comprenderle, estaba examinando un estadillo repleto de recuadros y apuntes a lápiz. Recibió a Pablo con un cortés e interminable «buenos días», acompañado con una mirada de infinita melancolía.

El hombre explicó que para conseguir una cifra exacta debían esperar a los controles oficiales de difusión, que llegaban mensualmente.

—No necesito una cifra exacta. Me es suficiente con una idea aproximada.

—Podemos hacer una proyección —sugirió el gangoso.

—¿Y eso cómo se hace?

—Hay que elegir unos cuantos kioskos, tanto del centro como de la periferia. La gente suele comprar el periódico temprano, así que a esta hora ya se puede saber cómo marcha la cosa.

—¿Se hace la consulta por teléfono?

—No todos los puestos tienen teléfono. Es mejor ir personalmente.

—¿Cuántos kioskos hacen falta?

—Para que la muestra sea representativa, unos treinta. Como vamos a doblar rutas para reponer ejemplares en algunos puntos, voy a encargar a los conductores de las furgonetas que pregunten. Los ruteros son bastante brutos, así que habrá que darles unos formularios para que apunten, pero el método suele funcionar.

A la una de la tarde, una vez hechas las proyecciones adecuadas y radiante como una recién casada antes de pasar por la suite nupcial del hotel, el jefe de Distribución se presentó en la tercera planta.

—Hemos subido un ochenta por ciento.

—Eso quiere decir que no habrá apenas devolución.

—Técnicamente, hemos agotado.

Pablo apretó las palmas de las manos contra la lisa superficie de la mesa, esforzándose por parecer impasible.

—Esta noche hemos tirado cincuenta mil, ¿no?

—Sí —ratificó el Jefe de Distribución enseñando las encías.

Pablo se ensimismó, como si una burbuja invisible y a prueba de sonidos hubiera caído del cielo y le hubiera recubierto. Había apostado fuerte, desestimando los consejos de los expertos y había acertado.

—Di en la rotativa que hoy tiraremos sesenta mil.

—¿Sesenta mil?

—Sí, sesenta mil.

El jefe de Distribución ahuecó los labios en un silbido silencioso.

—No estoy seguro del todo, pero creo que no alcanzábamos esa cifra desde hace tres años.

—Pues todavía no has visto nada.

Fue una campaña feroz. *La Crónica*, pilotada por Pablo al que exhortaba desde la sombra Quique, tomó decididamente partido por Salustiano Suárez. Sin ambages, matices o rubor, el periódico presentó al discutido y discutible inspector jefe como un probo funcionario, entregado al servicio público y obsesionado por proteger a la comunidad.

Herrera, perro viejo en esas lides, desempolvó sus manidos recursos y se encargó de bombardear a los lectores con artículos en los que un día se exponía descarnadamente la indefensión del desvalido ciudadano y otro se recalcaba la escandalosa impunidad de los cada vez más encallecidos delincuentes.

Aprovechando la mayor carga gráfica de la nueva maquetación, se incluían regularmente primorosos cuadros con estadísticas sobre la criminalidad imperante. Como no era fácil meter en el redil a los columnistas, porque tampoco se les pagaba lo que ellos creían valer, hubo que prescindir de buena parte de ellos. Los que se quedaron, aferrados al magro cheque mensual como guacamayos a su percha, se amoldaron al guión confeccionado por Pablo.

De sembrar dudas sobre la imparcialidad y la efectividad de la Justicia, se encargó Nuria Puente. En parte irreflexivamente y en buena medida por voluntad propia. Fue ella la que hurgó en los archivos buscando sentencias dudosas emitidas por Remedios Villamil y la que acechó a la puerta de los juzgados, en la Plaza de Castilla, hasta que consiguió lo que quería: un retrato en el que Remedios aparecía desencajada y con más pinta de enterradora que de magistrada.

—Una imagen vale más que mil palabras —comentó elogioso Pablo cuando le enseñaron la foto en la reunión de la tarde—. Cada vez que se publique algo de la jueza, que vaya esta foto u otra parecida.

—Se va a notar de qué pie cojeamos —apuntó Justino, que todavía no había asimilado de pleno las nuevas ordenanzas vigentes en *La Crónica*.

—Da igual que se note —recalcó Pablo—. Nosotros no tenemos la culpa de que parezca un loro y no creo que sea la primera vez que un periódico español hace algo así.

Para distender el ambiente y como una concesión a la galería, explicó que en *Deadline USA* había una escena en la que Humphrey Bogart, el director, le encarga a uno de sus dibujantes un trabajo esencial en su campaña contra el gángster Rienzi.

—¿Sabéis lo que le dice?

No demandaba una respuesta, sino que todos prestaran atención.

—Le dice: «Quiero una caricatura de él; debe ser dura, cruel, como un buitre que se cierne sobre la ciudad.»

Hizo castañetear los dedos para subrayar la rigidez del encargo.

—Es una película pero deja claro que en este mundo de la prensa nadie se anda con chiquitas.

Aunque Nuria no había participado, ni siquiera como espectadora, en el acalorado debate entre Justino y Pablo, lo crucial era que al final la llamaron al despacho y le encargaron el perfil y las fotos del policía. La invitación había partido de Pablo y la reportera interpretó el detalle correctamente. Era la oportunidad que le había prometido cuando subió a quejarse. Había que aprovechar las circunstancias y se lanzó a la tarea con la tozudez de una hormiga y un entusiasmo de boy scout.

En días sucesivos, Nuria entrevistó a las cuatro víctimas que habían denunciado haber sido violadas en el Parque del Oeste y contó por entregas, con abrumador lujo de detalles, el horror y la indeleble vergüenza de las desdichadas chicas. Como parte de los cuatro capítulos, en recuadro separado, se añadía en cada caso la relación pormenorizada de las vejaciones sexuales a las que los dos desalmados habían sometido a las parejas.

Al principio, los periódicos de la competencia ignoraron a *La Crónica*. Después, cuando la volátil opinión pública tomó partido por el inspector jefe, algunos diarios empezaron a chalanear. El «affaire» del Parque del Oeste dejó de ser un asunto en blanco y negro. Comenzó a adquirir claroscuros.

Al cabo de diez días de machacar con los mismos tópicos, de apelar desaforadamente a los prejuicios antimarroquíes del populacho, de aguijonear los miedos de la clase media y de estimular el incongruente machismo de padres, maridos y novios, los partidarios de procesar a Salustiano Suárez estaban contra las cuerdas.

El golpe de gracia a los denodados esfuerzos de la jueza Villamil fue la súbita conversión de Mata Hari. Aunque había inconsistencias de peso en el relato de los hechos efectuado por el inspector Suárez, la piedra angular sobre la que pensaba basar su caso la magistrada era el testimonio de la mujer policía.

La agente había confesado en privado a la juez que el inspector jefe había acribillado alevosamente a uno de los delincuentes, antes de ir a rematar al otro, pero cuando le llegó turno de declarar formalmente modificó su historia.

De nada sirvió que Remedios Villamil la instara a recapacitar y le recordara que podía procesarla por cómplice de asesinato. Enfatizó que el falso testimonio se penaba con la cárcel. Le dejó tiempo para pensar y apeló a su espíritu democrático. Fue una labor estéril. Durante los días precedentes a la comparecencia, otros policías se las habían apañado para hacer sentir a la mujer que no tenía futuro ni en el gremio ni en la vida si elegía el lado equivocado de la barrera.

Cabía todavía la posibilidad de que durante la vista oral el magistrado encargado del enjuiciamiento y fallo de la sentencia no apreciara legítima defensa. El que Salustiano hubiera disparado cuatro veces, dos balas a cada una de las víctimas, era más que sospechoso. Cada uno de los muertos tenía un balazo en la cabeza. Que había tenido una respuesta desproporcionada era incuestionable, pero en el otro platillo de la balanza estaban los antecedentes de los delincuentes y la presión social.

La justicia no es ciega aunque se la represente con una venda en los ojos. Ningún juez con dos dedos de frente iba a cargar contra el inspector jefe, después de ver desfilar por el estrado una procesión de chicas violadas y de escuchar la confesión de una mujer policía, que coincidía totalmente con la rocambolesca versión contada por su superior jerárquico.

La jueza Villamil sentía que la realidad se le escapaba de las manos. Al principio, tras hablar con Mata Hari y escuchar a Salustiano, tenía la certeza de haber topado con la verdad. Estaba convencida de que el inspector jefe era culpable de asesinato y por eso dictó un auto de procesamiento contra él. Ahora, tras el aluvión de informaciones difundido por *La Crónica* y el reencuentro con la ortodoxia policial de la agente, la verdad era como un caleidoscopio. Se sentía desorientada. Ofendida.

Le parecía indignante que el inspector se fuera de rositas, pero no veía cómo empapelarlo. Terminó de redactar el sumario en la soledad de su despacho. Todavía tenía la esperanza de que la mujer policía perdiera el miedo y se aviniese declarar contra su jefe, por lo que guardó la declaración exculpatoria de Mata Hari y el resto de los documentos en el cajón de su mesa. Pensaba esperar varios días. La habilidad de Nuria dio al traste con su plan.

A esas alturas, la reportera había camelado al secretario del juzgado. Se trataba de un muchacho tierno como la mantequilla, que había dedicado mucho más tiempo a estudiar Derecho que a disfrutar de la existencia y bastó que Nuria le hiciera un par de monerías para que se derritiera. Fue él quien utilizó una de las ausencias de Remedios Villamil para sacar el sumario del cajón y fotocopiarlo a escondidas. Se lo pasó a la periodista metido entre las hojas de un diario, mientras ambos tomaban café cogidos de la mano en un barucho de la calle Bravo Murillo.

La portada de *La Crónica* anunciando que el inspector jefe sería absuelto por haber actuado en legítima defensa llevaba una foto de Salustiano Suárez haciendo el signo de la victoria a la puerta de los juzgados y un titular a toda página con una sola palabra: ¡INOCENTE! Dentro, completa, se publicaba la transcripción de lo declarado por la mujer policía.

Ese día, *La Crónica* vendió 120.000 ejemplares. Al día siguiente, Pablo convocó a su despacho a Justino y a Herrera. Había estimado las ventajas de organizar una reunión del «staff» para hacer balance, analizar resultados y preparar nuevas estrategias, pero desechó la idea. Para lo que tenía en mente le bastaba con un par de personas. Cuantos menos estuvieran en el ajo, mejor.

9. EL CONFIDENTE

—¿En cuánto estamos ahora?

Herrera tenía pronunciadas entradas y un rodal de franciscano del tamaño de una naranja en la coronilla. Para colmo iba despeinado y llevaba el traje más arrugado que una pasa. Pablo pensó que el redactor jefe no había dormido esa noche. En todo caso, lo había hecho con la ropa puesta. Iba a responderle, pero se le adelantó Justino.

—En cincuenta mil —informó el director, siempre servicial y deseoso de apuntarse tantos.

El refrán de que la victoria tiene muchos padres y la derrota es huérfana es perfectamente aplicable a los periódicos. El artífice de la subida en ventas era Pablo, pero Justino asumía el éxito como propio.

—Todavía no somos el *New York Times* pero, a este paso, nos comemos el mercado en un año.

Mordiéndose el labio inferior, Pablo negó con la cabeza. El gesto parecía más dirigido a su fuero interno que a sus dos interlocutores.

—El periódico va como un tiro, pero no podemos bajar la guardia.

Guardó unos segundos de silencio para dar mayor relieve a sus palabras.

—Desde que cambiamos el diseño hace un mes hemos subido veinticinco mil ejemplares. Estamos en cincuenta mil pero eso no quiere decir que tengamos un contingente de fieles compradores dispuestos a peregrinar hasta el kiosko llueva o nieve y a gastarse ciento veinticinco pesetas cada día. Hemos conseguido que un grupo importante de personas busque *La Crónica* para ver si revela algo extraordinario, pero seguimos dependiendo de lo que llevemos en portada. El martes, cuando salimos en exclusiva con la noticia de que Suárez iba a ser absuelto en el juicio, vendimos casi cien mil.

—No todos los días se tiene un pelotazo como el del martes —apuntó Justino, con voz untuosa y una autocomplacencia irritante.

—Eso ya lo sé, pero da la impresión de que existe un espacio, un público específico al que le gusta nuestro estilo. De lo que se trata ahora es de apoderarnos de ese espacio.

Pablo acababa de leer *El Cuarto Poder*, la novela de Jeffrey Archer basada en la encarnizada pugna entre Rupert Murdoch y Robert Maxwell por dominar los medios de comunicación mundiales. Le había impresionado la forma en que Murdoch se había valido del chovinismo británico y de la fiebre nacionalista desatada por la Guerra de las Malvinas para resucitar uno de sus diarios y auparlo al primer puesto de ventas. También le fascinó su diabólico instinto, cuando en la década de los ochenta redujo el precio de *The Times* y desató una guerra comercial que hundió en la miseria a *The Independent*. Las circunstancias españolas eran muy distintas a las británicas, pero creía posible aplicar en *La Crónica* algunas de las tácticas empleadas tanto por el magnate de origen australiano como por su rival judío.

—Nos ha funcionado bien la historia de los violadores. Apostamos por la mano dura contra los delincuentes y eso sintoniza con lo que piensa el ciudadano de a pie, pero el quid de la cuestión son las exclusivas. Hay que convencer al público de que en *La Crónica* se enterará de cosas y verá fotos imposibles de encontrar en la competencia.

—Para eso hace falta dinero —advirtió prudente Herrera, que permanecía pensante, con el codo apoyado en la mesa y el mentón metido en el hueco de la mano, en un burdo calco de la famosa escultura de Rodin—. Hace poco pusiste al *Daily Mail* como modelo, pero esa clase de periodismo exige invertir una pasta gansa, pagar bien a las fuentes y tener reporteros liberados, que conozcan el oficio y puedan pasarse un mes investigando una historia. Después hay que editar el material, titulares a lo cafre y acertar en el enfoque.

Pablo bamboleó la cabeza, como suelen hacerlo los boxeadores sonados. Congeniaba con Herrera, pero empezaban a saturarle tantos remilgos.

—A mí me da igual que los debates del Congreso los cubra una o tres personas y para la información internacional me basta con las agencias. Lo que quiero es buena información local, sucesos escalofriantes y escándalos. A la gente se la suda lo que ocurra en el Golfo de Bengala. La mitad de los que viajan en metro, que son nuestros lectores potenciales, cree que el Monte de Venus está en Grecia y que el prepucio es el hermano menor de Confucio.

No era la primera vez que Pablo hacía ese chiste, pero el director le rió la gracia. Herrera guardó las distancias. Había sonado la flauta con el asunto de los violadores, pero podía ser casualidad. Para él, Pablo seguía siendo un profano en la materia y no pensaba entonar loas en su honor o celebrar sus ocurrencias, por muy editor que fuera.

—Llevo muchos años en esta profesión y te digo que no es tan sencillo como parece. España no es Inglaterra o Alemania. Aquí nunca han funcionado los tabloides. Los obreros españoles no leen; ven la televisión.

Pablo no esperaba tantas objeciones del redactor jefe y se encaró con él.

—Los obreros no leen porque los diarios de información general son mortalmente aburridos. Están escritos por una panda de estreñidos que se miran al ombligo y sostienen tesis elitistas y alejadas de lo que piensa el hombre de la calle. Fijaos la cantidad de deporte que hay en televisión y eso no afecta a los periódicos deportivos, que se siguen vendiendo a manta.

Justino alzó la mano para añadir algo, pero Pablo lo paralizó con un gesto seco.

—Tenemos que repetir lo del policía. Hay que identificar focos de preocupación de los ciudadanos; las fobias y filias más profundas de los lectores. Hay que adivinar lo que desea el populacho y subirnos al caballo. Si a los vecinos les jode que haya putas en la calle de La Ballesta, montamos una campaña para que el ayuntamiento erradique la prostitución en la zona. Lo mismo digo con los negros que venden droga frente al edificio de La Telefónica, con los coches oficiales que aparcan en segunda fila, con los revendedores de entradas del estadio Manzanares o con los fotógrafos de bodas que proliferan por las iglesias y sangran a los recién casados. En última instancia, las amas de casa, los dueños de tiendas de la Gran Vía o los padres de familia compran periódicos y los mendigos, las prostitutas baratas, los raterillos, los culeros y los ilegales nigerianos, no.

Tras varias horas de discusión, rematada con un copioso almuerzo en Marilín, un restaurante familiar de la calle Arturo Soria donde Pablo solía recalar de estudiante y del que seguía siendo devoto cliente, la única conclusión consensuada por todos fue que había que perseverar y seguir explotando la vena sensacionalista.

Durante varios días, con Herrera en el papel de jefe de máquinas y Justino convertido en discreta correa de transmisión de los caprichos del editor, llenaron las páginas de *La Crónica* con una corrosiva mezcla de sexo, sangre, sudor y seriales.

Todo parecía bien planteado pero faltaba un ingrediente esencial: las exclusivas. Ésas no llegaron hasta que Quique invitó a almorzar a Salustiano Suárez y tuvo la corazonada de llamar a Pablo para que se sumara al festín.

—Anoche cenaste en Viridiana.

La frase de Quique sonó como una acusación.

—Caramba, por lo visto el servicio secreto de Congo ha estado haciendo horas extras —bromeó Pablo.

—¿Estás liado con la tía?

—¿Qué tía?

—La que estaba anoche contigo en el restaurante.

Pablo se limitó a reír ahogadamente y a suspirar complacido.

—¿Estás liado con ella o no? —insistió Quique.

—¿Con quién?

—Con quién va a ser... con la mujer de Terceiro.

Pablo sonrió.

—Un poquito.

—Ten cuidado. Esa tía es de las que engañan y te puede causar muchos problemas.

—No creas que no lo he pensado, pero me encanta y además podría convertirse en una mina.

Estaban esperando a Salustiano Suárez en El Frontón. El restaurante navarro, situado en la calle Pedro Muguruza, muy cerca del estadio Santiago Bernabéu, se había convertido en abrevadero obligado de futbolistas en activo, viejas glorias del balompié y políticos en ascenso. Era raro no codearse allí con Alfredo Di Stéfano o con algún concejal del ayuntamiento madrileño.

Se habían sentado al fondo del comedor y Pablo aprovechó para revelar a Quique algunos pormenores relacionados con Alicia y lo que había descubierto la noche anterior.

—En apariencia es una muñeca consentida, una «geisha» cuya única ocupación ha sido siempre tener una estampa sensacional. La tía se gasta el presupuesto nacional en cremas y en cirugía estética, pero tiene su fondo —explicó Pablo.

—La verdad es que no te entiendo. Con la cantidad de chavalitas cañón y divertidas que hay por el mundo, vas a liarte con una veterana, que para colmo está casada con tu patrón, con el empresario que te da de comer y te paga el sueldo. ¡Tú estás enfermo!

—No es enfermedad, es amor —se burló Pablo.

—El amor hace al hombre vulnerable —afirmó quisquilloso Quique, antes de advertir:

—Ten cuidado: Esa tía tiene más peligro que un mono con una cuchilla de afeitar.

Pablo hizo que no oía.

—¿Te acuerdas del contrato que firmé con Terceiro revendiéndole las acciones de *La Crónica* por una peseta?

Quique asintió.

—Pues me ha dicho Alicia que guarda la copia en su casa, en la caja fuerte que tiene en el dormitorio.

—¿No estarás pensando robarla?

—Humm... no exactamente —respondió Pablo, como si hubiera estado a punto de decir algo más pero se frenase en el último momento.

—Te lo estoy preguntando en serio.

—La verdad es que no estaría nada mal. Tal como empiezan a ir las cosas en *La Crónica*, el periódico vale ya lo suyo y valdrá una fortuna antes de las elecciones.

Salustiano se movía siempre despacio, como esos hipocondríacos que temen tanto sufrir un ataque al corazón que hacen todo a cámara lenta. Llegó tarde y atravesó el comedor de El Frontón a paso de tortuga. Cuando alcanzó la mesa estaba sin aliento y con la frente perlada de sudor, como un corredor de atletismo al final de la carrera. Quique se incorporó y abrió los brazos en señal de bienvenida.

—¡Profesor!

—Perdona, pero es que hay un tráfico tremendo.

—¿Conoces a Pablo Ruiz?, el editor de *La Crónica*.

El gordo dio su conformidad, pero por su expresión era evidente que no lo había visto en su vida.

—He oído hablar de él.

—Yo sí que he oído hablar de ti —dijo Pablo, recurriendo sin preámbulos al tuteo.

Se rieron los tres. Salustiano con una voz de falsete que resultaba sorprendente en un mastodonte como él. Tras estrechar la mano de Pablo, el inspector jefe se volvió para abrazar efusivo a Quique. Se apreciaban mutuamente desde los tiempos lejanos de la Academia de Policía de Ávila. Habían seguido derroteros divergentes y habitaban mundos distintos pero en el fondo eran bastante parecidos. Dos randas de cuidado. Se palmearon la espalda, intercambiando afectuosos insultos.

—¡Qué gordo estás, bandido!

—Tú también has cogido algún kilito.

—Sí, pero todos donde tú sabes —bromeó Quique, señalando hacia abajo.

—¡Mira que eres fantasma!

Nada más sentarse, el inspector jefe se volvió a excusar por el retraso.

—¿Lleváis mucho rato esperando?

—Acabamos de llegar —mintió Pablo.

—Antes de nada quiero darte las gracias por lo bien que te has portado conmigo.

—Viniendo recomendado por quien venías, era lo menos que podíamos hacer.

Salustiano insistió. En su actitud había genuina cortesía.

—Por la cuenta que me tiene, no me he perdido ni una línea de lo que publica *La Crónica*. Te estoy enormemente agradecido. Eres un tío estupendo.

Pablo aceptó el cumplido con una sonrisa de experto en relaciones públicas.

—Te hablo con el corazón en la mano —recalcó con enorme seriedad el policía—. Cualquier cosa que necesites de mí, no dudes en pedirla. Si has hablado con Quique, ya te habrá dicho que yo soy amigo de mis amigos y no olvido nunca un favor.

El maître tomó nota de lo que iban a beber de aperitivo y se fue a buscar tres copas de manzanilla. Mientras examinaban la carta, Salustiano volvió a la carga.

—Ya sabes: lo que necesites.

Pablo se inclinó por el rape con almejas. Quique y Salustiano eligieron cordero asado. Para abrir boca ordenaron que les trajeran una fuente de jamón ibérico, foie de oca templado y anchoas.

El gordo engullía rápidamente, atiborrándose. Era zafio y eso le rezumaba por los poros, pero Pablo llegó a la conclusión de que la exagerada ordinariez era una especie de disfraz, un camuflaje. Su aspecto era el del «madero» de vodevil, pero cuando le preguntó si tenía alguna preferencia respecto al vino, Salustiano contestó sin pestañear: «Tinto, Ribera del Duero.» Después, cuando hablaron de aficiones dejó caer que le encantaba la ópera.

—Me ha gustado desde pequeñito. Tú eres más joven que yo y a lo mejor no te acuerdas de María Callas y de lo gorda que era hasta que se empeñó en agradar a Aristóteles Onassis. Antes, las sopranos y los tenores eran esféricos, como balones, y creo que mi afición al «bel canto» es consecuencia de esa solidaridad que se establece a menudo entre los perseguidos miembros del sindicato de la grasa.

Salustiano debía haber contado la misma historia muchas veces, porque sabía perfectamente dónde hacer las pausas y no fallaba un nombre.

—Nací gordito y me gustan las gorditas —gorgojeó.

Como todo funcionario amarrado por obligación a un escritorio, el inspector jefe era un consumidor compulsivo de periódicos. No albergaba excesivo respeto hacia los periodistas, pero aseguraba tener amigos en la profesión.

—De los vuestros, conozco a Néstor Herrera. Cuando escribía de sucesos hace quince años, era de los mejores, pero siempre le gustó la botella.

—Como a todos los de la vieja guardia —masculló Quique.

—Sí, en eso ha cambiado un poco la profesión —terció Pablo—. Los veteranos siguen empinando el codo pero los nuevos apenas beben. Herrera se mete mucho con ellos. Les llama la «generación Perrier» y dice que sólo se empalman tecleando en el ordenador.

—¿Es verdad que Herrera manda más que el director? —preguntó Salustiano, de una forma que sonó más a afirmación que a pregunta.

—Hombre... es el redactor jefe —dijo Pablo.

—Y tiene mucha experiencia —añadió Salustiano—. En lo que habéis publicado de mí se notaba su mano.

Para asombro de Pablo, el inspector estaba al tanto de los cambios operados recientemente en *La Crónica*.

—Dicen que habéis subido mucho.

—¿Quién lo dice?

—Para serte sincero, me lo ha dicho Quique. Por lo visto has triplicado las ventas.

Pablo apuntó a su amigo con el dedo índice de la mano derecha, amartillando el pulgar como si fuera el percutor de una imaginaria pistola, y exclamó:

—¡Pum!

Se rieron los tres en cascada.

—¿Qué más te ha contado este traidor?

—Nada... que habías sido tú quien decidió salir en mi amparo.

—Era una cuestión de sentido común. No es de recibo salir como han salido algunos apoyando a dos violadores y a una jueza medio loca.

Salustiano cruzó una mirada de complicidad con Quique. Fue el brillo de maldad que atisbó en sus ojos lo que decidió a Pablo a dar el paso.

—¿Los remataste a sangre fría? —preguntó.

Salustiano se quedó petrificado, igual que el trozo de cordero que acababa de pinchar con el tenedor y se llevaba a la boca. No dijo nada, pero Pablo leyó la respuesta en su cara.

—Te advierto que me parece estupendo. Si esas cosas ocurrieran con más frecuencia, no habría tanto sinvergüenza ni tanto terrorista.

Pablo nunca había sido el número uno del curso. Le faltaba espíritu de sacrificio para ello. En contraste, era excelente a la hora de sumar dos y dos, gozaba de memoria fotográfica, sabía ser moderadamente paciente y, sobre todo, parecía poseer un duende interior que de vez en cuando le susurraba «haz esto o fíjate en aquello». Tanto si tenía que ver con seres humanos como con papeles o situaciones, poseía la extraña habilidad de captar señales mínimas de un modo casi inconsciente y de actuar en consecuencia. Todavía no sabía por qué, pero presentía que Salustiano iba a ser muy útil.

—¿Quién se encargó de hacer cambiar de opinión a la agente que estaba contigo en el coche?

Quique percibió la vacilación de Salustiano. El inspector jefe se debatía entre la prudencia y la vanidad. Intervino para ayudarle a decidir.

—Déjate de farfollas. Estamos entre amigos, ¿no...? bueno, pues cuéntanos de verdad lo que pasó.

—No hay nada que contar.

—¿Estamos entre amigos o no?

Salustiano ensartó otro trozo de carne y lo empapó bien en la salsa.

—¿Qué quieres saber? —preguntó, con el aceite resbalándole por las comisuras de los labios.

—Todo.

El inspector jefe bebió un buche de vino.

—Eran dos violadores hijos de puta y merecían morir.

Como todo lo que hacía, excepto masticar, hablaba despacio. Cuando se interrumpía, Pablo le animaba a continuar pidiendo una aclaración o inquiriendo un detalle. Sacarle información no era difícil pero requería tiempo y serenidad. Pablo no cejó de hacerle preguntas, pero sin ánimo de descubrir nada. Lo único que pretendía era que Salustiano se sintiera cómodo, llevara la voz cantante en la mesa y disfrutara oyéndose a sí mismo.

Salustiano les contó la bronca con el comisario principal, expuso su tesis sobre la asnal persistencia del delincuente y hasta se refirió al fusible que había quitado para dejar a oscuras el habitáculo del coche y a lo buena que estaba Mata Hari. Concluyó su relato revelando que había apuntado directamente al corazón del de los dientes de oro, para asegurarse que no sobreviviría, cuando lo remató con un segundo balazo.

—Si los dejas inválidos te denuncian, te joden, testifican contra ti y te tienes que pasar la vida pagando una indemnización. Esto es como los divorcios o los accidentes de carretera. Lo mejor y lo más barato es matar a la otra parte.

En la mesa colindante, donde media docena de ejecutivos muy trajeados celebraban lo que parecía un almuerzo de empresa, uno de los comensales volvió súbitamente la cabeza. Se encontraba demasiado alejado para captar nada, pero Salustiano se interrumpió precavidamente.

—¿Es amigo tuyo?

—¿Quién? —preguntó Quique.

—Ese gilipollas de ahí —aclaró el inspector jefe, señalado con el cuchillo hacia la otra mesa.

—No seas paranoico. Seguramente se le ha acabado el pan y anda buscando al camarero —dijo Quique con suficiencia.

Antes de seguir, Salustiano lanzó una mirada despectiva hacia el curioso, quien apartó los ojos.

—Eso es todo.

—¿Te han retirado la pistola? —preguntó Pablo, que no estaba muy al tanto de las interioridades de la policía.

—Los de Asuntos Internos me retiraron el arma y me suspendieron de empleo durante toda la investigación, pero ya he vuelto a mi puesto en la comisaría de Universidad. Me amenazaron con enviarme a sellar pasaportes a Irún, pero al final la cosa ha quedado en agua de borrajas.

—Les encantaría emplumarte —dijo Quique.

—Se van a tener que aguantar esos hijos de puta.

—Tú no les des ocasión. La próxima vez que te entren ganas de apretar algo, apriétate los huevos en lugar de apretar el gatillo.

—Pues tengo ahora un caso entre manos que es la pera. Unos presos de Carabanchel que aprovechan los permisos de fin de semana para pegar palos. Se han hecho ya unas cuantas gasolineras y están planeando atracar una joyería.

Pablo y Quique se miraron. Existía entre ellos una invisible pero caudalosa corriente de entendimiento. Hacía treinta y cinco años que se conocían. Habían sido sucesivamente rivales, compañeros de pupitre en el internado, amigos íntimos en la universidad y socios en más de un asunto turbio. Se sentían unidos con ese aconchabamiento varonil que sólo es posible entre los que han compartido el peligro y han salido indemnes.

Pablo no pudo evitar que se le quedara esculpida una maléfica sonrisa en el rostro, cuando Quique le guiñó furtivamente un ojo. Salustiano estaba entregado y ninguno de los dos deseaba arruinar el momento rompiendo el sortilegio con un comentario inapropiado. Pidieron los postres, tomaron café y pagaron la cuenta. Pablo se despidió del gordo, prometiendo invitarle a la finca en cuanto organizase una montería.

—La temporada está dando las boqueadas. Se acaba a finales de febrero, pero tan pronto como levanten la veda en octubre nos montamos una buena juerga allí. Merece la pena.

—Muchas gracias. La próxima vez pago yo. Me toca.

—¡Venga hombre! Gracias a ti por venir —dijo Pablo, con toda la afabilidad que pudo.

Había llegado en taxi y pidió a Quique que le acercase al periódico en su coche.

Quería una nueva exclusiva, pero esta vez debía ser algo realmente explosivo, con fotos de los delincuentes cayendo acribillados en el momento de escapar con el botín.

—Tú has visto muchas películas. Tanta paja y tanto vídeo a solas en casa han terminado por ablandarte el cerebro —comentó Quique, encogiéndose de hombros como si la cosa no fuera con él—. En la vida real las cosas no son como en el cine.

A diferencia de lo que ocurría con otros, Pablo no se impacientaba con Quique. Estaba acostumbrado a que le llevara la contraria y no se desanimó, convencido de que sería él —como siempre— quien dijera la última palabra.

—Tienes que convencerle.

La misión del ex policía era clara. Aunque fuera con fórceps, debía sacarle a Salustiano de qué iba ese asunto de los inquilinos de Carabanchel. Si era cierto que los presidiarios planeaban un atraco, seguramente la policía les prepararía una encerrona. Había que persuadirle para que revelara dónde y cuándo iba a ocurrir todo.

—La sangre vende y nos vendría al pelo una historia así.

—Salustiano me cuenta lo que haga falta.

—No me basta con eso. Lo que necesito es tener a alguien allí en el momento en que ocurra todo, para poder salir a toda pastilla al día siguiente con la secuencia fotográfica de los hechos y con un relato en primera persona de un testigo directo.

—Tú estás zumbado.

Pablo se carcajeó con la boca cerrada, sin hacer ruido.

—No. Lo que yo tengo son las ideas muy claras. Para nosotros es suficiente con que nos diga cuándo va a ser el atraco, dónde lo van a dar y quiénes son los tipos.

—Y además, que se preste a llevar de la manita a unos periodistas de *La Crónica*, para que vean toda la corrida desde la barrera.

—No tanto, pero sí que no se oponga a que haya alguien nuestro en la escena.

—¿Necesitas también un permiso oficial con dos pólizas? —ironizó Quique.

—Lo que necesito es que vayas a verlo y le comas el coco.

—Le encantaría devolverte el favor, pero sabe que si trasciende algo y aparece otra vez vinculado su nombre a alguna avería rara, se ha acabado para siempre.

—Tú y yo no lo vamos a contar. Si él tampoco se va de la lengua, nadie tiene que saber que fue Salustiano Suárez quien pasó la información a *La Crónica*.

—Se la juega.

—Ofrécele dinero.

El ex policía se limpió las legañas con la punta del pañuelo y, por un breve instante, su cara pareció abrirse. Pablo lo observó, intentando adivinar lo que pensaba. Atisbó algo parecido a la duda.

—Anda asfixiado, pero está muy reciente lo de los violadores —murmuró Quique.

—Tienes que convencerle.

—No sé si podré.

—Tú siempre tan optimista.

—El mundo está lleno de quejicas y no tengo deseo alguno de ingresar en el club, pero la verdad es que no está nada fácil.

—¿Por qué? —preguntó Pablo, acentuando exageradamente la e final como se hace cuando se quiere notificar al otro que no se va a aceptar una negativa.

—Esta vez se ha salvado de milagro, pero la próxima puede terminar en el trullo.

—No me dio la impresión de ser un acojonado.

—Y no lo es —replicó Quique.

—¿Entonces?

Durante largo trecho el ex policía condujo en silencio. Al llegar al edificio de *La Crónica*, en lugar de aparcar a la entrada, siguió medio centenar de metros. Hizo una «pirula», dio media vuelta y se detuvo en la acera de enfrente, para evitar el empalagoso celo de los guardias de seguridad.

—Mañana te cuento.

—Esta noche.

—Mira que eres pesado.

—Esta noche. Llámale ahora mismo, queda con él y nos vemos esta noche.

—Mañana.

—Esta noche.

—Vale —se rindió Quique, agotado por la futilidad de aquel batallar aparentemente sin sentido.

Pablo le pellizcó en el moflete.

—Sabía que no me ibas a fallar.

El ex policía se preguntó si su amigo sería consciente del destello de triunfo que aparecía en su retina cada vez que imponía su criterio.

Al llegar a su despacho, Pablo marcó el teléfono de Alicia. Respondió el mayordomo, quien explicó que la señora no estaba en casa y preguntó si deseaba dejar algún recado. Pablo dijo que llamaría más tarde y colgó sin revelar su nombre y con la esperanza de que el criado no hubiera identificado su voz.

Se quedó pensativo. La relación entre Alicia y Terceiro no era estadísticamente normal, entre otras razones porque vivían rodeados de lujo y millones, pero no difería mucho de la de bastantes parejas de su entorno social. Pasaban la mayor parte del día separados y él actuaba en la práctica como si ella fuera una más de sus muchas propiedades. Entre ambos no quedaba ni una pizca de amor. Era muy probable que el empresario no sintiera ya ni siquiera ternura por su mujer, pero reaccionaría como una fiera si se llegaba a enterar de que alguien, quien fuera, se estaba acostando con ella.

Pablo examinó los periódicos extranjeros, recortó los artículos que le parecieron interesantes, hizo varias llamadas y bajó a la primera planta para participar en la reunión de portada. En el momento en que entraba en la redacción, en el otro extremo de Madrid, Quique comenzaba su labor de zapa con Salustiano.

—Tú mismo le has dicho en el restaurante que te pidiese cualquier cosa que necesitase. Se ha portado muy bien contigo...

Quique estaba hablando como lo haría un padre o un hermano mayor, pero descubrió que le faltaba la costumbre. Hacía mucho tiempo que no habían renovado el mobiliario en la Comisaría de Universidad y le hacían daño los barrotes de la silla. Se enderezó en el asiento y cambió radicalmente de registro.

—Vamos al grano. ¿Cuánta pasta quieres?

Muchos policías, sobre todo los listos, no digieren tener que conformarse con doscientas mil pesetas al mes para que los ricos vivan tranquilos y los políticos renueven regularmente su cargo en las elecciones. Salustiano llevaba eso clavado entre ceja y ceja. No hizo falta que Quique le hiciera un intenso lavado de cerebro.

—¿Cuánto te parece bien? —insistió Quique con terquedad.

—Déjame pensarlo.

—Mientras lo piensas, explícame de qué va el asunto.

Salustiano tenía un confidente. Se trataba de un perista de medio pelo. El tipo poseía una relojería junto a la plaza del Dos de Mayo. En realidad era un cuchitril inmundo, cuya parte delantera hacía las funciones de tienda y en cuya parte posterior había un altillo que servía de vivienda.

El relojero usaba el descangallado local como pantalla para comprar material robado y además trapicheaba con droga. A menudo, pagaba con papelinas de heroína las cadenas de oro y los relojes que requisaban los sirleros a la entrada de los cines y emboscando amas de casa en los alrededores del mercado y beatas a la salida de misa. Nunca había hecho algo verdaderamente grande, aunque ya había pasado varias temporadas a la sombra. Había sido precisamente durante su última estadía en Carabanchel, cuando había entrado en contacto con los atracadores de fin de semana.

—¿Cómo te enteraste de eso?

—¿De qué?

—Que pegaban palos durante los permisos de salida y que planean algo de envergadura.

—De pura chamba. Tú llevas ya tiempo fuera del gremio, pero no tanto como para que se te haya olvidado cómo funciona este negociado. La semana pasada unos «maderos» de mi comisaría que están en Estupefacientes aprehendieron a un espadista con las manos en la masa. A nadie le gusta comerse el marrón solito y cuando se dio cuenta de que le íbamos a endilgar unos cuantos robos de pisos, pidió árnica.

Trabajosamente, el inspector jefe levantó su enorme humanidad del sillón y fue hasta el archivador metálico situado junto a la ventana. Tiró de la manilla del cajón superior, enredó entre las carpetas y sacó una botella de whisky.

—No tengo hielo —se excusó.

—Yo lo tomo seco.

—Mejor.

Buscó dos vasos, aparentó limpiarlos usando uno de los kleenex que llevaba siempre en la chaqueta, sirvió dos abundantes raciones de whisky y reanudó el relato.

—Ya sabes cómo son estas cosas. Los de la brigada de «estupas» le prometieron un poco de vidilla si les daba algo bueno y el desgraciado derrotó a su perista. Pidieron una orden de registro al juzgado y fueron a toda leche a la casa del relojero. Aquello parecía la Fábrica de Moneda y Timbre. La tienda estaba repleta de objetos robados. Era como una almoneda. En el retrete del altillo tenía un equipo de fundición de metales para hacer lingotes de oro con las joyas. Por si eso fuera poco, lo ligaron con cuarto kilo de coca en una lata de galletas.

Una vez en los calabozos de la comisaría, el hombre había solicitado ver al jefe de turno, argumentando que tenía algo muy importante que comunicarle.

—Dio tanto el coñazo, que bajó a verlo el que estaba al mando de las investigaciones preliminares. Es amiguete mío. Fuimos compañeros hace años. Incluso complotamos juntos cuando yo estaba en Estupefacientes, pero tuvo más suerte que yo y no le salpicó la mierda.

El gordo inhaló ralentizadamente por la nariz.

—No tuvo ni que darle una hostia. Mi amigo me contó que se puso a llorar a moco tendido. Le ofreció un chivatazo bueno si le prometía interceder ante el juez y hablarle bien de él. Le dijo que empezase a cantar y que ya veríamos.

—¿Cantó?

—Más que Julio Iglesias.

El inspector jefe se arrellanó en el sillón y dio un sorbo al vaso de whisky. Disfrutaba charlando y más con alguien que compartía sus puntos de vista, sobrellevaba sus flaquezas y cazaba al vuelo sus chistes.

—No hay noche de sábado que no atraquen una gasolinera o desvalijen un par de farmacias. Según el relojero, la mitad de los palos de los últimos meses los han pegado tres internos de Carabanchel.

Las aletas de la nariz de Quique se agrandaron casi imperceptiblemente. Salustiano se aclaró la garganta y prosiguió, satisfecho de haber captado totalmente la atención de su ex colega.

—Ahora, a pesar de lo que diga el Código Penal, aunque hayas descuartizado a tu suegra y hecho paté con sus higadillos, en cuanto cumples dos tercios de la pena, pasas al segundo grado. Eso te da derecho a salir los fines de semana. Como para chutarse, tomar copas e ir a la discoteca hace falta dinero, estos angelitos lo mangan.

—¿Y cuál es la relación de esos tíos con el perista?

—Ya te dije que se conocieron en la cárcel. Estaban en la misma galería, en celdas contiguas, y por lo visto les pasó algo de mandanga. Se hicieron bastante amigos y han conservado la amistad. Ya sabes lo tierna que suele ser esta gente.

Salustiano hizo una mueca burlona.

—Los fines de semana, en cuanto ponen los pies en la calle y aspiran el humo de la contaminación atmosférica, lo primero que hacen es pillar un taxi y visitar la relojería. Van a que les suministre a cuenta material fumable o inyectable.

El policía explicó que su amigo había estado a punto de tirar inmediatamente de la manta. No lo hizo porque él le había pedido que esperara. No era un asunto de su competencia, pero habían pensado que no les vendría mal apuntarse ante la superioridad el tanto de haber resuelto los últimos asaltos a gasolineras. Todavía no había mandado atestado alguno a los juzgados y estaba esperando instrucciones de Salustiano.

—Cuando oí el nombre de la joyería se me pusieron los ojos como platos. No te creas que estos «chorizos» se conforman con un cuchitril de esos del Rastro, donde venden «casios» a dos mil pesetas. Han elegido un establecimiento con mucho oropel, en pleno barrio de Salamanca.

—¿Cuál?

—Una joyería muy conocida que hay en la calle Serrano, casi

en la esquina con Juan Bravo. No es una bagatela. Si les saliera bien podrían llevarse un porrón de millones.

El amigo de Salustiano había apretado las tuercas al relojero, hasta obligarle a desembuchar todo. Aunque el infeliz trató de cubrirse, terminó admitiendo la paternidad de la idea de atracar en Serrano. Conocía la joyería porque había trabajado como representante. En dos ocasiones había visitado el establecimiento. No le habían comprado nada, porque lo que llevaba en el muestrario era pura morralla, pero no se marchó con las manos vacías.

Aprendió que sólo había un vigilante jurado, que la puerta era de cristal blindado y se accionaba desde dentro y que la mejor hora para asaltar era a mitad del día. Exactamente a las dos de la tarde, cuando cerraban para irse a almorzar y el vigilante andaba más preocupado en auxiliar a las empleadas a sacar sus coches de la parte interior de la doble fila del aparcamiento, que de descubrir potenciales ladrones. Para acceder, bastaría aprovechar la salida de algún cliente rezagado. Una ventaja adicional era que por las mañanas no había nunca aparcacoches. Julián, el educado hombretón que tenía a su cargo mover y cuidar los vehículos de los compradores mientras permanecían en la tienda, no trabajaba nunca los sábados.

—El hijo de puta del relojero no se chupa el dedo —comentó Salustiano—. Como cerebro de la operación, le corresponde la cuarta parte del botín, pero eso no es nada con lo que pensaba ganar receptando el resto. Los de Carabanchel son unos mangutas de mierda y están dispuestos a conformarse con un kilo por barba. En total les iba a pagar tres millones, menos de lo que vale alguno de los anillos expuestos en cualquiera de los escaparates de esa tienda. Allí hay relojes que cuestan el doble que eso.

Salustiano añadió que el confidente había quedado encargado de conseguir las tres «recortadas» que se iban a usar en el asalto. El trato entre el perista y el colega de Salustiano era meridiano. No habría cargos ni nada por el estilo. Incluso se podía extraviar su ficha pero a cambio, en cuanto tuviera las escopetas de caza listas y fijasen la hora del atraco, tenía que descolgar el teléfono y llamar, para facilitar todas las «coordenadas».

—¿Te ha dado ya el «queo» tu amiguete?

El gordo curvó el entrecejo en un gesto interrogativo.

—¿Tú qué crees?

Al ver que Quique no se manifestaba en sentido alguno, Salustiano mostró ambas manos como hacen los prestidigitadores del circo antes de concluir el truco.

—Sí. Ha llamado.

Quique esperó unos segundos. Necesitaba algo de tiempo para procesar la información.

—¿Cuándo planean hacerlo?

—El próximo sábado.

—¡Dentro de cinco días!

—Efectivamente. Lo único que les falta es tangar un coche y eso es fácil. Si no le cancelan el permiso de salida a alguno de ellos, la misma noche del viernes se agenciarán un «buga». A los «chorizos» les gusta correr, así que mangarán un Golf, un BMW o algo por el estilo. Una máquina con cilindrada.

—¿No será todo una milonga? —objetó Quique—. ¿Y si se inventó un cuento para salvar el culo?

—No es un cuento. He comprobado la historia de los tres de Carabanchel. En dos estaciones de servicio han reconocido sus jetas.

—Vale, pero una cosa es denunciar a unos «pringaos» a los que les vendes droga y otra muy distinta compincharte con la pasma para que les dé matarile.

—Él no sabe que les vamos a dar matarile.

—Algo sospechará.

—¿Y qué?

—Se puede echar para atrás.

Salustiano chasqueó la lengua con suficiencia.

—Lo tenemos agarrado por los huevos.

Estiró el brazo, con el codo flexionado y la palma de la mano hacia arriba y cerró los dedos como si fueran elementos de una tenaza.

—Tiene antecedentes por receptación y está pendiente de un juicio por tráfico de drogas. Sabe que si se nos pone en la punta del nabo va derechito a la trena —alardeó Salustiano—. Le pueden caer hasta nueve años.

Salustiano quería diez millones de pesetas, de los que uno iría al bolsillo de su amigo de Estupefacientes y cuatro a los del que se encargase de «apiolar» a los atracadores. Pablo comunicó a Quique que los pagaría encantado. Los billetes no iban a salir de su cartera, sino de un fondo especial procedente de la gerencia de *La Crónica*, que se computaba bajo el vago epígrafe de «gastos no justificados». A efectos de Hacienda, la transacción sería ilocalizable. No habría recibos, ni vales, ni cheques. Todo al contado, en mano y sin rastros.

Con respecto al papel de la policía, tampoco hubo discrepancias serias. Con el antecedente del Parque del Oeste, Salustiano no debía tocar el asunto de la joyería ni con pinzas. Ni siquiera podía aparecer tangencialmente. Era fundamental que nadie estableciera una relación entre él y lo que acaeciese el sábado.

Salustiano sorprendió a Quique, anunciándole que ya había elegido al hombre que cazaría a los tres presidiarios. Lo más curioso es que el primer contacto lo había hecho unos días antes, sin sospechar que el ex policía y su amigo editor le iban a proponer un suculento negocio.

—Tú no lo conoces, porque salió seis o siete promociones después que nosotros, pero es de toda confianza. Con una virtud inestimable: es imposible que lo relacionen conmigo. Está destinado en la Brigada Antiatracos y no será la primera vez que tira de la «pipa» —explicó el inspector—. A todo el mundo le gusta colgarse medallas, y trincar a unos atracadores «in fraganti» da muchos puntos. Con lo que le vamos a dar, creo que quiere irse un par de semanitas al Caribe a zumbarse mulatas y a tomar piña colada con el Curro ese que nadie sabe dónde está.

—¿Pero ya has hablado con él? —preguntó Quique, reflejando cierta alarma.

No estaba para frivolidades.

—Sí, coño.

—¿Y qué le has dicho?

—La primera vez sólo le dije que yo no me podía encargar del tema porque estaba muy reciente el caso de los dos violadores. La segunda, después de hablar contigo, le expliqué que si lo hacía él, además de los puntos que sumaría a su expediente, iba a engordar considerablemente su cuenta corriente.

—¿Qué contestó?

—Casi me besa en la boca. Su hija, la mayor, quiere estudiar para diplomática y él anda ahorrando como una urraca para enviarla a París a perfeccionar el francés.

—Si ha cumplido ya los dieciocho, el «francés» lo tendrá bien aprendido —bromeó Quique, ya más relajado.

—¡Mira que eres cerdo!

Todo marchó como la seda hasta que Quique desveló que Pablo estaba emperrado en obtener una verdadera exclusiva y que para ello debía haber periodistas de *La Crónica* en la escena del crimen.

—No tío, no.

—¿Por qué no?

—Parece mentira que seas tú quien pregunta esa pollada.

Salustiano adelantó el labio inferior y sopló, lanzando el aire hacia su ralo flequillo.

—En mi gremio, que era también el tuyo, hay mucho impresentable, pero todavía existe cierto «espíritu de cuerpo». El de Estupefacientes es como si fuera mi hermano y más si le doy un millón de pesetas. El de Antiatracos es amiguete y no me va a derrotar por mal que rueden las cosas. Tampoco los compañeros que vayan con él, porque no tienen por qué saber de dónde sacó la información su jefe. El relojero no largará, por la cuenta que le trae. Con los periodistas es exactamente lo contrario. Ellos viven de largar, de joder a la gente y de dar por el culo a la policía. Se dedican a contar lo que no se puede contar.

—En este caso no es así.

—Siempre es así. Si les dices lo que te traes entre manos, malo. Y si no se lo dices, peor.

Salustiano estaba inspirado, en plena actuación, y prosiguió:

—No puedes mandar a un fotógrafo a que se plante a media mañana ante la puerta de una joyería de Serrano si no le explicas algo.

Tragó saliva.

—¿Y qué le vas a explicar? ¿Que va a haber un atraco?

Eran preguntas retóricas y hacía largas pausas entre ellas.

—¿Y cómo te has enterado? ¿Y quién es tu fuente?

Miró aceradamente a Quique, pero no para que respondiera sino para que siguiera pendiente de su filípica.

—Otra posibilidad es no decirle nada y que el mamón se meta sin querer en medio del fregado y lo maten. También puede que no lo agujereen, pero que se asuste tanto que no atine a enfocar y salgan las fotos hechas una mierda. O que nos denuncie por haber puesto en peligro su preciosa vida. Si los fumadores demandan a los fabricantes de tabaco y les sacan cientos de millones alegando que les duelen los pulmones porque empezaron a darle al cigarrillo en la escuela, imagínate la que nos puede montar un periodista hinchapelotas.

Quique se sintió invadido por una súbita sensación de desaliento.

—No tengo ni pajolera idea de lo que planea Pablo, pero le conozco muy bien y no es de los que la pifian.

Sonó el teléfono. Salustiano asió el auricular con violencia, como si fuera un pollo y fuera a estrangularlo.

—¡Dígame!

Llamaban del juzgado y Quique usó el intervalo para ordenar sus ideas. Estaba alicaído y no quería arriesgarse a dar un paso en falso sin hablar antes con Pablo. Esperó a que el gordo concluyese su conversación y cuando iba a colgar, sincronizando los movimientos de su trasero con los del brazo de Salustiano, se incorporó.

—Me tengo que ir.

—¿Y esas prisas?

—Voy a ver a Pablo.

—¿En qué quedamos? —preguntó Salustiano, demandando una conclusión.

—Te llamo después.

10. LOS MADEROS

Le embriagaba el dinero y lo que lleva aparejado, pero si hubiera sido sólo una cuestión de riqueza o poder, Pablo nunca habría ido tan lejos. Existían otras motivaciones más profundas e inconfesables. No tanto porque fuesen delictivas o pecaminosas, sino porque pertenecían a esa parcela secreta del alma que rara vez se comparte. Siempre, y sobre todo desde su divorcio, había temido convertirse en uno de esos aseados solterones más bronceados de lo normal, con el pelo gris en las sienes y un pliegue de grasa en la papada, que en verano se pasean con las patas de gallo cubiertas con gafas de sol y el codo apoyado en la ventanilla del descapotable. Tipos que simulan tenerlo todo bajo control y gozar intensamente de la vida, pero que no controlan ni sus intestinos y cuyas existencias carecen de misterio.

Él debía hacer cosas; marcar su tiempo. Se negaba a pasar por el mundo sin pena ni gloria. Le subyugaba asomarse al borde del abismo y empujar hasta el límite.

Cuando se ilusionaba con algo —fuera mujer, animal o cosa— volcaba todos sus esfuerzos en conseguirlo. De forma inmediata, con consumidora ansiedad y sin plazos o demoras. Se movía por impulsos y ahora *La Crónica* era su gran pasión. Quique lo conocía muy bien y años atrás había llegado a la conclusión de que la única manera de conservar su amistad era tolerar ese aspecto aparentemente irracional de su carácter.

—Ya te he dicho que no se fía de los periodistas.

—Yo tampoco, pero estoy como Ben Bradlee en *Todos los hombres del Presidente* —se justificó Pablo.

—No sé quién es ese tío, ni lo que me quieres decir.

—Bradlee era el director del *Washington Post* durante el Watergate. Por si no te acuerdas, el Watergate fue el lío aquel de los micrófonos en un hotel de Washington que hizo quedar fatal a los republicanos y sirvió para sacar de la Casa Blanca al presidente Nixon. En la película hay una frase suya que refleja perfectamente lo que siento. Bradlee dice: «Yo no puedo hacer el trabajo de mis reporteros, así que confío en ellos. Y odio tener que confiar.»

—Si no confías tú, que les pagas y los puedes poner en la puta calle, imagínate lo que pensará Salustiano.

—Vuelve a verlo y le explicas el plan.

—¿Cómo voy a explicárselo si ni siquiera lo entiendo yo? —se quejó el ex policía con expresión afligida.

Sin alterar el semblante, Pablo reinició su exposición.

—Lo ideal sería colocar al fotógrafo en la ventana de uno de los edificios del otro lado de la calle, pero eso cantaría mucho. Quedaría en evidencia que sabíamos de antemano lo del atraco. Lo más seguro es acondicionar una furgoneta con un cristal que permita ver desde dentro pero no desde fuera y aparcarla enfrente.

—En ese lado de Serrano hay carril-bús y no se puede aparcar —adujo Quique, en plan abogado del diablo.

Pablo revisó las fotocopias del callejero de Madrid y los croquis que había dibujado a partir de las indicaciones de su amigo. Había emborronado media docena de folios y los tenía esparcidos sobre su mesa.

—Hay un callejón lateral que nos viene estupendo.

—En esa zona no hay quien encuentre un hueco ni con lupa y menos al mediodía y un sábado. Olvídate del callejón —remachó Quique.

—No sé por qué perdemos tiempo discutiendo sobre el aparcamiento como si fuéramos dos oficinistas. La solución es llegar con la furgoneta cinco minutos antes de que lo hagan los malos y pararla en el carril-bús.

Pablo comenzó a agrupar los papeles, juntándolos con ambas manos, como un jugador de póquer reúne sus fichas tras una buena racha.

—¿A qué distancia de la joyería habría que aparcar?

Al oír la pregunta de Quique, paralizó la recogida. Se mordió el labio superior, dubitativo.

—A unos veinte metros...

—Hay otro problema. Si los de la Brigada Antiatracos actúan normalmente, no dejarán que estos maníacos peguen el palo. Los detendrán en cuanto se aproximen.

—Que no lo hagan.

—¡Eres cojonudo! Por tu cara bonita, en lugar de frustrar el atraco, van a esperar a que los pájaros limpien la tienda y empiecen a correr.

—Exactamente.

Quique puso cara de asombro e inhaló aire para replicar, pero Pablo lo dejó con la palabra en la boca.

—Tiene que parecer que la policía pasaba providencialmente por allí y que sorprendió a los cacos en el momento en que salían de la joyería. En lugar de diez millones, dale doce y que Salustiano se arregle con su amiguete.

A pesar de las pegas que había puesto el inspector jefe, daban por hecha su complicidad. Además de estar harto de detener delincuentes, ponerlos a disposición judicial y descubrir al poco tiempo que los sujetos paseaban tan campantes por la calle y reincidían en las mismas barrabasadas, Salustiano necesitaba dinero.

Se trataba de un atraco a mano armada, con ladrones provistos de escopetas de cañones recortados. El colega de Salustiano no le haría muchos ascos a la propuesta de montar una emboscada mortal y enviar al otro mundo a tres indeseables.

—Queda lo más peliagudo —dejó caer Quique.

Pablo, que estaba inclinado hacia un lado y tratando de guardar las fotocopias lo más al fondo posible del último cajón de su escritorio, levantó la vista.

—¿De qué se trata ahora?

—De los periodistas. No puedo volver donde Salustiano sin los nombres de los que irán en la furgoneta.

—¿Por qué?

—Ya te dije que no se fía de la prensa. Querrá saber a quién vas a mandar y qué le vas a contar.

Pablo recuperó la vertical y se cruzó de brazos desasosegado.

—Lo del fotógrafo es jodido, porque no hay ninguno de confianza.

—A mí que me registren —exclamó Quique, alzando las manos a la altura de los hombros, para enfatizar que no tenía nada que aportar a esa cuestión.

Pablo contempló la esfera de su reloj Breitling como si fuera una avispa que acabase de entrar volando por la ventana y se le hubiera posado inesperadamente en la muñeca. Estuvo unos segundos cabizbajo, ordenando sus ideas.

—Tampoco hace falta que el fotógrafo sea un Robert Capa. Con las máquinas autofocus que hay ahora, hasta el más atocinado hace buenas fotos.

—Pero ¿has pensado en alguien?

Pablo hizo un gesto de asentimiento.

—En Nuria Puente.

—¿La chavala de la montería?

—Sí. Podrían ir Herrera y ella. Hacen una buena pareja.

La redacción estaba saturada de gente. Muchos reporteros hormigueaban de un lado a otro o tecleaban como posesos frente a las pantallas, mientras algunos —los ociosos— hacían travesías hasta la máquina de café o a buscar coca-colas. Pablo estaba convencido de que el desmedido consumo de cafeína entre los periodistas explicaba en buena medida su perenne inestabilidad. Al entrar Pablo en la sala, Herrera levantó la cabeza. El redactor jefe se sentaba siempre en el centro de la mesa en forma de herradura donde se recogían las copias de las páginas para enviarlas electrónicamente a la rotativa. A veces daba la impresión de tener un radar en el interior del cerebro. Detectaba cualquier signo extraño en la redacción, por mucho bullicio, ajetreo o prisa que hubiera.

—¿Os queda mucho?

El redactor jefe desvió la vista hacia el planillo, una ancha tira de papel de casi dos metros de largo y repleta de cuadritos donde se marcaba con una cruz de rotulador azul cada página despachada hacia la imprenta.

—Estamos cerrando. Una media hora.

—¿Has visto a Nuria?

—Hace un minuto estaba en la mesa de luz, ordenando diapositivas. Estará metida en el Laboratorio o habrá ido a Documentación.

Pablo buscó con la vista por la zona del archivo, pero no localizó a la fotógrafa.

—Cuando termines pasa a verme. Trae contigo a Nuria.

Pronunció las últimas palabras en un murmullo, cuando ya caminaba hacia el despacho del director.

Pablo sacó la impresión de que sus palabras penetraban lentamente en el cerebro del otro. Era como si alguien estuviera traduciendo un texto y las frases le llegasen a través de unos auriculares, porque Justino tardaba quince segundos en reaccionar a cada propuesta.

—El tema tiene buena pinta, pero necesitamos saber más.

—No necesitamos saber nada.

El director tosió tapándose la boca educadamente.

—La ética periodística impide publicar una noticia sin conocer la fuente y esto huele muy mal.

—A tomar por saco la ética —le interrumpió Pablo.

—No es que yo sea un fanático de la deontología profesional, pero hay que respetar ciertas reglas.

Pablo lo miró como si fuera uno de esos insufribles predicadores norteamericanos que van por parejas de casa en casa y jamás se quitan la corbata. Nunca le había atraído la gente «respetable» y Justino tenía toda la pinta de no haber robado ni una toalla de hotel en su vida.

—¿Estás seguro de que debe ser siempre así?

La pregunta encerraba una velada amenaza y al director no le pasó desapercibido.

—Si a ti te parece bien, a mí también. De todas formas hay que andar con cuidado. Con la «poli» nunca se sabe.

—Estoy harto de andar con paños calientes. No tenemos nada que perder. Lo peor que nos puede ocurrir es que gastemos en balde unos miles de pesetas, cambiando cristales y alquilando furgonetas o que Herrera y Nuria pierdan unas horas de su precioso tiempo.

Descartaba hacer a Justino partícipe del secreto. Tampoco podía dejarlo totalmente al margen. Pablo sostenía que la mejor forma de colar una gran mentira era rodearla de pequeñas verdades. Le dijo que habían recibido un soplo, lo que era cierto. También, que tenían al alcance de la mano cubrir en directo la comisión de un grave delito, lo que era exacto. Añadió que estaba previsto que el incidente ocurriera el sábado, a una hora que les dejaba margen suficiente para meter el reportaje en todas las ediciones del día siguiente... Todo correcto.

Lo que no reveló fue que se trataba de un atraco a mano armada. Tampoco que el escenario sería una de la joyerías más conocidas de la capital y que, si todo rodaba como esperaba, acribillarían a balazos a los delincuentes.

—¿Qué quiere a cambio la policía?

—La policía no sabe que estamos en el ajo. La información viene de otro lado.

Justino respiró hondo.

—Algo buscará el que te ha contado eso.

—Lo de siempre: que se le trate bien en el periódico cuando se aproximen las elecciones.

Pablo era un maestro en el arte de lanzar cortinas de humo y maniobraba para inducir a Justino a sospechar que la fuente de la información era un político relevante o un alto funcionario del gobierno. No sabía que el director se había cruzado esa tarde con Quique en la calle, frente a la puerta del diario, y que albergaba ya la sospecha de que el ex policía era la «garganta profunda» que había dado el soplo.

—Le he dicho a Herrera que venga en cuanto cierre. Quiero que se encargue personalmente del caso. Le he mandado que se traiga a Nuria.

—¿A Nuria Puente...? ¿Para qué?

—Para que cubra el tema con él. La discreción es fundamental y no se puede enviar a cualquiera.

—Hay mejores fotógrafos que ella en la casa.

—Para empezar lo dudo y segundo, no es un antojo. Lo último que quiero es uno de esos botarates a los que sólo les interesa el balón de fútbol.

—Si es un asunto duro, sería mejor enviar a un hombre que a una chica.

Cortante, dejando en evidencia que la opinión de su interlocutor nada significaba para él, Pablo recalcó:

—Prefiero que vaya ella.

—No sé si está suficientemente preparada.

—¡Pues que aprenda!

—Como quieras —claudicó Justino con mirada de cordero.

Mientras esperaban, Pablo aprovechó para hacer hincapié en que las ventas se habían estancado y que, desde la espectacular subida experimentada gracias a la cobertura del «caso de los violadores», seguían en los 50.000 ejemplares.

—Habrá que hacer algo —concluyó perentorio.

—Los lectores son animales de costumbres y se requiere mucho tiempo para empujarlos a cambiar de periódico —se disculpó Justino, exagerando el vencimiento de sus hombros para sugerir que trabajaba con la mejor buena fe del mundo pero se enfrentaba a los elementos de la naturaleza—. En España la gente lee muy poco.

Pablo puso cara de asco, como si le incomodaran aquellas frases hechas.

—Algo de culpa tendrá el periodismo anacrónico y aburrido que predomina aquí.

—Creo que no lo hacemos tan mal... ¿no?

La mirada de Pablo recorrió el despacho, hasta posarse en el montón de periódicos que había en el extremo de la mesa del director. Cogió un ejemplar de *La Crónica* y lo desplegó sobre el escritorio.

—¿Cuántos titulares hay con el verbo decir?

Pasó páginas con furia.

—Dijo... afirmó... reiteró... advirtió... Hacen falta historias, pero en lugar de eso llevamos coñazos y declaraciones oficiales.

—Declaraciones de gente importante. No podemos hacer caso omiso de lo que piensan los políticos, los sindicalistas o los banqueros.

—Si fuéramos capaces de descubrir lo que piensan, me parecería bien; pero sólo publicamos lo que dicen y ningún personaje relevante de este jodido planeta ha llegado a donde está a base de contar la verdad a los periodistas.

Zambullido en su sillón giratorio, el director parecía haber disminuido de tamaño. Estaba encogido y sólo acertó a formular tibiamente uno de sus habituales buenos deseos.

—A ver si mejoran las cosas.

—Ojalá —aseveró Pablo, apretando los dientes—. Si lo del sábado sale como me imagino, esto volverá a funcionar.

Justino sentía curiosidad. Olfateaba algo bizarro tras esa referencia al sábado y le hubiera encantado tener al menos un indicio, pero prefirió no meterse en camisa de once varas. Se quedó con las ganas de preguntar.

Herrera y Nuria, que no tenían ni idea de para qué habían sido convocados, aguantaron estoicamente la sarta de lugares comunes que les administró el plasta del director.

—Hemos pensado en vosotros dos —dijo Justino, recurriendo al plural para imbuirse de mayor autoridad— porque se trata de una tarea delicada y ambos contáis con la confianza plena de la empresa.

Por protocolario que sonase, era un comentario halagador y Nuria cruzó una mirada con Herrera.

—Por lo visto han localizado a unos maleantes que preparan una tropelía de las serias. Nos han pasado el soplo de que será este sábado y aquí en Madrid. De todas formas, creo que es mejor que os lo explique Pablo —concluyó Justino, intentando ocultar que estaba en las Batuecas.

La exposición de Pablo fue igual de somera y tan incompleta, esotérica y fragmentaria como la que había dado antes a Justino. Lo único que añadió, como colofón, fue que era imprescindible la más absoluta reserva, advirtiendo que sólo ellos cuatro estaban en el secreto.

—Si se filtra algo, se irá todo al garete —puntualizó.

—¿Se puede saber de qué va la cosa? —preguntó Herrera.

—No, no todavía.

—¿Y el lugar del espectáculo?

Pablo negó con la cabeza.

—¿Y la fuente de la información?

—Tampoco.

Herrera esbozó algo parecido a una sonrisa. Una sonrisa claramente mejorable, sostenida sólo con los dientes y en la que lo dominante eran las manchas amarillentas de nicotina que decoraban sus deslavazados incisivos.

—Entre esto y apuntarse de grumete en el último viaje del *Titanic* no debe haber mucha diferencia, pero tampoco estamos para cogérnosla con papel de fumar. Uno vale lo que su último reportaje y yo hace bastante que no corto orejas.

El estilo oblicuo del periodista dejaba entrever bastante más de lo que expresaban sus palabras: deseaba volver a ser reconocido profesionalmente. Las portadas logradas con el tema de los violadores le habían sabido a poco. Echaba en falta unos gramos de notoriedad y no se atribulaba con disquisiciones morales.

—¿Y tú qué dices? —preguntó Pablo, encarándose con Nuria.

La fotógrafa juntó los labios en un mohín infantil y se echó a un lado para colgarse del brazo de Herrera.

—Yo con Herrerita voy al fin del mundo.

—Vas a tener que hacer buenas fotos —anunció Pablo.

—¿Y qué?

—Sólo te digo que puede haber hasta tiros.

—¿Y?

Como si de un ventrílocuo se tratara, Pablo adoptó tono de médico de cabecera, apacible, firme y tranquilizador.

—¿No te da vértigo?

—A mí no me da vértigo nada y tú lo sabes —replicó Nuria, clavando sus ojos en los de él, provocativa e indiferente a la presencia de Herrera y Justino, que simulaban no enterarse del sutil duelo erótico.

Aunque no había tenido nada que ver con ella desde el lunes siguiente a la montería, hacía ya cuatro meses, a Pablo le seguía atrayendo la reportera. Le turbaba sexualmente. Tenía veintiséis años y se las arreglaba para no evidenciar ninguna de las inseguridades que indudablemente cargaba con ella. Al contrario, se adornaba con cualidades variopintas. Poseía una agresividad profesional capaz de encoger de terror el corazón de sus colegas varones y desparpajo suficiente para hacer palidecer de envidia o de falso desdén a sus rivales femeninas.

Tenía madera de buena periodista o, para ser más exactos, iba camino de ello. A un físico atractivo unía la considerable ventaja de mentir sin ruborizarse y de chantajear sin pestañear, si lo que estaba en juego era una información exclusiva. Tenía ambición y cuando trabajaba volcaba todo su talento en captar cada detalle y en buscar ángulos distintos. A veces era imprescindible editar su material, pulir sus textos y expurgar sus negativos de tomas desenfocadas o insubstanciales, pero rara vez se le escapaba un tema «vivo».

Cuando salían hacia la redacción, Pablo pidió a Nuria que le acompañase hasta los ascensores. Se sentía pujante, lleno de energía. Siempre subía por las escaleras hasta su despacho, «para quemar calorías», pero quería aprovechar la ocasión para inyectar algo de su entusiasmo en la fotógrafa. Pulsó el botón y cuando llegó el elevador, tapó con la mano la célula fotoeléctrica para que no se cerrasen las puertas.

—¿Has visto *Primera plana*? —preguntó, dejando entrever un entusiasmo casi pueril.

—¿La película de Walter Matthau?

—Sí.

—¿Y te acuerdas de lo que le dice Matthau a Jack Lemmon cuando lo manda a cubrir una ejecución en la horca y le da una cámara enana para que se la esconda en la pernera?

—Eso ya es para nota.

—Pues le dice: «Mañana tú y yo vamos a hacer que esta ciudad vibre. Todos los periódicos publicarán lo mismo. Pero nosotros nos llevaremos la palma porque publicaremos en primera plana la foto del condenado colgando por el cuello.»

Al sonreír, aparecieron dos hoyuelos en sus mejillas.

—Lo mismo o algo parecido te digo yo. Pasado mañana, gracias a tus fotos, también haremos vibrar a Madrid.

—Yo estoy segura —proclamó Nuria, risueña.

Pablo abandonó esa noche el edificio de *La Crónica* convencido de haber hecho la elección correcta.

11. LOS ATRACADORES

Primero vieron a un vendedor de lotería. Llevaba gafas oscuras y tiras de cupones prendidas en la pechera de la gabardina. Permanecía a un costado del portal adyacente a la joyería y se balanceaba de esa forma errática que caracteriza a los ciegos. Luego observaron a un joven con pinta de estudiante, leyendo muy atento la tabla de horarios pegada bajo la marquesina de la parada del autobús. Después a un sujeto muy trajeado, que detuvo su coche detrás de la furgoneta y se puso a escuchar la radio. No había nada de excepcional en estos hechos, pero acaecieron consecutivamente y en un breve intervalo, como si se tratara de un cambio de guardia.

Pablo había insistido en que llegasen cinco minutos antes de las dos, pero se plantaron frente a la joyería cuando todavía faltaba un cuarto de hora para que la aguja del minutero alcanzara la vertical. Tenían los nervios de punta. Esperaban algo con enjundia pero no que se tratase de un atraco a mano armada, en el centro de Madrid y en una joyería de renombre. Cuando Pablo lo reveló, esa misma mañana, quedaron planchados.

—¿No te mosquea que no haya querido que nos reuniéramos en el periódico? —preguntó Nuria, que sentía mariposas aleteando en su estómago.

—No. El tema es muy fuerte.

—Justo por eso.

—Ya oíste a Pablo: No está enterado ni Justino.

Herrera se sintió obligado a aclarar el sentido de su frase.

—En cuanto nos hubieran visto conspirando con él por las esquinas o manipulando en esta puñetera furgoneta, hubieran empezado los rumores. Habría sido imposible mantener el enigma.

—Sólo de pensar en lo que estarán haciendo en estos momentos los «setas» de la redacción, me da la risa.

—Pues no te rías mucho, que no es para tanto. Los «setas» deben de estar preparándose para salir en busca del cocido y nosotros aquí, haciendo el mameluco y cagados.

—A mí me gusta esto —dijo Nuria.

A renglón seguido, asaeteó a los colegas ausentes subrayando el escaso espíritu profesional de la mayor parte.

—La idea de pasarlo bomba que tiene la mayoría, es ver un partido de fútbol en la tele bebiendo cerveza. Para ellos, la máxima aventura imaginable es una incursión a la nevera.

Hablaban en susurros, como si estuvieran retransmitiendo al alimón y desde las gradas un partido de tenis.

—¿Crees que vendrán los atracadores?

—Yo qué sé. Por si acaso, ten ese trasto listo y enfoca bien la puerta.

—Esto que llamas trasto es una de las mejores cámaras que existen. Enfoca sola. Es una Nikon F-4 y lo único que hay que hacer es apretar el botón en el momento preciso.

—Pues eso.

Entre sus tobillos, sobre la alfombrilla de caucho, Nuria mantenía la misma mochila Coronel Tapiocca que había llevado a la montería. Era el equipo camuflado que utilizaba cuando quería ser discreta. Dentro llevaba un objetivo gran angular de 24 milímetros, un flash Nikon SB-25 y decenas de rollos de película de varias sensibilidades. En la cámara que sostenía en el regazo había puesto Fuji Color de 800 ASA, pero guardaba en la bolsa, por si acaso, algunos ejemplares de T-MAX 3.200. Esa película de alta sensibilidad, fabricada por Kodak, era la favorita de los fotógrafos de prensa que cubrían competiciones deportivas nocturnas o sesiones del Congreso de los Diputados. Forzándola hasta 12.800

ASA y prolongando después los tiempos de revelado, permitía obtener imágenes aceptables hasta a la luz de una cerilla.

—¿Bajo el cristal de la ventanilla?

—Mejor espera.

Nuria rompió el celofán de un paquete de Marlboro sin estrenar, hizo una bolita con el papel de plata y se puso un pitillo en la boca. Sacó de la mochila un encendedor Zippo, prendió el cigarrillo y dio una calada. Fumaba con ansia, de un modo casi masculino.

—¿Quién será la fuente de Pablo? —preguntó, lanzando al aire un aro blanco, perfecto, que avanzó temblequeante y se deshizo al chocar contra el cristal.

—Es de cajón. Si hay atraco y aparecen los «maderos», es que se lo ha contado la policía. Si hay atraco y no aparecen los «maderos», es que se lo han contado los cacos. Y si no hay atraco ni nada, es que le han vendido una moto.

Si Nuria o Herrera hubieran husmeado alrededor, quizá se habrían dado cuenta de lo que se estaba cociendo. No es complicado identificar a los policías cuando están de servicio, como tampoco lo es localizar a los guardaespaldas de los personajes importantes. Pueden tener cualquier edad, indumentaria o aspecto, pero nunca sonríen porque cuesta relajar los músculos faciales y vigilar al mismo tiempo. Tampoco miran hacia donde lo hace el resto de los mortales y, de vez en cuando, se comunican entre sí con los ojos. En la escena había tres individuos que reunían las características. Uno estaba pegado a la señal del autobús y cubría la acera desde arriba. El otro llevaba traje y simulaba estar enfrascado en la radio del coche. El tercero se encontraba apostado a la izquierda del establecimiento, en un portal, y era difícil sospechar de él porque no se le veían los ojos.

Herrera comprobó la hora en su reloj de pulsera.

—Son casi las dos.

Iba a añadir algo más, pero justo en ese instante se produjo un revuelo en la entrada de la joyería. En el momento en que el vigilante jurado entreabría la puerta para dejar salir a una señora envuelta en un espléndido abrigo de visón, hicieron acto de presencia dos tipos. Ambos delgados, morenos, jóvenes y con cazadoras de cuero. La del más alto era negra y tenía cremalleras por doquier. El otro llevaba una prenda de color gris y una bolsa de deportes con un puma pintado en el hule.

Para Herrera y Nuria fue como si hubieran caído del cielo. Cuando se quisieron dar cuenta, los macarras estaban dentro del establecimiento, a la mujer y al vigilante se los había tragado la tierra y la puerta se había cerrado de nuevo.

—¡¿Has visto eso?! —exclamó Herrera, asido con fuerza al volante y adelantando la cara hacia el parabrisas.

Nuria tragó saliva.

—No me ha dado tiempo.

Desde el asiento del acompañante, pegada a la acera como estaba y gracias a la altura de la furgoneta, dominaba la fachada y los aledaños de la joyería, pero se había quedado patidifusa.

—Se me han escapado —musitó con pesadumbre.

—No importa —la confortó Herrera—. Cuando no puedes fallar es cuando salgan. Encuadra bien y en cuanto se abra la puerta aprieta el dedo hasta que te duela.

Los fotógrafos son una casta singular dentro de la «tribu» periodística. Sea cual sea su nacionalidad o su edad, casi todos visten de forma similar, usan bolsas parecidas y actúan de modo semejante. Nuria no era fotógrafo en sentido estricto, pero compartía con ellos ciertos tics. También recurría al ritual de concentrarse en la preparación del material, como una forma de calmar los nervios. El ceremonial comienza con la ruptura de la envoltura de cartón de una película, sigue con la distribución de los rollos, continúa con la comprobación de la cámara... Es un ejercicio psicosomático que recuerda al del soldado que practica con su arma, la desmonta, la engrasa y la mima, con la mente fija en la batalla. La reportera recorrió todos los pasos del proceso de relajación antes de atreverse a preguntar.

—¿Tú crees que eran los ladrones?

—¡Toma ya! ¡Claro que eran ellos!

Durante tres minutos eternos, lo único que oyó Nuria fue su respiración y la de Herrera. Ambas, profundas y rápidas, aunque la del redactor jefe punteada por un crispante ronquido asmático.

—¡Ahí están!

Más tarde, Nuria se devanaría los sesos tratando de descifrar qué atisbó el atracador que salía en segundo lugar o qué indicios le avisaron del peligro, pero lo cierto es que se paró en seco bajo el dintel. Retrocedió de un brinco y cuando reemergió, unos segundos después, llevaba a la mujer del abrigo de visón atenazada por el cuello. Se escucharon voces, un alarido, varias detonaciones y chirrido de frenos, pero la reportera mantenía en el cuadro de enfoque al de la chupa negra.

El tipo sujetaba a la mujer con el antebrazo izquierdo y se parapetaba en su cuerpo, clavándole los dos cañones de la recortada en el costado. Unía su cabeza a la de ella, con la boca pegada al lóbulo de su oreja derecha, como si practicase un exótico y fogoso paso de tango.

A esas alturas, su compañero, el de la cazadora gris, yacía herido de muerte sobre el asfalto, agarrándose las tripas con una mano y respirando como un pez recién sacado del agua. Hasta se le habían puesto ojos de pescado. Los tenía muy abiertos, planos y sin expresión. Si el coche hubiera tenido cuatro puertas en lugar de dos habría escapado, pero el macarra perdió unas décimas de segundo preciosas con el respaldo del asiento.

Habían quedado en que el primero que saliera se subiría detrás. Era un bellaco pero se consideraba un machote y tenía a gala ser solidario a tope con la «basca». Intentó pasar a la parte posterior y dejar libre el asiento delantero. Fue un desatino fatal. En el momento en que se agachaba para destrabar la manilla del respaldo, recibió el brutal impacto de un balazo en los riñones. Era duro, porque todavía tuvo agallas para echar dentro la bolsa con las joyas y colgarse del cinturón de seguridad. Sólo consiguió ser arrastrado unos cuantos metros por el suelo, cuando su compinche pisó el acelerador y levantó el pie del embrague.

Desde la furgoneta, Nuria no divisaba el trozo de calle donde agonizaba el de la cazadora gris. Tampoco le había visto cruzar la acera en tres zancadas y lanzarse desesperado hacia el Golf GTI rojo robado horas antes, donde esperaba el otro compinche con el motor en marcha.

Nuria no observó eso ni cómo se daba a la fuga el tercer atracador, golpeando la chapa de varios vehículos al derrapar para salir hacia la Plaza de Colón, mientras el encorbatado aficionado a la radio le disparaba a las ruedas, asiendo su pistola con ambas manos y apoyando el antebrazo en el borde inferior de la ventanilla.

Todo el mundo de la reportera, desde hacía bastantes segundos, era el que aparecía en el visor de su máquina de fotos. Lo que captaba su retina era un individuo vestido con cazadora negra desplazándose lateralmente, arrimado a la pared y usando como escudo a una señora muy encopetada y con cara de terror. Matizado el salvajismo de la escena por las lentes, las lucecitas y los números del interior de la Nikon, lo que pasaba junto a la joyería parecían planos de una secuencia cinematográfica. Primero entró el ciego en el encuadre. Después se observó el bulto oscuro de una pistola emergiendo entre los pliegues de su gabardina.

A dos pasos de distancia es difícil fallar. Máxime si se tira sobre alguien enloquecido de terror y que mira para otro lado.

La primera bala acertó de lleno en la cabeza del tipo. Le entró por el orificio de la oreja izquierda, efectuó una trayectoria ascendente y salió por su coronilla. El caco soltó a la mujer, pero no la escopeta, y se desplomó. El ciego volvió a apretar el gatillo. Dos veces. Nuria, con el índice combado sobre el disparador, consumió las 17 exposiciones que restaban en su carrete en apenas ocho segundos, los mismos que transcurrieron desde el balazo en el oído hasta que el «invidente» avanzó un paso con la pistola en ristre y remató al de Carabanchel sobre las baldosas de la acera.

—¿Nos bajamos?

—¡Quédate quieta!

—Sólo he pillado a uno, y con la ensalada de tiros que se ha montado tiene que haber más muertos.

—Primero rebobina el carrete y escóndelo. No vaya a ser que a uno de esos necios se le ocurra quitarnos el material.

Nuria extrajo la película usada y puso otro rollo.

—¿Dónde lo guardo?

—¿Dónde va a ser?

—¿Bajo la alfombrilla?

—Pareces nueva. ¡En las bragas, joder!

El atracador no miraba directamente a la cámara, sino a la derecha del objetivo, a alguien que debía estar agazapado entre los coches o en la parada del autobús. Era evidente que no había advertido la presencia del «ciego». El sujeto de las gafas oscuras aparecía justo detrás de él, con la pistola en el extremo del brazo derecho y la mano izquierda horizontal, con la palma hacia el suelo, como cubriendo el arma.

El delincuente tenía la oscura bocacha del cañón a dos cuartas de su cogote e iba a morir, pero no se daba cuenta. La mujer arrugaba la cara y separaba los labios, en un silencioso sollozo. Se distinguía perfectamente una parte del escaparate y el nombre de la joyería.

—Ésta es buenísima —manifestó Herrera, tocando el marco de la diapositiva y separándola del resto.

—Tiene fuerza —apostilló Nuria, mientras acercaba la lupa a la foto para volver a mirarla al trasluz.

—Están los tres protagonistas y contiene todos los elementos: miedo, tensión y violencia; sobre todo violencia, que es de lo que se trata —añadió el redactor jefe, volviéndose expectante hacia Pablo, que se alisaba el pelo con los dedos.

—Estoy de acuerdo en que la foto es magnífica, pero no podemos darla así; viéndose al policía disfrazado de vendedor de cupones.

—Le podemos poner una franja negra en los ojos, para que no se le reconozca —sugirió Herrera.

—Sacar a un policía sería una irresponsabilidad y además podemos poner en peligro su vida —argumentó hipócrita Pablo.

—El que se ha cargado al caco es él, no nosotros. La gente va a flipar.

—Si digo que no se puede, es que no se puede —afirmó con sequedad Pablo, dando a entender al redactor jefe que si no se le ocurría algo de más peso era mejor que mantuviera la boca cerrada.

Pablo cogió la diapositiva y la elevó en el aire, poniéndola entre sus ojos y la lámpara del techo.

—Hay que darle un corte de manera que sólo se vea hasta el codo del poli.

Trazó dos marcas con rotulador en la montura de cartón blanco y apoyó de nuevo la foto en la mesa.

—La publicamos a todo trapo. En portada y a cinco columnas. ¿Alguna idea para el título?

Escaldado por lo que le acababa de acontecer, Herrera tardó en encontrar la forma de iniciar la frase.

—No sé... —comenzó, arrastrando las palabras para ganar tiempo y pensar—. Podía ser algo así como «Carnicería en el corazón de Madrid» o «Mueren dos atracadores en el centro de Madrid».

—Algo más escueto. Necesitamos un titular duro y sucinto —urgió Pablo.

—«Tarde de perros».

Miraron a Nuria, que elevó los hombros y levantó las manos, simulando pedir disculpas por la intromisión.

—No me parecería mal si los atracadores se hubieran atrincherado en la joyería con rehenes, pero no cuadra del todo con lo ocurrido —comentó Pablo, haciendo un gesto de fastidio, como si le molestara no poder admitir la sugerencia.

Había ido usurpando paulatinamente el espacio del director. Desde el éxito obtenido gracias a los violadores del Parque del Oeste, intervenía en todas las decisiones relevantes. Era raro que alguien de la redacción no se cubriera las espaldas consultando con él o preguntando su opinión antes de hacer algo. La prueba ostensible era que aquel mitin se estaba celebrando sin la presencia de Justino.

—«Atrapados sin salida» —probó de nuevo Nuria.

—¿Nos vas a soltar toda la cartelera? —preguntó satírico Herrera.

El redactor jefe procedía de la vieja escuela y consideraba una costumbre detestable encabezar las informaciones recurriendo al cine o a novelas conocidas.

—Ahora vendrán «Balas en Serrano», «Crónica de una muerte anunciada», «Sangre y diamantes» y todos los estrenos de la temporada.

—Los títulos de películas a veces están muy bien —terció Pablo—. Suelen ser muy simples y la gente hace inmediatamente identificaciones.

Nuria se dedicó a ordenar las diapositivas del atraco, metiéndolas en planchas de plástico transparente, mientras Herrera pintaba palotes en una hoja. Ambos simulaban trabajar, siguiendo la inveterada costumbre periodística de emborronar cuartillas cuando no afluyen las ideas y se quiere dar la sensación de estar ocupado en algo provechoso.

—Creo que ya lo tengo —anunció por fin Pablo.

Los dos presentes volvieron la vista hacia él.

—«Un segundo antes de morir.»

Ponderado y con buen criterio periodístico, como siempre, el redactor jefe advirtió que era un titular poco informativo.

—No importa —replicó Pablo—. Cuando salgamos a la calle la gente estará harta de oír por la radio y la televisión que ha habido un atraco con muertos en la calle Serrano. Hay que echar pitanza a los tiburones.

—Que una frase así llama la atención, no hay ninguna duda —admitió Herrera, un poco amilanado—. Es dinamita pura.

—Que vaya a toda página, justo debajo de la foto. Encima, con una orla negra y en mayúsculas, hay que poner la palabra «EXCLUSIVA» y al lado, entre paréntesis, un uno en números romanos.

Una vez decidida la portada, Pablo dejó el resto en manos de los habituales, limitándose a recordar que era imprescindible publicar una serie de fotografías, puestas en orden cronológico y con textos explicativos al pie, en los que se contara gráficamente «la película de los hechos».

Antes de ausentarse pidió a Nuria que le entregase las planchas de diapositivas.

—¿No te importa, verdad?

La reportera no tenía opción. Ya de pie y con las fotos bajo el brazo, Pablo volvió a recalcar que en ningún caso podía aparecer impresa la imagen del falso ciego.

—Te responsabilizo a ti de ello.

Con el dedo índice enhiesto y las cejas alzadas miró unos segundos a Herrera antes de marcharse.

La rotativa estuvo funcionando ininterrumpidamente desde las diez de la noche hasta las siete de la mañana. Se imprimieron 150.000 ejemplares y al mediodía del domingo, cuando el jefe de Distribución terminó de hacer sus proyecciones con los datos aportados por una treintena de kioskos, habían vendido la mayor parte de la tirada.

Excitado y con los ojos febriles, como si acabase de esnifar una raya de cocaína, Pablo entró en la redacción. Al pasar junto a la sección de Nacional escuchó el timbre de un teléfono y lo descolgó. Era un lector, que llamaba para protestar por una errata en un pie de foto. Lo despachó aconsejándole educadamente escribir una carta.

El trato agreste que los periodistas dispensaban a cualquier lector que se molestase en llamar para hacer una puntualización o manifestar una queja, unido a su laxitud con los teléfonos, le sacaba de quicio. Eran capaces de aguantar el incordio de los timbrazos durante minutos y no descolgar.

Inmediatamente comenzó a organizar la edición del día siguiente. Convocó un cónclave restringido en el despacho de Justino, al que, aparte del «staff» habitual, sólo fueron invitados Herrera y Nuria. Sin el menor protocolo, Pablo se sentó en la silla del director.

—Hay que aprovechar el impulso. Tenemos que salir vendiendo a todo trapo la segunda parte de nuestra exclusiva y dando caña, mucha caña.

Sonó el teléfono. Justino desplazó el brazo para descolgar pero Pablo se le adelantó. Enfurruñado, advirtió que no pasasen llamadas al despacho hasta que no concluyera la sesión.

—El problema es que no tenemos nada nuevo —argumentó con voz de ultratumba Herrera—. Hemos gastado ya toda la pólvora.

El redactor jefe había bebido lo suyo la noche anterior y tenía una jaqueca de espanto. Aunque la foto de Nuria había recibido todas las alabanzas, Herrera había firmado el reportaje principal. Era a él a quien atribuían el mérito de la exclusiva los colegas y había celebrado su éxito como se merecía.

—Todavía nos queda un poco de pólvora y vamos a hacer unos buenos fuegos artificiales.

Pablo proyectaba un optimismo contagioso. Era un galvanizador de voluntades. Les hablaba como si todo dependiera de ellos, como si el futuro se extendiera ante *La Crónica* como una alfombra roja iluminada por focos y sobre la que se pudiera avanzar con ligeros pasos de baile. Consiguió que hasta el resacoso Herrera aguzase el oído.

—Oficialmente, se ha hecho público que los dos muertos de la joyería eran presos de Carabanchel. Lo que nadie sabe es que llevaban unos meses aprovechando los permisos de salida de fin de semana para atracar.

Nuria soltó una interjección impropia de una dama. Hasta el siempre discreto Justino abandonó su natural cautela.

—¿Cómo lo sabes?

—Lo sé y basta. Mañana tenemos que salir con eso a toda pastilla. Hay que hacer un editorial dando estopa. Habida cuenta del relajo existente en el sistema penitenciario español, a un preso le basta no zurrar a los funcionarios, que no lo sorprendan planeando una fuga y no lesionar gravemente a otros internos para recibir la calificación de buena conducta. En cuanto pasan al segundo grado tienen la posibilidad de recibir visitas y comunicaciones «vis a vis» con sus novias. Hasta les dan condones que paga el contribuyente para que follen seguros.

Repetía como cosecha propia lo que había escuchado de labios de Quique en más de una ocasión.

—A algunos les dejan irse de vacaciones y salir los fines de semana. Luego se extrañan de que muchos se fuguen —concluyó Pablo.

—Hay que tener en cuenta que el objetivo de la cárcel no es destruir al delincuente sino recuperarlo para la sociedad —comentó mansamente Justino—. Puede parecer chocante, pero es legal.

—La gente normal, que es para la que hacemos *La Crónica*, no entiende esas cosas y mucho menos cuando comprueba que los presos a los que se pretende recuperar para la sociedad son unos hijos de puta incorregibles, que atracan joyerías y asaltan gasolineras con escopetas de cañones recortados.

Visto el sesgo de la conversación, Justino intentó darle un giro orientándola hacia aspectos puramente profesionales.

—Un personaje que no hemos tocado y que puede dar juego es la mujer del abrigo de visón. Habría que entrevistarla.

—¿Sabe alguien cómo se llama? —preguntó Pablo.

Ante el silencio general, propuso que Nuria se encargase de localizarla, de hacerle fotos en su casa y de hablar con ella.

—Hay por lo menos una decena de fotos del atraco en las que aparece. Di al laboratorio que saquen copias ampliadas de su cara y las usas para ilustrar tu artículo.

—Te quedaste tú con las diapositivas —dijo Nuria.

—Es verdad. Entonces déjalo. Ya lo arreglo yo en cuanto terminemos la reunión.

—¿Sigo con la del abrigo? —preguntó Nuria con cierta desgana.

—Pues claro —exclamó Pablo—. Que sea algo en plan testimonio personal, en donde la mujer cuente lo que sintió, su pavor y todo lo que ocurrió en el interior de la joyería. Hay que mezclar eso con la faceta de hogareña madre de familia. Lo mismo con las fotos.

—Yo preferiría que hiciera otro lo de la mujer del visón y encargarme de algo con más peso.

—En este negocio como en la guerra no hay género menor. Todo es fundamental y todo pesa —le interrumpió Pablo—. ¿Qué cosa de peso quieres hacer?

—Los atracadores.

—Para eso hay que ir a ver a la policía y pasarse por los juzgados y creo que es mejor que lo haga Herrera. Él tiene fuentes y se ha movido mucho en ese mundillo.

—Yo también me puedo mover y, además, los domingos no trabaja nadie en los juzgados.

Había un amago de reto en la mirada de la reportera que no pasó desapercibido a ninguno de los tres varones.

—Dedícate hoy a lo de la mujer. Hazlo como tú sabes y cuando vuelvas y hayas escrito, hablamos —sentenció Pablo, con un tono que esperaba pusiera punto final a la discusión—. Puedes empezar cuando quieras.

Era una invitación a marcharse y Nuria no se llamó a andanas.

En cuanto salió la fotógrafa de la habitación, Pablo se volcó en Herrera. Encargó al redactor jefe hacer un perfil de los dos muertos y reconstruir detalladamente sus correrías.

—En portada vamos a titular «Atracadores de fin de semana»...

En ese momento llamaron de centralita para informar de que don Laureano Terceiro había telefoneado dos veces. Era una imprudencia del empresario y Pablo pensó que no debía acentuarla hablando con él en público. Subió a su despacho y marcó el número de la casa de La Moraleja. Supuso correctamente que, al ser día festivo, no estaría en la constructora ni dando vueltas por las obras.

Terceiro tardó en ponerse y, mientras hablaba, parecía estar escuchando lo que le decía alguien.

—¡Vaya notición!

—Pues todavía no has visto nada.

—¿Hablas en serio?

—Sí —contestó Pablo lacónicamente.

—Tiene cojones que esto empiece a funcionar cuando lo vamos a vender.

—A lo mejor no había que venderlo.

Por quiméricas que fueran sus ilusiones, Pablo creía en ellas a ciegas. Se había encariñado con *La Crónica* y comenzaba a verla como una criatura suya. Decidió no prestar atención a las palabras de Terceiro. Si pensaba demasiado en el acuerdo de recompra que él mismo se había empeñado tenazmente en firmar y del que estaba ya arrepentido, perdería fuelle. Lo engulliría el abatimiento como las arenas movedizas de las películas de su infancia devoraban a los enemigos de Tarzán en la apocalíptica secuencia final. Quería salirse con la suya y para ello necesitaba conservar todas sus energías y la mente lúcida y afilada como un bisturí.

—¿Qué te ha parecido la foto de portada?

—Estupenda —respondió el empresario.

—¿De veras?

Era uno de los dones de Pablo. Hacer que su interlocutor se encontrara interesante a sí mismo en virtud de la curiosidad que el otro mostraba por él y sus opiniones.

—Sí... A propósito, ¿por qué no te animas, coges el coche y te vienes a comer con nosotros? —propuso Terceiro.

A Pablo le apetecía ver a Alicia, pero su posición en *La Crónica* era todavía demasiado volátil para hacer tonterías. Resultaba morboso ir de invitado a su casa, pero no le convenía acercarse por La Moraleja.

—Voy a estar muy ocupado.

Debía confiar en su instinto. A fin de cuentas había sido pulido por años de dura experiencia. Sabía que su lugar, en un día como ése, no estaba en almuerzos de compromiso sino al pie del cañón: en el periódico.

A falta de una foto con el gancho de la del brazo del falso ciego a punto de descerrajar un tiro al de la cazadora negra, Pablo optó por una portada fundamentalmente tipográfica. Ya había verificado el buen resultado que daba apelar a las bajas pasiones de los lectores y estructuró una primera página en la que primaban las palabras sobre la imagen.

Todo, desde los titulares hasta los cuadros estadísticos, pasando por el editorial y los reportajes, iba encaminado a remachar que los delincuentes campaban a sus anchas.

El emotivo testimonio de la mujer del abrigo de visón, que resultó ser esposa de un cardiólogo, tener cinco hijos y haber ido a la joyería a buscar una sortija de pedida para su futura nuera, reforzaba la idea de que cualquiera podía ser víctima de los desaprensivos.

Nuria había terminado de escribir y entregado la entrevista a las siete, pero Herrera le pidió que le echase una mano en la edición de sus páginas. Estuvo ocupada hasta las nueve. Salió de la redacción decidida a irse directamente a casa, darse un baño de espuma, pedir la cena al Telepizza y dormirse acunada por la televisión, para intentar recuperarse del atosigamiento de las últimas 48 horas. Estaba ya dentro del ascensor, frente al panel de botones, cuando cambió de opinión. Pulsó el del tercer piso, por si había suerte y Pablo todavía no se había marchado del edificio.

Arriba estaban encendidas las luces pero no había nadie. El personal de Administración y los de Publicidad no solían trabajar los domingos y la segunda planta permanecía vacía. En la «noble» ni siquiera estaba la secretaria minifaldera. Pablo se encontraba en su despacho, con la puerta abierta y enredando con el ordenador. Al atisbar a Nuria en la antesala, le hizo señas para que pasara y se pusiera a su lado.

—¿Sabes lo que es eso? —dijo, indicando con la boca hacia la pantalla.

Era el texto de la entrevista a la mujer del abrigo de visón. Nuria se sintió lisonjeada e intranquila a la vez. Hay pocas cosas que irriten tanto a un periodista de raza como que alguien se plante a su espalda y se ponga a leer, por encima de su hombro, lo que escribe en el ordenador. Aquello no llegaba a ese extremo, pero Nuria habría preferido que Pablo hubiera esperado a ver su trabajo impreso en el periódico y arropado por las fotos.

—¿Qué te parece? —tanteó un poco insegura.

—Está muy bien.

Pablo accionó sucesivamente varias teclas para traer a la pantalla otros textos. Cuando se cansó del juego despidió el programa y apagó el ordenador.

—¿Cómo estás?

—Bien, pero podría estar mejor.

—No te quejarás. Eres la estrella del periódico.

—Tampoco es eso. Hoy, lo bueno de verdad era la historia de los atracadores y se la has dado a Herrera.

No sólo era descarada. Era inteligente y agresiva. Bajo su apariencia de niña mimada latía un desmedido afán de triunfo y un feroz espíritu competitivo. Pablo presentía que le podía ser muy provechosa y por eso, ya de pie y a punto de despedirse, le preguntó:

—¿Tienes trabajo para mañana?

—No.

—Hay un tema muy bueno que puede dar para abrir el periódico varios días.

—¿Cuál?

—No puedes contarle nada a nadie.

—¡Venga! —instó ella expectante.

—¿Me lo juras?

—Te lo juro.

—El tercer atracador. El que huyó en el coche.

—¿No me digas que sabes dónde está?

—No lo sé pero lo puedo saber.

—¡Sería fantástico!

—Tengo que hacer unas gestiones —explicó Pablo—. Ya te contaré.

—¿Cuándo?

—No seas impaciente. Mañana o pasado mañana.

—¡Eres un cielo!

Estaban en medio del despacho y Pablo la cogió por la cintura y la atrajo hacia sí. Seguramente sólo pretendía ser un achuchón amistoso, pero Nuria echó la cabeza hacia atrás. Entreabrió los labios y él, ya puesto en faena, le metió la lengua hasta dentro.

Ella movió la caderas, se rozaron y Pablo notó cómo empezaba la erección. Sin hablar, cerró la puerta con el pie y empujó a la muchacha hacia el sofá. Follaron a lo bruto, como dos seres primitivos y sin quitarse la ropa.

Al concluir, Pablo reaccionó con extraño pudor, como si el intenso placer anterior hubiera dejado un hueco enorme y ese vacío hubiera sido llenado por la culpa.

—Esto no ha ocurrido, ¿de acuerdo?

La voz de Pablo todavía no era clara.

—No.

—No debe volver a ocurrir.

—No.

—Si trasciende a la redacción sería un desastre. Para mí y para ti.

—Ya lo sé.

Nuria sonrió concupiscente.

—¿Y no dices nada? —susurró Pablo.

Era una pregunta absolutamente idiota, pero a ella pareció no preocuparle ni poco ni mucho. Pablo se sintió un poco ridículo y soltó la primera estupidez que le vino a la mente.

—Lo haces muy bien.

—Tú también.

—Mañana no subas a verme. Llámame desde la redacción y yo te digo.

—Tampoco es para que me tengas miedo —se burló ella.

No estaba despechada, pero le cargaban tantas prevenciones.

—Por mí no te preocupes. Tengo lista de espera y no necesito ir corriendo detrás de los tíos.

—No seas tonta. Tú sabes que me encantas, pero prefiero que no subas para que no se mosqueen abajo. ¿Vale?

—Vale —concedió Nuria.

Era deliciosamente perversa. En el fondo de su corazón, a Pablo le aliviaba que alguien tan retorcido y calculador estuviera junto a él en el embrollo. Uno de los tópicos que más había escuchado sobre los periodistas era su supuesta tendencia a padecer la enfermedad de las tres «D»: dipsómanos, depresivos y divorciados. Empezaba a pensar que la competencia aparejada al trabajo en prensa también podía producir desequilibrios sexuales.

Nuria le recordaba al personaje que encarnaba la exótica Faye Dunaway en *Network*. Se trataba de una chica que quería subir a la cima a toda costa. Para ello se ligaba a su jefe, Max Schumacher, al que luego sustituía. En el sexo era como un hombre. Tenía «orgasmo precoz». Alcanzaba tan rápido el placer pleno que su pareja no llegaba a disfrutar. Una vez fornicado, le faltaba tiempo para vestirse. Y para colmo, mientras hacía el amor, sólo hablaba de trabajo. Era lo único que la excitaba.

La diferencia con Nuria era que ni aspiraba a sustituirle ni se pasaba el polvo hablando de periodismo, pero era tan deslenguada y sexual como la protagonista de *Network*. Acompañó a la fotógrafa hasta el ascensor, la volvió a besar y retornó a su despacho para telefonear a Quique.

Si había una vía para localizar al tercer atracador, antes de que lo encontrara la policía, pasaba por Salustiano Suárez. Lo de la joyería había salido redondo. El amiguete del inspector jefe y los «maderos» de la Brigada Antiatracos debían estar encantados con sus millones de pesetas y además habían sido felicitados por el

Director General en persona. Nadie había preguntado, al menos expresamente, cómo era posible que tres policías perfectamente armados estuvieran justo frente a la joyería cuando salían los atracadores. De la existencia del «ciego», los únicos que parecían saber algo eran él, Nuria y Herrera.

—¿Salustiano?

—Al aparato —respondió con flema el gordo.

—Soy Quique Solana.

—Le estoy escuchando.

—Vaya carácter...

—Usted dirá.

Cuando Salustiano Suárez hablaba así significaba que había alguien pegado a sus talones. Lo más probable era que se tratase de algún inspector de la Comisaría de Universidad, pero era evidente que no se fiaba del visitante y prefería que no se enterase de quién le llamaba.

—¿Tienes ganas de picar algo?

—¿Que le han robado el coche?

—¡Joder! ¿Qué si quieres cenar conmigo?

—¿Dónde ha sido?

—Tengo mesa en Viridiana para las diez y media. ¿Te hace?

—¿Dónde ha dicho?

—Anímate que es un sitio fino. Queda en una bocacalle de Alfonso XII, muy cerca de la Puerta de Alcalá.

—Conozco el sitio. Enseguida mandamos a alguien. No se mueva.

—Date prisa y deja de hacer el payaso.

—Buenas noches.

Se sentaron a la izquierda de la puerta y comenzaron con sendos cócteles de ginebra Bombay con zumo de pomelo. Quique se empeñó en romper el fuego con dos tostadas de foie de oca, acompañadas por la preceptiva copa de Château D'Yquem y que compartieran al principio con una ensalada de angulas y unas trufas negras con pan de payés. Quería impresionar a Salustiano; que se sintiera agasajado.

Remataron con carne de avestruz y con lomo de ciervo con ciruelas, picando cada uno en el plato del otro. Todo regado con un Château Margaux del 85 y con rosado Cristal Roederer del 83. Hasta el postre, una mousse de vainilla que acompañaron con copas de Pedro Ximénez Venerable, no entraron en materia.

—¿Sabes dónde está el tío?

—Seguro, seguro... no lo sé.

—¡Salustiano! Que te conozco como si te hubiera parido.

—Te hablo en serio. Creo que sé por dónde puede andar y cómo cazarlo, pero no tengo la certeza absoluta. ¿Tendrán aquí tabaco?

—Supongo.

—Pues di que traigan los puros y ya hacemos un refrigerio completo.

—¡Qué sibarita te has vuelto!

Cogieron de la caja dos «Perfectos» de Partagás, cuya humareda impidió a los ocupantes de las mesas vecinas distinguir la marca del calvados que solicitaron a continuación. Una vez resuelto el trámite de las copas y los habanos, Quique retornó a lo que le concernía.

—Tú me estás ocultando algo.

—No. Te aseguro que no.

—Escupe y no te hagas el interesante.

Salustiano vacilaba.

—El coche apareció ayer junto al estadio del Rayo Vallecano, pero del pájaro y de las joyas no hay ni rastro. Por si le entra morriña hay un retén vigilando la casa de su familia. Tenemos también un par de vehículos «K» dando vueltas por el barrio las veinticuatro horas, aunque no creo que se consiga gran cosa.

—Yo, si fuera él, tampoco me escondería en mi propia casa —comentó Quique.

—¿Dónde lo harías?

—Dímelo tú, que eres el que sigue en activo.

Salustiano se entretuvo rellenando las copas para alargar el suspense.

—A ver... piensa. No puede ir a su casa. Tampoco puede alojarse en un hotel. Los compinches de Carabanchel están criando malvas. No tiene un duro y anda con el mono. Pero lleva un montón de joyas y conoce a alguien que, además de ser amigo suyo, compra diamantes, oro o relojes y vende droga.

—El perista.

—Efectivamente.

—Dime su nombre.

—¿Para qué lo quieres saber?

—A mí me la suda, pero Pablo está empeñado en seguir esta historia hasta el final y hasta que no lo consiga me va a volver loco.

—Ciudadano Pablo-Kane a la caza de otra gran exclusiva. ¿No?

Quique asintió, aparentando resignación.

—En esta jodida profesión de policía, como en la de ladrón, hay dos formas tradicionales de cagarla. Una es la del novato. Llevas poco tiempo, todavía no sabes moverte y te empitonan en el estreno, sin darte tiempo a aprender las mañas del oficio.

Salustiano hablaba con una pachorra desquiciante, con el mismo talante engañosamente perezoso que imprimía a casi todo.

—Otra posibilidad, la más frecuente, es caer víctima de la ley de probabilidades. El conocido refrán de tanto va el cántaro a la fuente...

El inspector jefe apuró el vino de su copa.

—Tengo los huevos negros del humo de mil batallas para que me pillen de pardillo. La cagué por imprudente cuando estaba en la Brigada de Estupefacientes y no quiero que me vuelva a pasar.

—Tú no tienes que hacer nada. Basta con que me digas quién es el perista y dónde se le puede localizar.

Salustiano parpadeó simulando perplejidad.

—Irse al hoyo por un desaguisado propio es jodido, pero ni la décima parte de lo que sería pringarla por algo que te la sopla y en lo que no tienes nada que ganar.

—Algo te caería y no estoy hablando de calderilla.

El inspector contorsionó la cara.

—Te juro que no tengo el mínimo interés en engrosar el dilatado y heroico batallón de funcionarios caídos en acto de servicio a la prensa.

—Es imposible que alguien se entere de que el cante proviene de ti. No tienes contacto alguno con *La Crónica*. Tú me lo cuentas a mí, yo se lo paso a Pablo y él transmite la información a sus reporteros de confianza. Si funcionó a la perfección en el atraco a la joyería, volverá a funcionar.

—No se debe tentar a la suerte.

—Un poco de emoción tampoco hace daño y sobre todo si llega acompañada de unos milloncetes.

—El perista es ahora confidente mío, como sabes, y si lo encaloman con el atracador en casa, estamos jodidos. No es de los que aguanten mucho y al segundo soplamocos derrotará lo que sabe y lo que se imagina.

—Los muertos no cantan.

—¿Cómo?

—Habla con tu amiguete. Supongo que todavía no han tenido tiempo para fundirse lo que ganaron en la joyería, pero no les vendrá mal un poco más de «tela». Que le den matarile al que queda.

—¡Tú has perdido la chaveta!

—El chorvo que escapó de lo de Serrano anda con una recortada y no creo que los que vayan a buscarlo lleguen a la casa tocando el timbre y con bombones. Tú le das el soplo al «nota» que dirigió lo de la joyería. Raro será que en el despelote no se escapen un par de tiros y que uno vaya a parar al de la escopeta y el otro le pegue en el tarro al encubridor.

Quique alzó la mano con el dedo índice estirado.

—Todo después de informar puntualmente a tu primo Enrique Solana de la hora, de los actores y de la sala en que se proyectará la película. Y por esa menudencia, otros seis kilos: tres millones para ti y tres para que tu amiguete le dé una alegría a sus colegas.

Por la expresión de su rostro, Quique supo que Salustiano había picado. Ahora sólo se trataba de recoger sedal.

12. EL PERISTA

La frase favorita del difunto Robert Capa, uno de los mejores fotógrafos de prensa de la historia, era *if it's not close, it's not true*. En otras palabras y en castellano, algo así como que el meollo de la veracidad en una foto periodística estriba en la cercanía al objeto. Una vez formulado el principio general, lo intrincado es llevarlo a la práctica.

El sempiterno dilema, como Capa tuvo ocasión de experimentar fatalmente en Vietnam y Nuria estuvo a punto de comprobar en carne propia en la madrileña plaza del Dos de Mayo, es que demasiado lejos no se consigue una imagen digna de ser publicada y demasiado cerca no queda salud para contarlo. Faltó el canto de un duro para que pegaran un tiro a la reportera y todo por demostrar que era tan buena y tenía tanto valor como el más avezado de sus compañeros varones.

Nuria estaba convencida de que, mientras siguiera a la sombra de Herrera, no iba a brillar con luz propia. Toda la profesión le atribuiría a él el mérito de cualquier hazaña que apareciera en *La Crónica* firmada por ambos. Fue por eso por lo que puso morritos de enfado y echó una despectiva mirada al sofá donde se había revolcado la noche anterior cuando llegó a la tercera planta y encontró allí al veterano redactor jefe.

Pablo había estado trabajando desde muy temprano. Ni siquiera había dejado que las mujeres del servicio de limpieza asearan su despacho. En contraste con el orden habitual, había periódicos diseminados por el suelo, colillas en los ceniceros, papeles por todos lados y una taza de café con restos de líquido sobre la mesa.

—No había visto devastación semejante desde el accidente nuclear de Chernobil —comentó Nuria tratando de poner buena cara al mal tiempo—. ¿Cómo se puede ser tan desordenado?

—Para no desentonar con el desastre que tenéis siempre en la redacción.

Tras el intercambio de agudezas, Pablo cogió la batuta. Recalcó que era esencial mantener el secreto y transmitió a la reportera y al redactor jefe, debidamente filtrada, la información que le había pasado Quique.

—El perista es la clave —explicó—. Fue él quien planeó todo. Lo más probable es que el atracador que escapó en el tiroteo de la joyería haya ido a buscarlo para pedirle ayuda y esté ahora con él.

—¿Y la policía no interviene? —dijo Nuria con languidez.

—Los de Antiatracos están investigando, pero no saben nada... todavía —respondió Pablo evasivo.

Les escamoteaba datos, pero la forma de rematar la frase auguraba algo interesante y Nuria y Herrera estiraron el cuello.

—No sé si detendrán al relojero ni cuándo piensan registrar su tienda pero, por si acaso, os tenéis que ir para allá lo antes posible.

—¿Los dos? —preguntó capciosa la reportera.

Había más decepción que rencor o antipatía en sus palabras y Pablo la miró con afecto.

—Sí, los dos.

Al ver que se le agriaba la cara, añadió con gesto paternal:

—Salió muy bien lo de Serrano y quiero que sigáis trabajando juntos. ¿Habéis devuelto la furgoneta?

—Todavía no —dijo Herrera.

—Pues lleváosla para allá. La aparcáis en un buen sitio y a esperar. Es fundamental que el relojero no se dé cuenta de que lo estamos espiando.

—El problema no es que el menda ese se dé cuenta, sino que se nos mosquee el vecindario —comentó Herrera—. Esa zona está infestada de camellos, porque hay mucho trapicheo de droga.

El riesgo mayor es que nos confundan con policías y nos monten una pajarraca.

—Siempre existe la posibilidad de comprar unas chinas o unas rayitas y colocarnos a cuenta de la empresa; sólo para disimular. ¿Eh? —bromeó Nuria.

—Hacedlo como os parezca, pero no quiero volver a veros la cara hasta que no traigáis un reportaje de los que quitan el aliento. Os lo he puesto en bandeja. Con estos antecedentes muy mantas tendríais que ser para no escribiros una historia de impresión. Alzó las cejas, por si había alguna duda.

—Son las once y cuarto y si os espabiláis podéis estar allí en media hora. No hace falta que os recuerde lo importante que es la confidencialidad. No comentéis nada a nadie. Si os pregunta algo Justino, decidle que vais a hacer un reportaje encargado por mí. Que yo he dicho que ya hablaré con él. No os olvidéis de parar por el camino en Mallorca o donde os plazca, para comprar bebidas y algo de comer.

Apuntó con el dedo a Nuria y añadió:

—Esto sí lo paga la empresa.

Ella puso cara de niña traviesa.

—¿Cuánto tiempo tendremos que estar allí?

—Lo que haga falta. Hasta que llegue la policía a arrestar a los cacos.

Los de Antiatracos aparecieron a las tres de la tarde, pero no con intención de detener a nadie. El amigo de Salustiano y sus hombres se desplegaron con discreción en la plaza. Tan comedidamente que ni Herrera ni Nuria se dieron cuenta.

Hacía demasiado frío para que no llamase la atención un desconocido sentado en uno de los bancos o sesteando al lado del monumento a los héroes de la sublevación madrileña contra los franceses de Napoleón, el 2 de mayo de 1808. Tres de los agentes se distribuyeron por los locales próximos. El cuarto optó por el camuflaje.

Al jefe le chiflaban los disfraces. En Serrano se había vestido de vendedor de la ONCE y ahora iba caracterizado de empleado municipal. Llevaba un mono verde y conducía uno de esos ciclomotores del Área de Limpieza del ayuntamiento que tienen adosada una voluminosa caja blanca en el asiento trasero, a la que va conectado un aspirador para recoger excrementos de perros y otras porquerías.

El muchacho rubio, alto y con el pelo largo que llevaba bajo el brazo varios libros era quien había estado bajo la marquesina del autobús de Serrano. Pasaba perfectamente por uno de los numerosos estudiantes extranjeros que dan ambiente cosmopolita al casco antiguo de Madrid y sobreviven media tarde con un café con leche. Los otros dos policías se hacían los acaramelados en el interior de un bar desde el que tenían visión directa a la entrada de la relojería. Él era grandón, tenía un entrecejo digno de un *aparatchik* soviético. Aparentaba unos treinta años y había estado dentro del coche durante el rifirrafe de la joyería. La única nueva era ella. Llevaba el pelo cardado y parecía una cajera de supermercado. No era la hora en la que la zona se llena de novios, maleantes desocupados y parados juveniles, pero no les costó fundirse con el paisaje.

La operación no parecía arriesgada. A diferencia de lo ocurrido en la joyería de Serrano, en la Plaza del Dos de Mayo sólo había un delincuente armado y probablemente no ofrecería resistencia. La incógnita era si estaba o no escondido dentro de la tienda.

Había indicios de que el atracador utilizaba el lugar para dormir, pero cuando se tiene miedo cuesta quedarse quieto. No se podía descartar que saliera de vez en cuando a darse un garbeo o a buscar algo. No quedaba otro remedio que esperar y, al igual que los periodistas, los policías se aprestaron para una larga vigilancia.

Si el amiguete de Salustiano no hubiera estado atareado tratando de hacer funcionar la «motocaca», quizá habría reparado en que el vehículo azul, aparcado enfrente de la tienda, se parecía como dos gotas de agua a la furgoneta con los cristales tintados que atascaba el carril-bús de Serrano cuando emboscaron a los de Carabanchel. El día de la joyería se había fijado en ella porque le obstruía parcialmente la visión del coche del colega, que esperaba con la radio encendida a que aparecieran los atracadores. Cuando se opera a corta distancia no se deben utilizar transmisores de radio ni audífonos. Llevar un objeto de plástico con forma de «sonotone» encajado en la oreja o un cable colgando de la chaqueta canta demasiado. Hay que comunicarse con los ojos y la furgoneta de marras le había estorbado bastante.

A pesar de eso, y ni siquiera concluida la acción, se dio cuenta de que habían estado todo el rato dos periodistas en el interior del vehículo. Tras el tiroteo de Serrano, cuando descubrió a Nuria y a Herrera, pensó que acababan de llegar.

En la Brigada se quedaron pasmados veinticuatro horas más tarde, al ver la portada de *La Crónica*, pero él, aliviado porque lo único que aparecía suyo era el brazo derecho hasta la articulación del codo, aseguró con firmeza que las fotos estaban hechas con un teleobjetivo. Insistió en que las habían tomado desde lejos y todo el mundo dio por buena esa versión. Incluido él.

Fue una suerte el que Nuria hubiera forzado la película. A la reportera se le abrían las carnes ante la sola posibilidad de que las fotos le salieran movidas. Necesitaba tener margen y disparar a la mayor velocidad de obturación posible. Por eso subió un paso el film. Si se marca en la cámara una sensibilidad superior a la que indica el fabricante en la caja, es necesario mantener el negativo más tiempo en los líquidos de revelado. Eso aumenta el grano de la copia y produce un efecto visual similar al que resulta de utilizar un teleobjetivo.

El de Antiatracos había hecho un pacto con Salustiano. Sabía que el inspector jefe de la Comisaría de Universidad tenía un turbio apaño con alguien de *La Crónica*. Suponía que los fajos de billetes que le había dado procedían de las arcas del diario, pero eso se la fumaba. Probablemente no hubiera estado tan desinhibido de saber que había gente de la prensa por las inmediaciones pero, en cualquier caso, no cayó en el detalle de la furgoneta y periodistas y policías pasaron tres horas en la plaza del Dos de Mayo, mirando en la misma dirección a escasos metros de distancia unos de otros e ignorándose mutuamente.

El relojero vivía en la tienda. Tenía en el altillo una pequeña cocina de gas butano y un trepidante frigorífico, pero nunca comía en casa. Era un animal de costumbres y almorzó como casi siempre en El Hobbit, un restaurante popular enclavado a tres manzanas de distancia. Pidió el menú del día: macarrones con tomate, pollo en salsa, vino con gaseosa y una naranja. También tomó café y cogió un farias. La única alteración en la rutina fue que antes de marcharse encargó un bocadillo de lomo con pimientos, una ración de pastel de manzana y una botella de vino tinto. Las tres cosas para llevar.

La idea que el perista tenía de la elegancia era ponerse una corbata de seda espuria, un traje con hombreras y solapas anchas y mucha brillantina en el pelo, pero en el barrio se las daba de distinguido. Nuria no lo conocía, pero adivinó inmediatamente que era él cuando alrededor de las cuatro de la tarde observó a un sujeto atildado como un pincel encaminarse a la puerta de la tienda cascabeleando un llavero en la mano derecha y con una bolsa de plástico balanceándose a la altura de su rodilla izquierda. A pesar de la obvia estrechez de sus pantalones, de los zapatos de rejilla y de los calcetines blancos, parecía complacido consigo mismo.

—¿Lo has pillado? —preguntó Herrera con la boca llena.

Los nervios le abrían el apetito y no había parado de comer patatas fritas y de beber coca-cola desde que habían llegado.

—Sí, pero no de frente. No sé si le he cogido la cara.

—Qué le vamos a hacer.

Durante una hora no ocurrió nada destacable. Dos viejas, con aire de jubiladas y rancios abrigos con cuello de astracán, entraron en la joyería y volvieron a salir a los diez minutos discutiendo muy acaloradas. A las cinco y veinticinco, agobiado por la cantidad de líquido acumulado en su vejiga, Herrera anunció que salía a mear.

—No sé si hacerlo aquí, al lado del coche, como los taxistas.

—No seas cochino.

—Bueno... pues me voy a un bar.

—Aprovecha y me compras tabaco.

—¿Qué marca?

—Marlboro. Tráeme también algo de chocolate.

Si hay algo que deteste un tabernero de barrio es que la gente entre a orinar por las buenas en su establecimiento. Para poder usar los servicios de un bar popular es condición *sine qua non* consumir; lo que sea. Herrera, antes de internarse en el maloliente pasillo colmado de cajas de cerveza que conducía al retrete, se detuvo en la barra y pidió un café y una copa de brandy.

Justo en ese instante, mientras él preguntaba si tenían bolitas de M&MS, un joven moreno, vestido con una cazadora granate y de aspecto patibulario, cruzaba la calle y entraba en la tienda.

Un minuto después, mientras Herrera procedía a desabrocharse la bragueta, se producían en el exterior una serie de movimientos simultáneos: el falso empleado municipal arrimaba su «motocaca» al escaparate de la relojería, el rubio con pinta de estudiante extranjero enfilaba hacia la puerta de la tienda y el fortachón que pelaba la pava en el bar del otro lado salía a la calle acompañado por la chica.

A diferencia del macarra que les había precedido, el rubio y el barrendero irrumpieron en la relojería con prisa. Treinta segundos más tarde, coincidiendo con el momento en que el redactor jefe se la sacudía para no mojar el pantalón con restos de orina, sonó el primero de los disparos. Fueron cinco estampidos y todos muy seguidos.

A Nuria le parecieron taponazos. Había seguido la escena sin perder detalle y fotografiando escrupulosamente todo lo que pasó ante su objetivo, pero sabía que no tenía nada valioso en el negativo. Todavía no apagado el eco del último tiro, la reportera abandonó el coche como impulsada por un resorte. Se precipitó hacia la joyería, al tiempo que la pareja de «novios» de la Brigada Antiatracos, que estaba ya en mitad de la plaza, ejecutaba una maniobra similar.

Nuria iba en cabeza, pero no llegó ni a cruzar el umbral. En el cuadro de la puerta, antes de que hubiese tenido tiempo de echarse la cámara a la cara, alguien le asestó un tremendo golpetazo en la nuca. Cuando quiso darse cuenta estaba en el suelo y tenía el cañón de una pistola clavado en la concavidad de su hueso occipital.

—¡Como te muevas te frío!

—¡Periodista! ¡Soy periodista!

En la postura en que se encontraba, con medio cuerpo en la acera, otro medio en la tienda, noventa y cinco kilos de humanidad encima y la oreja izquierda comprimida contra una mugrienta baldosa, no podía distinguir el rostro del que la había atacado, pero sí a los dos muertos: el jovencito de las patillas, boca arriba y con los ojos abiertos; el relojero, derrumbado sobre el mostrador, como si estuviera buscando algún tornillo.

Nuria luchó contra el deseo de vomitar. No existe ningún tufo como el de la mezcla de sangre y excrementos. El hálito a cadáver era tan fuerte que casi se podía palpar.

—¡Soy periodista!

—¡Estate quieta, hija de puta! —ladró el policía que, hasta hacía sólo unos segundos, jugaba a los «novios».

Su compañera, todavía en el exterior, hablaba por el walkie con la central solicitando que enviaran a los del SAMUR con una ambulancia.

A lo largo de tres décadas de profesión, Herrera se había hartado de ver cadáveres: suicidas colgando de cañerías; traficantes de poca monta degollados y con marcas de tortura; pasajeros de avión convertidos en piedra pómez por el fuego del queroseno y conductores atolondrados despanzurrados entre la chatarra de sus automóviles. Nuria no. La primera muerte violenta de su vida la había contemplado una semana antes y fue desde un coche, en Serrano y a través del neutro objetivo de una cámara. Había sido algo brutal, pero el hecho de que la visión tuviera lugar desde la distante perspectiva del periodista, quitó bastante dramatismo al incidente.

Lo que tenía ahora delante era distinto. Siempre impresiona observar a un ser humano despojado del aliento vital y mucho más cuando está en medio de un charco de sangre y a tres palmos de la nariz de uno.

La voz de Nuria se quebró haciéndose casi un gemido.

—¡Me hace daño!

Notó una manaza hurgando en sus bolsillos.

—Vamos a ver qué pone aquí...

La voz de la reportera flaqueó de nuevo.

—¡Le juro que soy periodista!

—Ya lo veo y de *La Crónica*.

—¡Suélteme! Me está haciendo daño.

—Te soltaré cuando me salga de los cojones —fanfarroneó con saña el agente.

La plaza se empezaba a plagar de policías de uniforme y de guardias municipales que intentaban acordonar los accesos. Herrera no tardó en aparecer. El redactor jefe conocía de vista al amigo de Salustiano y todo el mundo parecía conocerle a él. A él y a Nuria, porque habían leído los reportajes de *La Crónica* y visto las fotos del atraco a la joyería. Al redactor jefe no le costó demasiado que dejasen ir a la reportera, pero se quedaron con su equipo fotográfico.

Para hacer las paces, viendo que el de la «motocaca» se había despojado del mono y parecía más relajado, Herrera le propuso que fueran a tomar algo al bar de la esquina.

—A mí sólo me gusta lo que tiene alcohol y estoy de servicio —respondió socarrón el policía.

—No seas soso —insistió con gesto dolido Herrera—. Necesito hablar contigo, aunque sea un minuto.

—¿Ahora? —preguntó el inspector, con tal presteza que se evidenció que la idea no le fastidiaba tanto.

—Ahora. Hoy por mí y mañana por ti.

—Un minuto, ¿eh?

—Vale.

No tenía sentido pretender que estaban allí por casualidad. Herrera era zorro viejo y, cuando el otro le preguntó cómo se había enterado, trató de escurrirse con el cuento de que le había dado el soplo un amigo del Gabinete de Prensa de la policía.

—Devuélvenos la cámara.

El inspector transformista estaba en plan compadre, pero se negó.

—Dad gracias a Dios que no os llevo detenidos.

—No seas borde, tío. Habéis hecho un servicio de cojón

de mico y os vamos a poner muy bien, pero necesitamos las fotos.

—Ya te he dicho que no.

Era un policía de telefilme, un tipo cuadrado, de manos grandes, ideas fijas y mirada implacable.

—Bastantes problemas he tenido con la foto que publicasteis el otro día. No quiero que mi jeta ni la de mi gente ande saliendo en los periódicos.

—Te prometo que no sacamos la cara de ninguno de los tuyos.

—¿Tampoco un brazo? —replicó sarcástico.

—Si te digo que no, es que no. Devuélvenos el material.

—No.

—Anda, sé bueno —ronroneó Nuria, que hasta entonces había permanecido en silencio.

El inspector se fijó en ella. No es que la chiquitilla fuera miss Universo, pero estaba estupenda. Emitía ese algo que le lleva a uno a imaginar perrerías de las malas... o de las buenas, según se mire. De las buenas o de las malas, en lo que hizo pensar al policía fue en guarradas.

—Te voy a devolver la cámara, pero me voy a quedar con el carrete —concedió el hombre, poniendo cara de duro pero al borde de la licuefacción.

—Te propongo un trato.

Nuria había adivinado los pensamientos del inspector y aprovechó para pasar a la ofensiva.

—Tú te quedas con el carrete que hay dentro de la cámara y además te voy a dar uno que tengo en el coche. Así te aseguras, hombre de poca fe, de que ni tu linda cara ni las de tus chicos van a aparecer en el periódico.

Antes de rematar su exposición, la reportera hizo deslizar una encantadora sonrisa sobre la húmeda barra del bar.

—A cambio de eso me dejas entrar otra vez en la tienda y hacer una foto de los cadáveres.

El inspector no pudo evitar la risa.

—Perdóname —se excusó.

—Te estoy hablando totalmente en serio —puntualizó Nuria.

El policía volvió a reírse, pero ahora sin ganas.

—Esa impresión me ha dado y precisamente por eso intento no tomármelo a la ligera.

—¿Qué dices?

—Que no.

—Por favor...

Nuria interpretaba a la perfección el papel de desvalida «lolita».

—¿Anda? No seas malo...

—Espera un momento.

—¿Sí o no?

—Sí... pero espera.

Salió del bar y regresó a los dos minutos con un agente de uniforme y la Nikon de Nuria.

—Yo estoy jugando limpio y espero que vosotros también lo hagáis.

—Tú sabes que sí —se apresuró a asegurar Herrera.

—A ella no, porque está muy buena, pero como haya un mal modo, a ti te arranco la cabeza —amenazó el inspector, traspasando a Herrera con sus oscuras pupilas.

La desinhibición de Nuria, dándole dos besos y anunciando feliz que iba a la furgoneta a buscar un rollo de película virgen y un flash, actuó como rompehielos.

El atracador que había escapado de Serrano tenía las patillas muy largas, de bandolero o rockero antiguo, y el pelo corto y ensortijado. Carecía de expresión. Su cara era como la cáscara de un huevo duro. Se le habían quedado paralizados los músculos faciales por la sorpresa. El joyero, con su traje barato y su bronceado artificial, parecía un dependiente de grandes almacenes recién llegado de unas vacaciones en Cuba. Nuria pensó en dos muñecos rotos.

Le permitieron tirar cuatro fotos a matacaballo y le ordenaron guardar la cámara. Cuando se estaba despidiendo del inspector aparecieron los del SAMUR. Los enfermeros corrieron hasta el cadáver que estaba más cercano a la puerta. A toda prisa, le dieron la vuelta, le desabrocharon la cremallera de la cazadora y le abrieron la camisa ensangrentada. Uno de los enfermeros comenzó a golpearle el pecho, sobre el corazón, en un vano intento de revivirlo.

A Nuria, la frenética actividad de los de la ambulancia le recordó las clases de primeros auxilios que les daban en el colegio, antes de salir de excursión con las monjas. Esas clases siempre le habían parecido una pantomima. Pensó que era el procedimiento habitual; lo que hay que hacer para cubrir el expediente, pero sabía que tanto ese sujeto como el otro estaban más «tiesos» que la mojama.

Ya camino del periódico, la reportera comentó a Herrera que le había chocado mucho un detalle. La primera vez, cuando el forzudo con cejas miembro de la «nomenklatura» rusa la espachurraba contra el suelo, uno de los cadáveres estaba boca arriba y el otro doblado sobre el mostrador. La segunda vez, cuando entró a hacer las fotos con el permiso del inspector, el cuerpo del suelo estaba de lado. Eso no fue lo que más le llamó la atención. Lo que la dejó estupefacta fue que el difunto de la cazadora granate empuñaba una escopeta con los cañones recortados. El otro «fiambre», el del mostrador, tenía una pistola plateada en la mano derecha. En la primera ocasión no había armas. De eso estaba completamente segura.

—¿Tú qué piensas? —preguntó Nuria.

—¿A ti te pagan por pensar?

—No —concedió la reportera con débil aliento.

—Pues a mí tampoco.

Herrera meneó la cabeza y le propinó un cariñoso cachete en el cogote.

—Lo único que sé, hija, es que Pablo va a dar saltos de alegría y que mañana vendemos la cosecha entera. Con la historia del relojero-perista-jefe de banda y las fotos de los difuntos vamos a pasar de los doscientos mil ejemplares.

13. EL DIPUTADO

Para *La Crónica*, la cuarta semana de febrero fue gloriosa. Había comenzado con la soberbia cobertura del atraco a la joyería de Serrano y culminó con el último capítulo de un serial sobre la banda del relojero-perista. Como había vaticinado Herrera, superaron los 200.000 ejemplares de tirada.

La euforia duró poco. Paulatinamente, pero con una cadencia mucho más vivaz de lo que Pablo hubiera deseado, menguaron las ventas. A mediados de marzo estaban otra vez batallando en torno a las 100.000 copias.

Desde octubre habían cuadruplicado la circulación del periódico. Era una hazaña que les colocaba como quinto diario nacional, pero a Pablo le producía frustración avanzar tan pausadamente. Su canon existencial, ya desde la adolescencia, era que había que vivir como si cada día pudiera ser el último. En cualquier caso, no era tan inconsciente como para no discernir que la prisa y el peligro son inseparables.

Al llegar al kiosko mucha gente empezaba a acostumbrarse a echar una ojeada a los montones de periódicos para husmear qué anunciaba en portada *La Crónica*. Si había una exclusiva con gancho o algo realmente morboso, muchos se llevaban un ejemplar, a menudo envuelto en su respetable, sesudo y «políticamente correcto» rotativo habitual.

El problema de *La Crónica*, al margen de su tinte «amarillo», era la penuria de exclusivas. En cuanto disminuía la tensión informativa, bajaba en picado la venta. Siempre, después de cada subida espectacular, quedaba pegado un poso de varios cientos de compradores, pero el aumento global en la circulación era más lento y arduo de lo que podía soportar un alma voraz como la de Pablo Ruiz. El flamante editor ejecutivo quería más. Lo quería todo. Había catado la copa del triunfo y ya no se conformaba con un sorbo. Tenía que apurarla hasta las heces.

Para disgusto suyo, había aparecido un grupo editorial de provincias dispuesto a comprar *La Crónica*. Este grupo regentaba una docena de publicaciones regionales. Todas con sólida implantación local, buena cartera de publicidad y una economía saneada. De lo que carecía era de un medio de comunicación de difusión nacional y *La Crónica* podía ser su soñada cabeza de playa en Madrid. No era el periódico ideal pero, tras la «cirugía de hierro laboral» y los éxitos informativos de la temporada última, no parecía un mal negocio.

—Ahora no es momento de vender. Pueden convocar elecciones generales en cualquier momento. Probablemente lo hagan antes de tres meses y para entonces podemos estar en más de doscientos cincuenta mil ejemplares —dijo Pablo.

—En doscientos cincuenta mil o en quince mil —replicó Terceiro con gesto escéptico—. La codicia rompe el saco.

—Está claro que hay un hueco en el mercado y que hemos encontrado la fórmula para llenarlo.

—Pablo... que en los negocios como en el póquer hay que saber retirarse a tiempo —reiteró inflexible el empresario—. Han dejado de darme palos, pero el peligro sigue ahí. Quiero deshacerme de esto y cuanto antes. Por lo que se refiere a ti, no tienes por qué preocuparte. Firmaste como editor por un año y, aunque sólo han transcurrido cinco meses, vas a cobrar íntegro el sueldo de un año; pase lo que pase.

—Yo no me metí en esto por un sueldo.

Por un momento Terceiro parpadeó sin comprender. Sintió

un latido en la sien. Era una reacción inevitable cada vez que algo no casaba. Miró a Pablo con severidad y le espetó:

—No sólo por un sueldo, porque te has llevado también unos cuantos millones de propina.

—No tendrás la vergüenza de echármelo en cara. Lo que yo he hecho vale mucho más que eso.

—Un trato es un trato.

—A eso quería llegar yo. No se te habrá olvidado que legalmente las acciones son mías.

—Ni a ti que existe un contrato de recompra, perfectamente válido, que firmamos porque te daba pánico coger las riendas tú solito.

—Si estabas decidido a dejar que *La Crónica* se fuera por el sumidero y has pasado un montón de meses tratando de deshacerte del periódico, no entiendo por qué ahora te importa tanto.

Terceiro pegó un bufido.

—Porque los catalanes, además de estar dispuestos a hacerse cargo de todo, me ofrecen quinientos millones. Dámelos tú y quédate con el periódico.

—Yo no tengo ese dinero.

—¿Pues entonces?

Abrió los brazos para dar a entender que las cosas no siempre son como a uno le gustan.

—La vida... hijo.

—Por qué no nos dejamos de mezquindades y arreglamos esto. Te propongo un apaño —dijo Pablo, serenando el tono para evitar que el asunto se saliera de madre—. A ti te da igual cerrar la venta ahora que esperar unos meses. Lo que te pido es que aguantes hasta que se cumpla el año. Voy a intentar sacar dinero de debajo de las piedras.

—¿Cuánto? —le cortó Terceiro.

—Si tengo suerte, a lo que me comprometo es a quedarme con *La Crónica* por quinientos millones de pesetas; lo mismo que te pagan ésos. Habla con ellos, dales largas y después del verano, vemos. O compro yo o se lo colocas a los de Barcelona por quinientos, mil o lo que puedas.

—¿Y si digo que no?

Pablo esgrimió una sonrisa glacial.

—No creo que hagas eso.

—¿Y si lo hago?

El empresario era testarudo como una mula, pero Pablo no era de los que se dejaban avasallar.

—Si tú rompes la baraja no esperes que yo me chupe el dedo. Los contratos son sólo papel. Tengo la posibilidad de montar un bochinche de cuidado. Al lado de lo que puede pasar aquí, la guerra en Chechenia iba a parecer una pelea de jardín de infantes.

—¿Me estás amenazando?

—No, solamente te explico cómo veo las cosas.

Casi asmático de indignación, Terceiro proclamó que él no admitía chantajes, pero al final llegaron a una componenda y consintió en posponer la venta a los catalanes.

—Hago esto porque eres tú —aseguró muy serio—, pero quedamos de acuerdo en que si se estanca la tirada y en junio no estamos por encima de los doscientos mil, liquido el periódico y a tomar viento.

—Hombre... hasta junio quedan sólo dos meses. Dame de plazo hasta después del verano.

—Vale, hasta septiembre. Después no me vengas con pamplinas.

Quique siempre estuvo convencido de que había nacido para la grandeza. Pero ya en la Academia, cuando tras renunciar a la carrera de Derecho aspiraba a graduarse como inspector de policía confiando en los «enchufes» de su padre, la idea que se hacía de la grandeza tenía poco que ver con lo que aparece en los libros de Historia. Lo suyo, su concepto, estaba ensamblado a factores como tener un coche deportivo, una casa con piscina, mujeres elegantes alrededor y tirar de tarjeta a degüello.

El dinero era muy importante para Quique. Tenerlo sin necesidad de contarlo. Poder ir en taxi sin llevar un ojo clavado en el taxímetro. Almorzar en un restaurante sin pensar en la cuenta.

Las cosas nunca habían sido tan fáciles para él ni la vida tan complaciente, como lo había sido con Pablo. En primero de carrera, apenas llegado a Santiago de Compostela, el negocio de autobuses de su padre entró en barrena. Antes de concluir el curso les habían ejecutado las hipotecas. Les expropiaron todo, incluido el garaje, la flota de vehículos y el amplio piso que siempre había sido su hogar. Su familia le ahorró el trauma de asistir físicamente al desahucio, pero se acabaron para siempre los veraneos en La Toja y las criadas con cofia.

Era hijo único y sus padres fallecieron en un breve intervalo de tiempo al poco de graduarse como inspector, pero ese ambiente lastimoso que se enseñoreó de su existencia cuando todavía no había cumplido los veinte años, y se prolongó hasta pasados los veinticinco, le marcó a fuego. Su desmedida afición a la pompa y su ansia por hacerse rico a cualquier precio tenían indudablemente que ver con ello.

Otra de sus obsesiones era la fama, la celebridad. Al cruzar la puerta de la popularidad todo empezaba a trabajar para uno. Lo había visto con los actores y los cantantes de medio pelo, así como con los presentadores de televisión y los políticos. Fue por eso por lo que cinco años antes, cuando se hizo con unos buenos caudales gracias a un sangriento encargo realizado a medias con Pablo, no invirtió los millones en la Bolsa o en solares edificables sino en comprar, ampliar y diversificar Congo.

Para el ex policía, el club, con su restaurante exclusivo, sus gorilas filtrando clientes en la puerta, su rincón calcado del Harris Bar de Venecia, su hotelito anexo, su discoteca, su terraza de verano y sus reservados era un edén particular. En sus propias palabras, Congo era un antro de lujo y perdición «repleto de tías buenas con ganas de juerga y de libertinos ricos con sed de alcohol». Para su desdicha, las cosas marchaban fatal últimamente. Se había metido en demasiados gastos. Hacía chapuzas y llevaba una contabilidad «B», pero los intereses y las nóminas se comían todo.

Si no llega a ser por las «chicas», probablemente ya habría echado el cerrojo. Eran parte esencial del negocio. Quique estaba encantado con ellas y no sólo por su rentabilidad. Esa clase de comercio le atraía. Lo llevaba en los genes. Había sido siempre más corpulento y precoz que sus condiscípulos. En el colegio de los Jesuitas, cuando otros narraban atormentados sus pecados contra el sexto mandamiento postrados de hinojos en el confesionario, él preconizaba la masturbación a dos manos.

Pablo, que dormía en la cama contigua y lo tuvo muchos años a su lado en las aulas, podía dar fe de que Quique se dedicó con exaltamiento digno de actividades más respetables al solitario deporte de meneársela. Cualquier motivo era válido para cultivar lo que eufemísticamente denominaba «amor propio». Iba a la biblioteca, solicitaba un libro de arte y, una vez en su pupitre, aprovechaba las horas de estudio para examinar con una lupa segmentos de las gordas de Rubens, porciones de estatuas griegas o de cualquier otra figura que pudiera excitar su calenturienta imaginación.

Más tarde, en la tuna de la universidad, fue más apreciado por su sentido de la orientación para llegar ebrio como un piojo a la casa de putas guiando a la cuadrilla, que por su habilidad musical con la pandereta. No se le malogró el instinto al hacerse policía. A pesar de la cantidad de pintura holandesa revisada en su etapa escolar, no fueron los museos o las exposiciones lo que visitó durante los frecuentes viajes al extranjero como miembro de la Brigada Antiterrorista ni posteriormente, cuando se metió en la de Delitos Económicos y le enviaban a recabar información sobre cuentas bancarias en paraísos fiscales. Lo que a él le iba eran los barrios bajos, las zonas por las que callejeaban las fulanas, donde los antros exhibían rótulos luminosos, los chulos se limpiaban las uñas con navaja y cualquier perversión imaginable parecía al alcance de la mano. En esos ambientes, Quique experimentaba la sensación de entrar en contacto con la médula de la vida.

Lo que más dinero aportaba a la caja registradora de Congo eran las copas. Después, por encima del restaurante, estaban las «chicas». Todo muy discreto y refinado. Las «nenas» no eran putas, sino «modelos». Iban impecables. Chapurreaban inglés o lo que se terciase. Hasta tenían sus «books» de fotos y participaban regularmente en castings, para ver si les salía un desfile o un spot publicitario.

Los clientes podían saldar la cuenta con tarjeta de crédito y no había riesgo de que les ocurriera como al senador Carlos Piquer, a quien acusaron en diciembre de 1996 de haber pagado servicios de prostitutas con la Visa Oro que le correspondía como portavoz del grupo socialista en el Parlamento Autónomo de Aragón.

Los «franceses», «griegos», «dúplex», la «disciplina inglesa» y los «turcos espumosos» administrados por las amables pupilas de Quique aparecían en el resguardo de la tarjeta bajo el anodino epígrafe de «restaurante».

La mayoría de los parroquianos sabía cómo funcionaba el juego. De vez en cuando, pertrechado con una corbata de Hermes y un traje de Hugo Boss, se colaba algún patazas. Entre los puteros, la franja superior del espectro la integraban los cínicos; los que defendían a ultranza el criterio de que la mujer más barata era la que se pagaba desde el principio. El estrato más bajo eran los melancólicos: tipos resentidos por no ser lo bastante apuestos o jóvenes para ligar a pecho descubierto y a los que fastidiaba tener que pagar en lugar de sentirse complacidos por el lujo de poder permitírselo. Esos eran los que remataban la noche zurrando a la chica, maltratándola, exigiéndole sin compensación económica que se sometiera a alguna aberración o forzándola sin vaselina por un conducto inapropiado. A alguno había que administrarle un correctivo y Quique lo hacía sin miramientos, con la misma agresividad de alimaña con la que se había abierto camino en la vida desde pequeño y con la que imponía orden en Congo.

Desde la enconada discusión con Terceiro, en la que el empresario fijó el mes de septiembre como plazo para alcanzar los 200.000 ejemplares, Pablo no hablaba de otra cosa que del periódico. Casi no trasnochaba, pero cada vez que se dejaba caer por la discoteca le ponía la cabeza a Quique como un bombo.

Se había atenuado la fiebre de la crónica negra y ahora andaba obsesionado por conseguir un folletín como el de Daniel Ducruet, el marido de Estefanía de Mónaco, al que una cabaretera llamada Fili Houteman había engatusado para irse a una piscina, ponerse en cueros y darse un lote sideral, mientras el celestino de su novio, escondido entre los arbustos, se hinchaba a tomarles fotos. Las imágenes, en las que el dotado Ducruet aparecía hasta lamiendo el trasero de la agraciada Fili, habían producido millones y un divorcio: el de Estefanía.

—Necesito algo así, pero en versión española.

—¿Con alguien de la Familia Real?

—Esto no es Gran Bretaña. Aquí la Familia Real es sagrada. Tiene que ser un político, un banquero o un mentecato de alcurnia. No sé si te acuerdas de lo de Isabel Preysler y Miguel Boyer, cuando Boyer era todavía ministro de Economía y ella seguía casada con el marqués de Griñón. Pues una cosa parecida, pero con fotos de cama.

—Los ministros de este gobierno son una panda de pichaflojas —bromeó Quique, haciendo un gesto obsceno—. Lo único que meten esos bribones es la mano en la cartera del contribuyente.

—Un *affaire* económico tampoco me vendría mal. Otro caso Roldán —dijo Pablo—. El muy jeta se hinchó a robar; lo único que le faltó fue llevarse los fondos de los Huérfanos de la Guardia Civil y no lo hizo por falta de tiempo.

Quique era fornido como un toro y tenía la nariz aplastada de los boxeadores, pero bajo el tosco armazón y la cara de bestia ocultaba un cerebro de matemático. Conservaba los reflejos policiales y eso fue lo que le permitió encontrar la víctima propiciatoria.

Lo primero que pensó Sebastián Vargas, nada más abrir los ojos y ver a la morena, fue que aquella había sido su noche de suerte. La chica dormida a su lado tenía la melena oscura, el culo respingón y un talle precioso. No se le veía el pecho porque estaba tendida boca abajo, pero Vargas se acordaba muy bien de la firmeza de sus tetas. Se había pasado buena parte de la velada succionándoselas o dándoles besitos.

Se levantó despacio, deslizándose lateralmente para no despertarla. Quería hacerse una «puesta a punto» ante el espejo antes de que ella abriera los ojos. Casi de puntillas fue hasta el cuarto de baño.

Habían dejado las luces encendidas y le cegó la intensidad de las lámparas halógenas. Ni se fijó, como no lo había hecho por la noche, en la cajita alargada con pinta de alarma o de detector de humos, suspendida encima de la cisterna. Tampoco había notado que había una exactamente igual en el techo del dormitorio y otra en la esquina del salón, lejos del equipo de música. Reparó en que en el armarito había cuchillas de afeitar, espuma, desodorante y utensilios para hombre, pero no le dio importancia. Las mujeres modernas son muy liberales y bastante promíscuas.

Se miró al espejo. Estaba desnudo y, al verse de cuerpo entero, trató de imaginar lo que debía haber pensado la chica. No estaba mal. No era un adonis pero para ser un hombre con los cincuenta bien cumplidos tenía una silueta aceptable. El suyo no era un cuerpazo, todo músculo y durezas, como los de los tarzanes a los que de vez en cuando espiaba a hurtadillas en el vestuario del Club Abasota, pero apenas tenía michelines y seguía fuerte.

Estaba en mejor forma que la mayor parte de los diputados de su grupo parlamentario. No tanto como para arrastrar a una hembra, como la veinteañera que yacía en la cama, a un torbellino de pasión y libido, pero por encima de la media. Apenas había dormido cuatro horas, pero se sentía bien. Era chocante. Ni siquiera experimentaba sentimiento de culpa.

Todo había comenzado dos días antes, con una conferencia en el Club Siglo XXI. No era la primera vez que hablaba en un foro así, pero fue algo especial porque entre el público tuvo al ministro de Industria, a los santones sindicales y a la «creme de la creme» de la Administración. Esos actos daban lustre a una carrera política. La cena fue detestable pero, como ponente y presidente de una comisión, tenía asiento reservado a la vera del ministro y eso garantizaba una breve aparición en los telediarios y que su rostro y su nombre estarían en los periódicos del día siguiente.

Le fastidió que la indocumentada de Canal Plus hiciera referencia a los rumores sobre cientos de millones pagados —«supuestamente»— por una empresa alemana para hacerse con el contrato para electrificar el tramo a Barcelona del tren de Alta Velocidad, pero había salido indemne del trance. Contestó yéndose por peteneras. En la tele, donde todo es superficial y breve, lo importante es la apariencia. Los espectadores no se dan cuenta de nada más.

Después de la cena, y para festejar su triunfo, el jefe de prensa del ministro, otros diputados y él bajaron a Bocaccio. Se llevaron con ellos a varios periodistas y a algunas de las educadas azafatas del Club Siglo XXI. Estuvieron una hora despellejando a amigos, conocidos y rivales. Después, alguien que no recordaba comentó que aquella era una de esas noches de marzo que sólo se disfrutan en los países mediterráneos y propuso ir a tomar una copa —«la última»— a la terraza de Congo. Accedió a regañadientes.

Cuando el camarero trajo la factura y uno de los políticos hizo patente —bolígrafo para dividir en mano— que el Ministerio no estaba dispuesto a pagar los whiskies, al menos no todas las rondas, los periodistas se descolgaron del grupo. A Congo llegaron sólo cinco: él, el jefe de prensa, un diputado de Ponferrada que estrenaba legislatura y dos de las azafatas.

El jefe de prensa y una de las chicas debían tener un lío ya firme, porque se entonaron apenas poner los pies en el local. A Vargas siempre le había parecido que el zarrapastroso de Ponferrada era incapaz de matar una mosca, pero a los cinco minutos estaba trabajándose a la azafata que había quedado suelta.

Peseteros y celosos con las dietas como buenos diputados que eran, cuando Vargas y el de Ponferrada se quedaban en Madrid entre semana compartían un pequeño apartamento en la Carrera de San Jerónimo. Le fastidió ver a su colega tan desenvuelto. Era bastante más joven que él, pero no pintaba nada en el partido. Ni siquiera había intervenido en un debate. Se azoraba al hablar en público.

Vargas se acodó en la barra, decidido a acabar cuanto antes su gin tonic y marcharse a casa. Estaba inclinado sobre el mostrador, intentando atraer la atención del barman para que le diera la cuenta, cuando reparó en la morena. La muchacha se encaramó al taburete con una naturalidad que le hizo pensar que era asidua de las barras de bar.

La miró. La primera vez casualmente, como si no se diera cuenta de lo exagerado de su escote o de lo bien que le sentaba el pantalón de licra. Después clavó la vista en el canalillo del pecho y la fue subiendo lentamente hasta encontrarse con sus ojos. Se ruborizó un poco, pero la morena sonreía satisfecha. Vargas era un fatuo. Pensó que la chica lo encontraba fascinante. Eso fue parte del gancho.

Congo estaba de moda, pero era de esos lugares que rara vez visita un diputado en activo y menos él, que era un venerable padre de familia. Seguía yendo a la iglesia los domingos, más por hábito que por devoción, y se destacaba en el partido por criticar la ley del divorcio y ser abiertamente contrario a ampliar plazos en el aborto y a la legalización de las drogas.

Le gustó que nadie le reconociera y que los tipos que había alrededor —unos cuantos por lo menos— fueran de su edad. Se sentía cómodo y cuando la morena le preguntó su nombre, se lo dijo: «Sebastián Vargas.» También que era diputado, que presidía la Comisión de Secretos Oficiales del Congreso y que estaba solo en Madrid. Era un individuo bastante pagado de sí mismo y sucumbió al deseo de impresionarla.

No fue la charla de la chica lo que le cautivó sino la forma en que se sentaba, con su cuerpo vuelto y cada parte, desde las rodillas a los hombros, apuntando hacia él en una especie de silencioso homenaje. Una actitud física que insinuaba intimidad.

La música marchosa enmudeció y dejó paso a un ritmo lento.

La morena propuso que salieran a bailar. Aceptó con cierta aprensión. La última vez que recordaba haber danzado había sido en la boda de su hija mayor y de eso hacía dieciocho meses. La muchacha le echó ambos brazos al cuello y se arrimó. Era sólo un poco más baja que él y bailaba con la boca pegada a su mejilla.

Por suerte para su reputación se acabaron los boleros y el disc-jockey retornó a la música marchosa. Volvieron a sentarse, medio minuto antes de que apareciera el de Ponferrada. Sujetaba de la mano a su azafata y sugirió que fueran a otro sitio. El jefe de prensa y su chica estaban ya en la escalera. Vargas dejó un billete de dos mil pesetas sobre el mostrador y se encaminó a la salida, seguido a cierta distancia por la morena.

Fuera, frente a la puerta, esperaba el coche oficial con el chófer y el policía de escolta.

—Id vosotros... yo estoy cansado.

—Como quieras —respondió el de Ponferrada, sin preocuparse un ápice en hacerle cambiar de parecer.

El diputado se encaramó con el de prensa y las dos azafatas en un BMW, que arrancó con más rapidez de la que exigía la cortesía.

Vargas se volvió, miró hacia la entrada donde la morena cuchicheaba con el karateca uniformado de húsar que hacía de portero y con voz apenas audible, como el que da un pésame, le dijo que se iba a casa.

Se acercó a despedirse y estiró el brazo.

—Ha sido un placer...

En lugar de estrecharle la mano la chica lo aferró por la manga, se pegó mucho y susurró: «Quédate, me gustas.» Era la primera vez en muchos años que una mujer hermosa le decía algo así y se sintió en el limbo.

—No puedo —musitó él, bizqueando para que ella reparara en los dos sujetos plantados a pie firme al lado del Opel Senator oficial.

—Anda... que tengo muchas ganas de ti.

Creyó que se le fundían los plomos.

—Otro día.

—¿Mañana? —preguntó ella, de un modo tan acuciante que sonó más a orden que a otra cosa.

—Vale. Mañana.

—¿A las once?

—Un poco más tarde —sugirió él, calculando a toda prisa. Al día siguiente tenía una cena. Si no se entretenía podía estar en el apartamento y despedir al chófer y al escolta a las once y media. En taxi, y sin apurarse, llegaría a Congo a las doce, una hora ideal.

Se inclinó para besar a la chica en el pómulo, pero ella giró la cara y le rozó la comisura de los labios. Esa noche le costó conciliar el sueño.

Todo el día siguiente fue incapaz de concentrarse. Hasta las doce menos diez de la noche, cuando volvió a encontrarla en la barra de Congo, estuvo en ascuas. Nervioso como un colegial en su primera cita.

Pidió un gin tonic, que derramó con el codo y que le tuvieron que sustituir. Se sentía excitado, flotando y cuando ella dijo «vámonos», él no pudo articular una frase coherente.

—¿Adónde? —tartamudeó.

—A mi apartamento a tomar una copa.

Se besaron en el asiento trasero del taxi. Algo que él no hacía desde hacía muchos años. La morena no se cortaba y su segundo beso rayó en lo desmedido: a la vez que le metía la lengua en la boca, le bajó la cremallera y le introdujo la mano en la bragueta. A partir de entonces, Vargas tuvo que hacer esfuerzos para contenerse.

Si hubiera ido más pintada hubiera hablado con un acento arrabalero o vestido prendas menos caras, quizá habría sospechado algo, pero era más presumido que un quinto mal hecho y creyó sinceramente haber ligado. Ni prestó atención a lo que tardó ella en acertar con la llave del portal, ni a que tuvo que examinar los carteles para encontrar el apartamento C.

La vacilación de la morena ante la cerradura era normal porque, aunque Vargas no lo sospechase, el apartamento al que la chica solía llevar a sus «amigos» a tomar una copa no estaba en la calle Clara del Rey, sino en el hotelito anexo a Congo.

En la cama fue espléndida. Era creativa, como el diputado no creía que fuera posible. Tomó la iniciativa y le impuso cosas que ni siquiera había hecho con su mujer, cuando eran novios y él preparaba la oposición a abogado del Estado. Sabía lo que era un consolador, pero no que pudiera entrar casi entero, ni la sensación, dolorosa pero placentera, que producía su vibración. Tampoco que se sentía más gusto con los ojos vendados. O que el temor de estar atado, desnudo y esperando podía ser delicioso.

Mientras se afeitaba pensó en su mujer. La había querido en la universidad y la seguía queriendo. Como a una hermana o a una compañera de fatigas. Hubo un tiempo en que era el eje de su vida, pero el centro de gravedad de su existencia había cambiado. Ahora no era su esposa, ni sus tres hijas, una de las cuales estaba ya embarazada y le daría un nieto antes de dos meses. Era su carrera política.

Lo de la morena era un tratamiento rejuvenecedor, una inyección de hormonas masculinas. Parecía una aventura desquiciada y sin futuro, pero no estaría nada mal convertirla en su amante y mantener con ella un secreto romance de mitad de semana. Hasta la noche anterior, nunca había puesto cuernos. Tampoco había tenido queridas, pero la tentación era demasiado fuerte. Ella había dicho que le gustaban los hombres maduros y que se había corrido tres veces.

Se duchó tratando de no hacer ruido, se secó y se peinó con un cepillo que tenía varios pelos cortos y negros entre las púas. Se afeitó con una de las cuchillas desechables que había en el armarito y hasta se enjuagó la boca con Elixir del Polo. A las diez debía estar en las Cortes, pero le quedaba tiempo. Retornó al dormitorio. Tiró de la sábana, se metió dentro y se adhirió a ella, abrazándola por detrás. Empezó a frotarse.

—¿Lo has hecho alguna vez a cuatro patas y frente al espejo? —preguntó la morena desperezándose.

Confesó que no, casi avergonzado.

—Vamos al salón.

Estaban en plena faena, cuando sonó el timbre.

—¿Quién puede ser?

—No sé —contestó ella.

Llamaban con insistencia. Dos toques cortos y uno largo. Varias veces.

—¿Esperas a alguien?

—No —mintió ella.

Lo que sonaba no era el opaco zumbido de un portero automático, sino la campanilla de la puerta del piso. Hizo un esfuerzo por ignorar los timbrazos, pero la intrusión le quitó el deseo. Se le desmoronó la erección. Se puso en pie. Ella, que seguía de rodillas y con la boca a dos cuartas de su entrepierna, observó su flácido pene antes de levantar la vista con una sonrisa de conmiseración.

—Voy a ver quién es.

Al notar que se encaminaba a la entrada en cueros vivos, Vargas se alteró.

—¿No irás a abrir así?

Sin decir palabra, la morena descorrió el pasador de seguridad. Pudoroso, antes de que se abriera del todo la jamba de la puerta, el diputado retrocedió al interior del cuarto de baño. En la percha había un albornoz blanco con el anagrama de un hotel en el bolsillo y se cubrió con él. Desde dentro, ahogada por la madera, atinó a escuchar un retazo de conversación.

—¿No te dije que no pusieras el seguro?

—No lo he puesto.

—¿Y entonces?

—Debió ser él. Se levantaría por la noche.

Siguió una parrafada más larga, de la que Vargas no pescó ni palabra. Al no oír nada más, supuso que la morena había despachado al inoportuno visitante y que se había vuelto a la cama o estaba en la cocina. Salió al salón y se dio de bruces con Quique.

Lo primero que pensó fue en un novio celoso. La chica se había evaporado. Aspiró aire y trató de no dejarse dominar por el pánico.

—Oiga... —dijo el diputado, interponiéndose entre el recién llegado y el sofá, donde permanecían esparcidas sus ropas desde la noche.

Quique lo empujó a un lado y se dejó caer en el sofá. Cuando ya estaba sentado descubrió un calzoncillo entre los cojines. Lo cogió haciendo pinza con dos dedos y lo levantó con cara de asco, como si estuviera infectado.

—¿De quién es esta porquería?

Vargas no estaba acostumbrado a esas bromas pesadas.

—¡Salga inmediatamente de aquí!

El ex policía lo observó despectivamente. El diputado le apuntó con el dedo.

—Si no se va llamo a la policía.

—Por mí como si llamas a María Santísima.

El tuteo no era para acortar distancias, sino para subrayar la desconsideración y ponerse encima. Quique torció la cabeza y gritó:

—¡Pichurri!

Vargas sintió una brusca e imperiosa necesidad de oxígeno.

La morena salió del dormitorio. Se había puesto las bragas, pero seguía con las tetas al aire.

—¿Has encontrado eso?

—Sí.

Llevaba en la mano una pequeña cinta de vídeo, como las que usan los turistas en sus cámaras domésticas. Se la dio al recién llegado y revolvió en el revoltijo de ropa hasta que encontró su sujetador. Empezó a vestirse.

La familiaridad entre el tipo y la morena resultaba denigrante, pero el diputado todavía no preludiaba lo que se le venía encima. Se dirigió a la chica, autoritario, como solía hacerlo con sus secretarias.

—¿Quién es este macarra?

Si las miradas matasen, Vargas habría caído fulminado. A Quique le relampaguearon los ojos, pero se controló.

—¿Qué crees que hago aquí? ¡Gilipollas!

Le mostró la cinta, antes de agacharse junto al equipo de televisión, encajar el pequeño casete en otro más grande y meterlo en el aparato de vídeo.

—¿Quieres verlo?

Osciló el mando a distancia, como hace un amo cariñoso con un hueso antes de tirárselo a un perro. Pulsó una tecla y se retrepó en el sofá. Al principio no pasó nada. La pantalla se tiñó de gris mate y se escuchó un pitido. Después, con una nitidez ofensiva, Vargas se vio a sí mismo con la chica. Estaban desnudos en la habitación. Empezaron a oírse suspiros, órdenes y obscenidades.

El ex policía no prolongó excesivamente el tormento. Apagó el vídeo, extrajo la cinta y la guardó en el bolsillo interior de su chaqueta. El diputado se sentó tembloroso en una silla, con las rodillas muy juntas. Sólo se apoyaba en el borde, con la punta del coxis. Cerró los ojos y se cogió la cara con las manos. Permaneció un rato concentrado, reuniendo fuerzas.

—Me va a devolver eso ahora mismo o le denuncio.

Estaba ridículo, descalzo y con las piernas peludas y blancas asomando por debajo del albornoz. Quique se carcajeó.

—Puedes hacer lo que quieras, pero por qué no esperas a ver el resto de la película. Por lo que he guipado en las tomas del dormitorio, me da la impresión de que como actor de porno duro no tienes precio. Supongo que debes de haber estado sublime tanto aquí como en el cuarto de baño. ¡Gilipollas!

Por primera vez, Vargas reparó en la extraña cajita alargada situada en la esquina del salón. Ahora infería por qué la chica se había empeñado en hacerlo todo a plena luz. Él había intentado apagar alguna lámpara, pero la morena había insistido en que le ponía caliente verse a sí misma en acción.

—Este aparato es muy pequeño y no se aprecia bien, pero en uno de esos televisores de treinta y tres pulgadas, como los que ponen en los bares para los partidos de fútbol codificados, dará perfecto. Podemos hasta cobrar entradas. No todos los días se tiene la oportunidad de ver a todo un señor diputado en pelotas mientras le meten una vela en el culo.

—Usted no sabe con quién está hablando.

—Vaya que si lo sé —le corrigió Quique, puesto en pie—. Por si no te has enterado todavía, estás en mi apartamento y tirándote a mi novia. Has sido muy malo y a lo mejor hay que decírselo a tu mujer o enseñarle la película al secretario general de tu partido. Quizá, hasta habría que enviar una copia a la prensa.

Aunque ya no dedicaba tiempo a la empresa de seguridad que había montado quince años antes, cuando pidió la baja voluntaria en la policía para dedicarse en cuerpo y alma al lucrativo negocio del espionaje doméstico, Quique seguía siendo el propietario de Consultores Magnum. Las tres minicámaras de vídeo instaladas en el apartamento de Clara del Rey procedían del arsenal tecnológico de la compañía.

La tarea de los especialistas de Consultores Magnum, casi todos policías en activo que hacían doble jornada laboral, consistía en investigar a sospechosos de intentar estafar a las aseguradoras. Para ello sometían al beneficiario de la póliza a un escrutinio feroz, que incluía desde pinchazos de sus teléfonos a la colocación de micrófonos o cámaras en su despacho, su coche o su domicilio, para descubrir si el incendio de la fábrica había sido provocado o si el robo de la mercancía era simulado. Las evidencias, obtenidas ilegalmente, carecían de fuerza probatoria en un juzgado pero eran suficientes para compeler al defraudador a aceptar una sustanciosa rebaja o a renunciar a la compensación.

Los equipos utilizados para grabar los escarceos amatorios del diputado Vargas habían sido adquiridos personalmente por «monsieur Solana» en la sucursal parisiense de CCS Comunication Control, una multinacional que se presentaba como «líder en protección de privacidad, anti-terrorismo y seguridad en general» y atendía al público europeo en el número 26 de la Plaza Vendôme.

Quique se regodeó comprobando el impacto de sus palabras. El diputado jadeaba con expresión de aturdimiento, como si se hubiera fumado un porro.

—Si quieres que te devuelva las cintas, lo tienes muy fácil. Hoy, cuando llegues al despacho, prepara un sobre grande, mete dentro el informe que habéis redactado sobre las comisiones del AVE, busca unos cuantos papeles interesantes sobre la financiación de los partidos y guárdalo todo bien. Ya tendrás noticias mías.

La morena, que ya se había vestido y estaba dándose unos toques de lápiz de labios en el espejo de la entrada, ni se inmutaba.

—¿Intenta usted hacerme chantaje?

—Positivo.

Vargas tragó saliva.

—Le advierto que puede ir a la cárcel.

—¡No me toques las pelotas! ¡Idiota!

—Por favor.

—Has pecado y tienes que expiar tus culpas.

Vargas miró con los ojos húmedos, tratando de conmover a su interlocutor. El ex policía no dejaba traslucir nada, sólo una sonrisa de reptil y el balanceo amenazador de sus hombros.

—Se lo suplico, tengo una familia —imploró Vargas, acercándose con la mano extendida en actitud de pedigüeño.

Sin previo aviso, Quique le sacudió un puñetazo en el plexo solar.

—Esto por lo de macarra.

El diputado se dobló con un gemido y entonces Quique, en una maniobra ensayada y ejecutada cientos de veces, metió la mano por la abertura del albornoz, lo agarró por los testículos y apretó. Vargas intentaba gritar, pero sólo abría la boca sin emitir sonido alguno. El ex policía le propinó un violento empujón y, una vez en el suelo, aprovechó para darle una patada.

—¡No! ¡No! Por favor —rogó Vargas.

Ahora suplicaba y en los ojos tenía lágrimas auténticas, de dolor. Ya no había orgullo ni dignidad. Sólo miedo y el regusto bilioso de la humillación.

—¡Hala! Vístete rápido y a la puta calle. ¡Majadero!

Vargas recogió su ropa y se metió en el cuarto de baño. Cuando terminó de vestirse, Quique había desaparecido, pero la morena seguía allí. Se retocaba el maquillaje frente al espejo del paragüero situado junto a la puerta. Ni lo miró. Bajaron juntos en el ascensor sin intercambiar palabra. Al salir del portal y no atisbar a Quique por los alrededores, el diputado se encaró con la chica.

—¡Eres una golfa y me las vas a pagar!

Ella intentó seguir sin hacerle caso, pero él la sujetó por el brazo.

—¡Qué! ¿Cuánto te han pagado por este montaje?

—A mí qué me cuentas —respondió con gesto de fastidio y dando tirones para desembarazarse.

—¡Te vas a enterar!

Se abalanzó sobre ella con los ojos fuera de las órbitas y la zarandeó.

—¡Me las vas a pagar, puta!

La morena se desasió e ignorando la desairada figura de Vargas, que resoplaba impotente en mitad de la acera, paró el primer taxi que vio libre. Una vez en el vehículo, bajó a medias el cristal de la ventanilla y todavía tuvo la desvergüenza de despedirse con un burlón e insultante:

—¡Hasta luego, cariño!

Los franceses lo llaman *l'esprit de l'escalier*. Después de una discusión o una pelea hay muchos que se reconcomen pensando lo que debían haber dicho o hecho. Sebastián Vargas volvió sobre sus pasos y antes de buscar un taxi para ir hasta el Congreso tomó nota del número del edificio y del piso. Apuntó también la hora. Era un hombre con sólida formación jurídica y sabía lo cruciales que son los datos exactos en un juicio. Lo que no sabía ni podía sospechar era que en ese mismo instante Nuria Puente estaba dentro de un coche, a quince metros de distancia, haciendo diabluras con su Nikon y un zoom 80-200 milímetros.

14. EL CHANTAJE

Era simple angustia, aunque a Sebastián Vargas le dolía el estómago como si padeciera de úlcera sangrante y se le hubiera abierto la fístula. Cuando llegó a la Carrera de San Jerónimo ya estaba reunido el pleno, pero nadie pareció prestar atención a su retraso.

Durante meses había defendido con fervor un sustancial aumento del salario de diputados y senadores, argumentando que los parlamentarios españoles seguían siendo los peor retribuidos de Europa. Tenía la suerte de recibir un complemento como presidente de una comisión y cobrar el kilometraje entre Valladolid y la capital —ida y vuelta a 22 pesetas por kilómetro—, pero su sueldo base, como el del resto de los diputados de provincias, era exactamente 625.869 pesetas al mes. Para colmo, de esa exigua cantidad había que descontar el IRPF.

Como esos compositores que tararean perpetuamente el estribillo de la misma canción, no había sesión en el que no reincidiera en que era imprescindible hacer juegos malabares y apretarse el cinturón —«más allá de lo aceptable en un representante de la soberanía popular»— para llegar a fin de mes. Vargas había convertido el debate sobre el presupuesto de sus señorías en una cuestión de dignidad nacional, pero ahora, justo el día en que se decidía si se aprobaba o no un aumento salarial, era incapaz de concentrarse.

Tenía la mente en otro sitio y ni siquiera se enteró de lo que anunciaban, cuando el portavoz tomó la palabra para resaltar que su grupo respaldaba la congelación de emolumentos propuesta por la Mesa del Congreso. Por lo visto, se trataba de seguir la pauta aplicada por el gobierno al conjunto de los funcionarios de la Administración del Estado.

Vargas no prestó atención a los discursos. Para él, cosas hasta entonces tan fundamentales como la renta del apartamento alquilado a medias con el de Ponferrada, el financiamiento de un curso de idiomas en Estados Unidos a su hija pequeña o el lugar donde ir de vacaciones ese verano se habían convertido súbitamente en superfluas. Lo único trascendental era la cinta de vídeo.

Sólo le habían mostrado un fragmento, pero recordaba con pelos y señales lo ocurrido, desde que conoció a la morena en la barra de Congo hasta que salió del apartamento vapuleado y con la autoestima a ras de suelo. Ya no se trataba de defender una restringida cuota de poder, de su soterrada ambición de lograr una cartera ministerial en la próxima remodelación del Gabinete o de las ínfimas prebendas aparejadas a la función de diputado. Lo que estaba en el alero era su vida entera, incluyendo desde sus veinticinco años de estable matrimonio a su prometedora carrera política. Se jugaba hasta la honorabilidad como padre de familia.

Si habían crucificado a José Miguel Bravo de Laguna por algo tan lerdo como hurtar un pijama y un frasco de perfume en unos grandes almacenes, qué no le harían a él. Como los miles de españoles que viajaban a Gran Bretaña impulsados por el apetito consumista, el diputado canario acudió en 1986 con su esposa a Londres y adquirió en Marks and Spencer los objetos más dispares, desde un tren eléctrico hasta una camiseta térmica, pasando por una cartera para tarjetas de crédito y un ambientador. Según la versión que Bravo de Laguna intentó «vender» a la prensa española, en medio de la fiebre compradora, sin que se diera cuenta y de forma inoportuna e incomprensible, se deslizó un «objeto extraño» en una de las bolsas. Para su desgracia, cuando lo interceptaron en la puerta y apareció el vil pijama, exhibió su condición de diputado con la inusitada pretensión de lograr un trato indulgente. En lugar de eso, lo que consiguió fue salir en letras de molde en el *Daily Mirror* y convertirse en el hazmerreír de media España.

Lo ocurrido con Enrique Bolín tampoco era para animarse. Al senador malagueño lo habían arrestado en agosto de 1989, poco después de que su yate chocase contra un trasbordador en las inmediaciones del Peñón de Gibraltar. Si los aduaneros que subieron a bordo en inspección rutinaria sólo hubieran encontrado vídeos pornográficos, no hubiera pasado nada, pero también descubrieron 28 gramos de cocaína. De poco sirvió que el parlanchín Bolín jurase por lo más sagrado que consumía la droga por «prescripción facultativa». Le condenaron a cuatro meses de prisión y fue expulsado del partido.

Sentado en su escaño, con la vista perdida en los bancos del otro lado del hemiciclo, Vargas estuvo analizando sus alternativas. Cabía la posibilidad de denunciar lo ocurrido a la policía, confesar el desliz a su mujer y apechugar con las consecuencias, pero eso conllevaba una crisis matrimonial de proporciones dantescas y renunciar a sus sueños inmediatos en la política.

Otra opción era plantar cara a los extorsionadores y confiar en que la perspectiva de ser condenados a una pena de dos a cuatro años de prisión, como prescribía el artículo 171.2° del Código Penal para los casos de chantaje, les disuadiera de difundir los malditos vídeos.

No sabía qué hacer, se sentía arrinconado y decidió que lo mejor era esperar, rezando para que el rufián que lo había humillado en el apartamento no apareciera jamás.

Estaba tan aturullado cuando llegó el momento de la votación, que pulsó el botón verde en lugar del rojo y su voto fue a sumarse accidentalmente a los 223 que consagraron la congelación de sueldos que tanto había anatematizado.

Vargas permaneció dos días en un brete, encogiéndose cada vez que repicaba el teléfono, pero el viernes, cuando ya se alistaba para salir hacia Valladolid y su secretario le comunicó por la línea interior que le llamaban desde el extranjero, estaba casi relajado.

—Es una conferencia de larga distancia. ¿Se la paso?

—¿Quién es?

—No ha dicho su nombre. Sólo que es amigo suyo y que llama desde África.

—¿Desde dónde?

—Desde África Central.

—Ya.

La referencia al continente negro debería haber alertado a Vargas, pero el diputado estaba demasiado abotargado para sutilezas.

—Dígame.

—¿Salustiano Vargas?

—Sí, ¿de parte de quién?

—Pero hombre, ¿te has olvidado ya de los amigos?

La vitriólica chanza de Quique tocó un nervio sensible en la base de la espina dorsal del diputado. Vargas se puso tieso y su respiración se hizo profunda y ansiosa.

—¿Te has tragado la lengua? —preguntó chungón el ex policía.

—No tengo nada que hablar con usted.

—Yo creo que sí.

—¿Qué quiere?

—¿Has sufrido un lapsus?

Hubo una pausa, durante la que lo único que circulaba a través de la línea era el sonido de la respiración de Vargas.

—Dígame qué quiere de mí.

—Me parece que voy a tener que refrescarte la memoria. Tienes que darme unos papelitos o ¿se te ha olvidado?

—Eso es imposible. Son documentos oficiales y de la máxima confidencialidad.

—Tú verás. Nunca supuse que tuvieras un coeficiente de inteligencia muy alto, pero no sabía que fueras tonto del culo.

Vargas no respondió. Se había vuelto insensible a ofensas veniales como aquélla. Se limitó a colgar.

El primer campanazo de alarma fue una nota que le pasó el lunes su asistente, comunicándole que habían llamado de *La Crónica*. Vargas preguntó si habían aclarado qué querían.

—Era una chica y sólo dijo que lo volvería a intentar más tarde.

—¿Dejó su nombre?

—Sí, Nuria Puente.

El diputado trató de ubicar a la periodista o de poner una cara a ese apellido, pero no le sonaba. No era una de las habituales en la cobertura de debates parlamentarios. Tampoco frecuentaba la sede del partido, porque él se acordaría. Había pasado ya casi una semana desde el turbio incidente con la morena de Congo, pero Vargas no pudo evitar un ligero estremecimiento. Ordenó al secretario que llamase al periódico, preguntase por Nuria Puente y tratase de enterarse de quién era y el motivo de su llamada. El hombre hizo lo que le indicaban y fue a comunicar al diputado el resultado de sus indagaciones.

—Me ha dicho que necesita hablar con usted y que es urgente. Es una reportera bastante conocida.

—¿Ha dicho qué quiere?

—No. Ha repetido que desea verlo y que prefiere no hablar por teléfono.

La solicitud de una entrevista cara a cara era la segunda señal inquietante, pero Vargas todavía no vislumbró el aprieto en toda su dimensión. Mandó al asistente buscar un hueco en su agenda y fijar una cita.

—¿Le parece bien mañana a las diez?

—¿Qué tengo antes?

—Un desayuno de trabajo en el partido, como todos los martes.

—Entonces cítela a las once. Con media hora llegará.

Pablo aleccionó a Nuria para su entrevista con el diputado. Le dio instrucciones precisas, explicándole cómo presentarse y hasta qué decir. No dejó cabos sueltos e hizo que la reportera le repitiera todo palabra por palabra. Más tarde, repasando mentalmente la conversación, pensó que quizá había estado demasiado comedido. Le hubiera encantado poder actuar como Willie Strack, el populista gobernador sureño que encarnaba Broderick Crawford en *El político*.

En la película de Robert Rossen, un clásico en blanco y negro galardonado con tres Oscar, había una escena, que él recordaba integralmente, en la que el gobernador mandaba al periodista Jack Burden escarbar en el pasado del juez Irwin. El periodista, interpretado por John Ireland, está al servicio del político pero siempre había admirado al juez y trata de curarse en salud.

—Supongamos que no hay nada que descubrir —insiste Burden, con más escrúpulos de los habituales en él.

—Siempre hay algo —rumia el gobernador.

—Pero quizá no con respecto al juez.

—El hombre ha sido concebido en el pecado, ha nacido en la corrupción y pasa del mal olor de los pañales al hedor del sudario —dice el gobernador, que añade a renglón seguido:

—Y no se detenga ante nada.

A Pablo le hubiera gustado impartir órdenes así, como el hombre al que todos llamaban «jefe» en el filme. Fue mucho más comedido pero Nuria captó su mensaje y ejecutó sus órdenes a las mil maravillas.

El despacho de Vargas quedaba en la cuarta planta de lo que se conoce como «la ampliación» del Congreso, el inmueble moderno medianero con el edificio histórico que tiene dos leones de bronce en la fachada. Era una pieza diminuta, como todos los despachos de ese ala. El diputado y la periodista, a pesar de estar en lados opuestos de la mesa, prácticamente se tocaban.

Vargas había sugerido bajar a la cafetería del segundo piso, pero Nuria insistió en que charlasen en un sitio lo más privado y discreto posible.

Apenas tomar asiento, la reportera sacó el bolígrafo y su bloc de notas como quien desenfunda una pistola. Sin molestarse en pedir permiso, extrajo de la mochila una cajetilla de Marlboro. El diputado le dirigió una mirada de reproche. Siempre había odiado el humo del tabaco y, desde que había oído que alguien en Estados Unidos había contraído cáncer de pulmón siendo un fumador pasivo, no permitía fumar en su presencia.

Nuria siguió a lo suyo. Se colocó el cigarrillo entre los labios y lo encendió, aparentando una seguridad en sí misma que estaba lejos de sentir. Su único signo de vacilación fue la dificultad para atinar con la llama. Tuvo que intentarlo dos veces. No estaba nerviosa, pero llevaba escondida una pequeña grabadora y la maniobra de buscar el tabaco le había servido para ponerla en marcha. El temor a ser descubierta le producía indudable tensión.

—Nos ha llegado el rumor de que tiene problemas en su matrimonio.

—¡¿El qué?! —exclamó el diputado envarándose.

Ni por asomo podía prever preguntas así y la primera andanada le cogió con la guardia baja y totalmente desprevenido.

—Al periódico han llegado datos según los cuales está usted preparando los trámites del divorcio.

Vargas se puso en pie, rojo como la grana y expirando aire como si estuviera a punto de sufrir una apoplejía.

—Pero ¿qué derecho tienen ustedes a inmiscuirse en la vida privada de la gente? ¡Voy a llamar ahora mismo a su director!

Alargó la mano para descolgar, pero con tan poca maña y tanta precipitación que sólo consiguió tirar el aparato.

—¡Esto es una falta de respeto inadmisible!

El diputado señaló la puerta.

—¡Salga de mi despacho!

Nuria permaneció sentada y fumando con aire virginal.

—Creo que le conviene dejarme acabar.

Hablaba con voz de monja, suave y apaciguadora. Le favorecía ir de cándida.

—La persona que nos ha informado aseguró que tiene usted una novia en Madrid y que se ve con ella en un apartamento de la calle Clara del Rey.

Vargas miró a Nuria enojado, pero con el miedo brillando en el fondo de sus pupilas. La chica acababa de poner el dedo en la llaga.

—Le advierto que estoy dispuesto a recurrir a los tribunales. Soy diputado, tengo una familia y si publican algo que dañe a mi reputación les demandaré por injurias.

Era abogado y conocía los recovecos de la ley al dedillo. Nuria se encogió de hombros.

—Yo soy una profesional y lo único que pretendo, porque es mi obligación hacerlo, es confirmar si la historia es cierta o no.

—Pues no lo es. ¡Se trata de una patraña inmunda!

Vargas había leído relatos de esa índole en las revistas. Sabía que los «paparazzis» perseguían a los famosos para vender fotos de sus idilios a la prensa del corazón. También que a personajes como Marta Chávarri, Isabel Preysler, Isabel Pantoja, Juan Abelló o Julio Iglesias no los dejaban ni ir tranquilos al baño, pero nunca se había sometido al didáctico ejercicio de ponerse en el sitio de los protagonistas.

—¿Por qué no me deja en paz?

Hizo una mueca de dolor que era ante todo una solicitud de clemencia.

—Admiro su profesión y siempre me he llevado bien con los periodistas. Tengo un alto concepto de su periódico y de la labor que realizan ustedes. Se lo aseguro.

Quería evitar que *La Crónica* o cualquier otro medio de comunicación se ensañara con él y se mostraba confraternizador, ramplón, casi rastrero. El fastidio había sido sustituido por la aflicción y ahora se esforzaba por complacer.

Nuria dominaba la situación. Ni siquiera buscaba ya el cenicero. Tiraba directamente la ceniza del cigarrillo al suelo.

—Entonces no ha tenido relaciones sexuales extramaritales. ¿No es eso?

—Ya se lo he dicho.

—¿Ni un poquito?

—No —musitó Vargas.

Tal vez la reportera tenía una clarividencia especial o sabía más de lo que reflejaban sus preguntas. Habría hecho lo que fuera por ganarse su indulgencia, pero se dio cuenta de que lo más conveniente era callarse. Miró la hora.

—Lo siento mucho, pero tengo cosas que hacer.

Trató de sonreír y no lo consiguió.

—Muchas gracias —dijo, invitándola a marcharse.

La reportera metió el cuaderno en la mochila donde siempre llevaba su cámara Nikon.

—¿Le importa que le haga una foto antes de irme?

—Sí, me importa.

Inmediatamente, añadió decaído:

—Entiéndame, no es momento para fotos.

La conversación lo había trastornado. Cuando desapareció la reportera, Vargas repasó una y otra vez lo que había dicho, en busca de errores, de sutiles confesiones de culpabilidad. No consiguió nada, excepto estibar más ansiedad en su ya neurótica alma.

—¿Cómo ha ido la cosa? —preguntó Pablo.

—He salido viva, que ya es bastante.

—¿Qué te ha dicho?

—Se ha puesto como una pantera y ha amenazado con demandarnos por injurias.

—Éste por lo menos intenta guardar las formas —comentó jocoso Pablo—. En *Todos los hombres del Presidente*, cuando Dustin Hoffman telefonea al fiscal general para conocer su opinión sobre la información que preparan para el día siguiente, lo que le dicen es que, si publican eso, además de cerrar el periódico, le arrancarán una teta a la editora del *Washington Post.*

Nuria se llevó las manos al pecho.

—¡Huy qué daño!

—Tú no te preocupes, que no te vas a quedar como Santa Águeda.

—Muchas gracias.

—No hay de qué.

—¿Necesitas algo más de mí?

—Por ahora no. Ya te avisaré.

Vargas estaba maduro para la segunda llamada de Quique y esta vez, tres días más tarde, no colgó el teléfono.

—Si hago lo que usted me pide incurriría en un delito de revelación de secretos. Podría ir a la cárcel.

—Y si no lo haces tus lindas nalgas van a salir hasta en los telediarios.

A la mente de Vargas acudió inmediatamente la imagen del diputado británico Stephen Millingan, cuyo cadáver apareció en 1994 en su domicilio londinense vestido con un liguero y medias de mujer y con una naranja colgada de los testículos. Millingan falleció accidentalmente por «asfixia autoerótica», cuando intentaba estimularse sexualmente con fruta impregnada en nitrato de amilo e introduciendo la cabeza en una bolsa de plástico, para reducir la cantidad de oxígeno de sus pulmones.

—¿Por qué no se acerca por mi despacho y hablamos? —propuso tímidamente Vargas.

—¡Tú debes pensar que los pájaros maman! —barbotó Quique con una mezcla de irritación e impaciencia.

Todavía pesaba más el sentido de la responsabilidad que el miedo, pero el diputado adoptó un tono sumiso.

—No se sulfure, por favor.

—El que se va a sulfurar y de verdad eres tú, como sigas con esas mamonadas.

—Estoy más interesado que nadie en solucionar este desagradable asunto. Quiero zanjar esto cuanto antes pero, por favor, que sea de una forma civilizada.

Era la claudicación definitiva y Quique no dejó escapar la oportunidad.

—Tienes teléfono móvil. ¿No?

—Sí —respondió Vargas extrañado.

—Dame el número.

El diputado obedeció, espaciando las cifras para dar tiempo al otro a tomar nota.

—¿Vas a pasar el fin de semana en Madrid?

—Había pensado irme a Valladolid. Querría ver a mi familia.

Vargas respondía a las preguntas con una docilidad patética. Experimentaba la acongojante sensación de que su interlocutor, desde el otro extremo de la línea, era capaz de leer su pensamiento.

—¿A qué hora pensabas irte?

—Estaba a punto de salir, cuando llamó usted.

—¿Te vas en el coche oficial?

—No... iba a llevarme el mío.

—Mejor. No te olvides de coger el teléfono móvil. Llévalo conectado.

Quique presentía pisar terreno seguro. Él lo tuteaba y el otro seguía con el usted, respetuosamente. Dejó pasar unos segundos, simulando pensar.

—Vale... Mete los documentos en un sobre, guarda todo en la guantera de tu coche y sal para Valladolid. Ya te diré lo que tienes que hacer.

El diputado dejó escapar un quejido.

—¿Pero qué garantías tengo de que me devolverá los vídeos si le entrego esto?

—Tienes mi palabra.

—Eso no basta.

Quique se rió por el colmillo, como una hiena.

—Allá tú.

—¿No habrá hecho copias del material?

—No, no he hecho copias —respondió cansinamente el ex policía, quien no se había limitado a duplicar los vídeos, sino que había editado su contenido eliminando los tiempos muertos.

—¿Me lo jura?

—Te lo juro, hombre, pero no seas pesado.

—No estoy seguro.

—¡Haz lo que te he dicho!

El plan urdido por Quique era sencillo. Estaba hablando desde su coche, estacionado a un centenar de metros del despacho de Vargas. Se encontraba frente al Hotel Palace, a la entrada del aparcamiento de la Carrera de San Jerónimo, el que usan habitualmente los miembros del Congreso de los Diputados. La razón de la proximidad era muy simple: era vital no dejar transcurrir tiempo entre la charla telefónica y la recogida del material, para que Vargas no tuviera margen de maniobra ni pudiera alertar a nadie. El diputado parecía inerme, pero Quique no se confiaba.

Sólo lo había visto a bordo del Opel Senator oficial, pero sabía que Vargas poseía un Renault Laguna azul y cuando atisbó el morro del vehículo emergiendo por la rampa de salida y comprobó que no llevaba escolta, arrancó. Dejó en medio unos cuantos vehículos y comenzó a seguirlo.

El diputado bajó hasta la plaza de Neptuno, dio la vuelta a la fuente, subió por la carrera de San Jerónimo hasta la esquina de la calle Cedaceros, giró a la derecha, cruzó la calle de Alcalá para pasar por Virgen de los Peligros a la Gran Vía y allí viró a la izquierda para continuar todo seguido hasta la Plaza de España, Moncloa y la calle Princesa.

Quique lo siguió, sin perder nunca de vista al Renault, hasta que tomaron la carretera de La Coruña. Vargas iba conduciendo como una vieja pensionista, a 60 kilómetros por hora y señalizando con los intermitentes los cambios de carril. En cuanto dejaron atrás la Cuesta de las Perdices, ya a la altura del Club Internacional de Tenis, el ex policía marcó en su celular el número de teléfono que le había brindado el diputado.

—Arrímate a la derecha y párate en la primera gasolinera.

Vargas estaba catatónico. Se había quedado tan sorprendido, que ni siquiera articuló palabra. Obedeció la orden como un autómata.

—Ponte junto al último surtidor, el que está más alejado de la caja, y quédate dentro del coche.

Quique se introdujo también en la gasolinera, pero aparcó al otro lado de la tienda. No hizo ruido al aproximarse. Cruzó entre los coches y se materializó junto al Renault Laguna. Vargas había bajado el cristal hasta la mitad y tenía todavía el teléfono soldado a la oreja. Al ver a Quique se sobresaltó.

—¿Tienes eso?

El diputado abrió la guantera y cogió un sobre marrón. Hizo ademán de entregárselo, pero se refrenó en el último segundo.

—Necesito primero las cintas.

Sin decir palabra, por la ventanilla, el ex policía echó sobre el regazo de Vargas una bolsa de plástico en la que iban los tres vídeos. El diputado miró el contenido. Se dio unos segundos de relax y entregó el sobre.

—Arranca y desaparece —ordenó tajante Quique.

El diputado se sentía como Lázaro al salir del sepulcro. Aunque todavía no le llegaba la camisa al cuello, creyó que era imprescindible decir algo para salvar el tipo. Comenzó a hablar, pero Quique no escuchaba. El ex policía ocultó el sobre en la pechera, giró sobre sus talones y se esfumó en dirección a la caja.

Pablo discutió los detalles con Quique, computando pros y contras. Seleccionó las mejores secuencias del vídeo y las transformó en una sonrojante colección de fotos. Para ello se encerró a solas una noche en el cuarto de teletipos, cuando ya se había marchado todo el mundo menos los guardias de seguridad, y copió en papel las imágenes que le parecieron más idóneas.

Las instantáneas sacadas del televisor rara vez daban la calidad de las que suministraban por línea las agencias o de las que hacían los fotógrafos de la casa, pero en *La Crónica* contaban con una máquina destinada exclusivamente a ello. Era muy útil para las llegadas al sprint en las etapas de la Vuelta Ciclista, en las jugadas de fútbol dudosas y cuando los únicos presentes en un alboroto eran los camarógrafos de televisión.

El plato fuerte de la exclusiva en ciernes eran los vídeos grabados en Clara del Rey, pero antes, como aperitivo, había que explotar a fondo los documentos que el diputado había facilitado a Quique, creyendo bobaliconamente que compraba así su armonía espiritual.

Sólo faltaba fijar el calendario. Pablo decidió dar la primera estocada casi inmediatamente y dejó el descabello y la puntilla para la Semana Santa. Durante la celebración religiosa, como en todos los períodos vacacionales, se desplomaba la actualidad informativa. La actividad política se ralentizaba, se amortiguaba el tráfago económico, los jueces tomaban un respiro y a menos que estallara una crisis internacional, los medios de comunicación no tenían nada sólido que llevarse a la boca. Eso aseguraba que lo que iba a desvelar *La Crónica* sería rebotado por la competencia y tendría notable repercusión en los medios audiovisuales. Aunque el índice de lectura de periódicos fuera menor, el efecto en la opinión pública estaba garantizado.

Pablo confiaba en mantener las ventas altas, espoleando el morbo de los que atiborraban las estaciones de esquí o habían emigrado hacia las playas mediterráneas, con un hábil goteo de acusaciones, desmentidos, retratos grotescos y comentarios ponzoñosos. Las aventuras, desventuras y amoríos del hasta entonces respetado y respetable Sebastián Vargas iban a convertirse en el culebrón del año. Siendo quien era y con la fama de tradicionalista que cargaba a sus espaldas, su llamativo adulterio hasta podía motivar una grave crisis interna en su partido.

Pablo dedicó la jornada del sábado a aliñar su sibilino plan. Escalonó las etapas y eligió los contenidos de cada entrega con una disciplina de general de Estado Mayor. El primer paso consistía en publicar los documentos que incriminaban a conocidos políticos en el cobro de comisiones ilegales.

Enclaustrado en su despacho, tras estudiar prolijamente los papeles que venían en el sobre marrón, redactó un texto largo. Aunque tenía su clave exclusiva para acceder al ordenador central, no utilizó ni el teclado ni la pantalla de su mesa. Así eliminó la posibilidad de que algún empleado curioso accediera al sistema, topara accidentalmente con el archivo y descubriera el pastel. Usó su propio ordenador portátil. Carente de la práctica de los redactores, era incapaz de convertir los *bytes* en líneas de periódico pero calculó *grosso modo* que había escrito unos nueve folios.

Se llevó el ordenador a casa, un Toshiba Tecra 730, y repasó su obra. El domingo por la mañana, después de imprimir el texto en la Hewlett-Packard DeskJet 870 de su biblioteca y de frotar con una gamuza los documentos para borrar huellas dactilares, metió todo en un sobre. No en un sobre cualquiera, sino en uno usado, sin remite y en cuyo borde superior izquierdo aparecía la palabra «PERSONAL». Lo había elegido el día anterior entre la abundante correspondencia amontonada en su despacho, para dar la impresión de que el dossier había llegado por correo normal, enviado por un generoso y anónimo lector.

Nada más entrar en el periódico, y aunque era relativamente temprano, mandó a la telefonista que localizara urgentemente a Herrera y le comunicara que deseaba verlo cuanto antes.

El redactor jefe tardó más de una hora en presentarse e iba todavía legañoso y sin afeitar. Herrera le recordaba a Pablo al director de *Detrás de la noticia*, quien confesaba en la película tener una próstata del tamaño de un melón, lo que no le impedía fumar como un carretero y trasegar whisky como una esponja. Ese director, encarnado magistralmente por Robert Duvall, llevaba al igual que Herrero más de treinta años en la profesión. También se emborrachaba en el bar cercano al periódico y contaba sus cuitas a los camareros.

Pablo no estaba seguro de que Herrera tuviera familia, pero caso de ser así su relación con ella debía ser como la de su equivalente cinematográfico, en cuyo haber había dos ex mujeres y una hija que ni se le ponía al teléfono. En el celuloide, cuando le preguntaban a Duvall qué había hecho para llevarse tan mal con la chica, exclamaba: «Joder con mis reporteras y destrozar a su madre.»

Pablo desbordaba de preguntas sobre la vida privada de Herrera, pero le turbaba la idea de formularlas y se limitó a extenderle los papeles por encima de la mesa.

—Echa un vistazo a esto.

El redactor jefe no necesitó ni tres minutos para apreciar la enorme importancia de lo que tenía entre manos.

—¡Es dinamita!

—Eso pienso yo.

—¿De dónde ha salido?

—Estaba entre mi correo. Debió llegar hace unos días.

Herrera volvió a hojear el documento, moviendo apreciativamente la cabeza.

—¿Qué quieres que hagamos con esto?

—Para empezar, que te hagas cargo del asunto. Creo que da para varios días, así que prepara una serie y organiza todo para empezar mañana. Como ilustraciones hay que usar partes del documento, subrayando frases primordiales. Que se vea bien claro la palabra SECRETO. Tiene que ser un bombazo.

—¿Lo sabe ya Justino?

—Nadie sabe todavía nada; entre otras razones porque lo he encontrado esta misma mañana. Prefiero no aparecer, así que encárgate de todo.

—¿Cómo firmamos los artículos?

—No lo sé. ¿Cómo se suele hacer?

—Se pone el nombre del periódico o «Equipo de Investigación»; hay varias fórmulas.

—Prefiero que seas tú quien firme como autor. Deja aquí el sobre y si te preguntan abajo, dices que llegó por correo. Que te lo enviaron a ti, ¿eh...?

Pablo no atribuía una conciencia muy estricta a Herrera, pero por si era necesario disipar algún prejuicio se apresuró a proclamar que la matriz del éxito no era tanto el material como el enfoque y la forma de presentarlo.

El ejemplar del lunes de *La Crónica* conmovió hasta los cimientos el mundillo político. Tras una salida en falso del portavoz del gobierno, quien negó inicialmente que la lista de beneficiados por las comisiones fuera cierta, las autoridades anunciaron con gran alharaca la apertura de una investigación oficial para determinar el origen de la filtración.

Alguno de los implicados en el «affaire» se atrevió a hacer declaraciones, siempre tratando de echar balones fuera, pero la mayoría optó por un pudibundo silencio. El ministro dejó caer que no descartaban emprender acciones judiciales contra el diario. Desde las alturas, con adulaciones y amenazas, se intentó convencer a Néstor Herrera para que revelara cómo había conseguido la información, pero el redactor jefe no soltó prenda. Se limitó a repetir hasta la saciedad que había recibido el material por correo y sin remite alguno, corroborando de palabra la versión escrita por él mismo que aparecía en un pequeño recuadro, al pie del reportaje principal.

La Crónica, con alarde tipográfico, reproducción de fragmentos completos, comentarios sardónicos, columnas incendiarias y editoriales contra la plaga de corrupción y venalidad de los partidos políticos, mantuvo vivo el escándalo hasta mitad de la semana. El viernes, ya con las aguas más reposadas, viendo que su nombre no había aparecido por lado alguno y que nadie le prestaba particular atención, Vargas partió como siempre a pasar el fin de semana en Valladolid y comenzó a respirar con cierta tranquilidad.

Aunque seguían investigando el origen de la filtración y los miembros de su comisión parlamentaria figuraban entre los sospechosos, estaba seguro de que nadie le descubriría. Se arrepentía sinceramente de su torpeza y de haber sido tan incauto como para creer que una veinteañera podía caer rendida de amor a sus pies, pero eso ya no tenía remedio. Pasado el mal trago y superado el susto, de lo que se trataba era de volcarse en su carrera política, hacer méritos para que el presidente del gobierno se fijase en él y evitar tonterías que pudieran demoler su consolidada vida familiar.

15. EL CALVARIO

El calvario público comenzó el lunes, 48 horas antes del Miércoles de Ceniza. Ese día, *La Crónica* publicó en la parte inferior de la primera página y junto a un retrato de Sebastián Vargas, que el diputado ocultaba una amante en Madrid. En el interior, se completaba la noticia con la información de que se barajaba el nombre de Vargas entre los candidatos a ocupar la cartera de Defensa en la próxima remodelación del gabinete y que el político vallisoletano, además de presidir una importante comisión del Congreso, se había destacado durante la legislatura por su acendrada defensa de los valores tradicionales.

A Vargas se le cuajó la sangre en las venas al ver el periódico. Callarse significaría tanto como aceptar. Tampoco podía involucrarse en un cruce de incriminaciones, que daría alas a la polémica. Lo mejor, como le aconsejó el asesor de imagen de su partido ignorante de lo que guardaba *La Crónica* en la recámara, era emitir una nota oficial en la que se minusvalorara la noticia, calificándola de «basura amarilla» y se amenazase a su autor y al periódico con futuras acciones legales.

El asistente de Vargas se encargó de filtrar todas las llamadas, para evitar que la bandada de periodistas que acudió al olor de la carroña, y con la excusa de buscar reacciones, consiguiera algo.

—No hay que dar cancha a estos sinvergüenzas. En estos

asuntos lo mejor es no decir nada y no dejarse hacer fotos —insistió el del gabinete de prensa—. No tiene objeto gastar energías en desmentir una falsedad que se cae por su propio peso. Vamos a dejarlos que se desprestigien solos. Si no has telefoneado a tu mujer, hazlo y tranquilízala, pero no hables con nadie más.

—Ya he hablado con ella y está desolada.

—Más adelante hasta nos podía venir bien que hiciera unas declaraciones.

—¿Tú crees que esto irá a más?

—Es evidente que existe una intencionalidad política, pero afortunadamente no vivimos en Gran Bretaña —aseguró ampuloso el de prensa—. En España los escándalos sexuales de los políticos no tienen trascendencia alguna.

—¡Yo no estoy implicado en ningún asunto sexual! —protestó Vargas.

—Ya lo sé. Únicamente trataba de explicarte cómo son las cosas.

Al día siguiente, cuando *La Crónica* sacó en portada una de las fotos captadas por Nuria ante el portal de Clara del Rey, en la que se veía a Vargas discutiendo con la morena, acompañada de un titular entre signos de interrogación en el que se decía: «¿Es ésta la misteriosa amante del diputado Vargas?» y de una transcripción parcial de la grabación hecha a escondidas en el despacho del parlamentario, el jefe de prensa empezó a flaquear. Como el resto del grupo parlamentario, intentó convencerse de que la historia de la amante era un infundio, pero consideró que ya no debían seguir guardando silencio.

—Los periodistas suelen decir que perro no come perro, pero hay que aprovechar la animadversión que el resto de los diarios profesa a *La Crónica* —propuso el hombre, con una agudeza impropia de él—. Vamos a convocar una rueda de prensa. Además de refutar en términos rotundos lo de la supuesta amante, hay que cargar contra esos piratas. Hay que desenmascarar a esos terroristas de la información y dejar claro que no vamos a soportar campañas de descrédito como la que han emprendido contra ti.

Vargas tenía el corazón en un puño, pero hizo caso. No había otro remedio. Escoltado por el jefe de prensa y otros dos diputados de su partido, con corbata roja y enfundado en un traje Príncipe de Gales, interpretó lo mejor que pudo los acordes de la partitura que le correspondieron. Negó todo, habló del dolor de su familia, evocó su carácter de padre ejemplar, tildó a *La Crónica* de «pasquín hediondo» y descalificó el quehacer profesional del diario con frases como «vergüenza nacional» o «atentado a la libertad de expresión».

El miércoles, coincidiendo con la publicación en los medios de la competencia de amplias reseñas de la rueda de prensa, *La Crónica* sacaba en portada y a toda página una foto extraída del vídeo en la que se veía al diputado como su madre lo trajo al mundo, a cuatro patas y con una mujer montada a horcajadas sobre él. El titular era explosivo: «¡Cazado con el culo al aire!»

A la morena no se le distinguía la cara, pero a Vargas se le identificaba perfectamente a pesar de la escasa calidad de la imagen. La única gentileza del periódico, que anunciaba nuevas revelaciones y más fotos para el día siguiente, era una minúscula aspa de tinta negra cubriendo a duras penas los genitales del desventurado político.

El jueves, *La Crónica* hizo un malvado despliegue gráfico, dando muy pequeñitas, a columna y como fotogramas de un filme, secuencias completas de los «numeritos» de Vargas y la morena. El viernes se tomaron un respiro, que contribuyó a reavivar la curiosidad del público.

Pablo había contado con ello. Sólo hay tres días en el año en que los diarios españoles están ausentes de los kioskos. Uno es el 25 de diciembre, porque se supone que hasta los redactores tienen alma y desean pasar la Nochebuena en familia y no tecleando en sus ordenadores. Otro es el 1 de enero, por razones más alcohólicas que sentimentales, ya que se da por sentado que todo el mundo, hasta los periodistas, tiene derecho a disfrutar del jolgorio de la Nochevieja. El tercero es Viernes Santo y ahí, aunque los que hacen los diarios suelen ser bastante impíos, las causas hay que buscarlas en la arraigada fe católica del país.

En los días posteriores, con cuentagotas como había previsto Pablo, fueron administrando a los lectores fotos, detalles y transcripciones de los fragmentos más picantes o chuscos de la ardiente conversación mantenida entre el diputado y la morena.

Para evitar incomodidades y mientras amainaba la tormenta, Quique mandó a la chica evaporarse una temporada. Facilitó las cosas financiándole con dinero de Pablo unas largas vacaciones en Santo Domingo. Aquella Semana Santa fue la primera ocasión en toda la historia del periodismo nacional en que un diario sensacionalista como *La Crónica* superaba en difusión a todos sus rivales.

Las ventas bajaron gradualmente a medida que se fue difuminando la expectación despertada por las aficiones sexuales del diputado Vargas, pero aun así, cuando se reanudó la actividad política, empezaron las clases en los colegios y la gente retornó a la rutina, el periódico de Pablo parecía estabilizado en los 210.000 ejemplares.

16. LA HERENCIA

Terceiro estaba empeñado en vender el periódico. *La Crónica* no era ya un saco sin fondo donde todo se iba en pagar nóminas y tapar agujeros, pero las cuentas seguían sin cuadrar. El arcano de la supervivencia financiera de un diario son los ingresos publicitarios y los anunciantes tardaban en reaccionar. El marketing tiene su inercia y muchos fabricantes, sobre todo los de objetos caros y de calidad, todavía eran renuentes a promocionar sus productos en un medio tan ácido, pachanguero y visceral.

Vargas se había visto obligado a dimitir de todos sus cargos. Había devuelto el acta de diputado y retornado como un proscrito a su Valladolid natal, donde intentaba pasar desapercibido. Había quedado claro que *La Crónica* podía agitar a las masas y destruir reputaciones, pero no era un polo de referencia para los intelectuales. Apenas pesaba en el mundo de la Cultura —con mayúsculas— y estaba mal vista en medios políticos y financieros. Esa imposibilidad casi metafísica de influir editorialmente en el pensamiento de las elites no quitaba el sueño a Pablo. Hacía mucho que sus afanes iban orientados a convertir *La Crónica* en el diario más leído del país. En su opinión, cuando llegaba el momento de la verdad y la ciudadanía se presentaba ante las urnas, valía igual la papeleta de un catedrático de Física Cuántica que la de un barrendero semianalfabeto. Tener lectores era tener poder y el poder significaba dinero. Sólo necesitaba tiempo. Que Terceiro le concediera unos meses más.

—Habíamos quedado en que si después del verano alcanzábamos los doscientos mil, podría seguir sin contratiempos hasta completar un año como editor —recordó al empresario a principios de abril, durante uno de los almuerzos que celebraban periódicamente para cambiar impresiones.

—A ti qué más te da que venda ahora o lo haga en octubre —replicó Terceiro inconmovible.

Le había divertido la «lapidación» del diputado adúltero, pero no había cambiado de parecer. Pablo ensayó la táctica dilatoria.

—Aguanta seis meses. Con eso me conformo.

—No.

—¿Por qué no?

—Los problemas de los demás siempre nos parecen mucho más simples que los nuestros y a ti los míos no parecen afectarte.

—Un acuerdo es un acuerdo y me diste tu palabra.

—Te la di y la he respetado, pero ahora se presenta una ocasión magnífica para vender y puede que dentro de seis meses no exista.

—En Navidades estarán las cosas mucho mejor; la coyuntura política será más favorable.

Pablo añadió que el asunto Vargas y la marcha al Grupo Mixto de media docena de diputados centristas, disgustados por el recorte de los gastos sociales decidido por el gobierno, hacía inevitable la convocatoria anticipada de elecciones.

—¿Cuánto te ofrecen los catalanes?

—Han empezado con quinientos millones, pero me huelo que están dispuestos a subir y bastante.

—¿Por qué no esperas hasta que el gobierno se decida a disolver las Cortes? —dijo Pablo, en una forma que sonó más a consejo que a pregunta—. Cualquier periódico, incluido el nuestro, aumenta de valor en campaña electoral.

—¿Y si no convocan elecciones?

—Las fechas están cantadas —explicó Pablo—. Políticamente, es un pecado capital llamar a la gente a votar con la declaración de la renta a la vuelta de la esquina, pero no van a tener otra ocasión como ésta. En la última encuesta del CIS, el partido del gobierno le saca siete puntos a la oposición. Con el calor la gente se vuelve más optimista. Además, y justo en esta época y por cuestiones estacionales, disminuye el desempleo. Empiezan a llegar los turistas y se activa el consumo. Me apuesto lo que quieras a que disuelven las Cortes cualquier día. Habrá elecciones a finales de mayo o a principios de junio.

Terceiro estaba cerrado en banda y si comprendió los argumentos cronológicos de Pablo, no se dio por enterado.

—Tú sigue con lo tuyo y déjame a mí.

—¿Eso qué quiere decir?

—Que voy a hablar con los catalanes. Son muy rácanos, pero a lo mejor se enternecen un poco y mejoran la oferta.

Como el yonki necesita su diaria ración de droga, Pablo había terminado enganchado al periódico y sobre todo por su vorágine. Cada día se asentaba más en su cerebro la nebulosa tesis de que bastaba talento y osadía para mover a voluntad vidas y haciendas.

La sensación que le había embargado durante la maquinación de «affaires» como el de Vargas o el atraco a la joyería, sumada a la excitación de competir cotidianamente para superar a otros diarios, era arrobadora. Estaba obsesionado con encumbrar *La Crónica* al primer puesto del ranking de ventas. Se había propuesto alcanzar el medio millón de ejemplares de tirada. Si era preciso saltar por encima de Terceiro o pisarle la cabeza, lo haría.

Pablo pasaba la mayor parte del tiempo en su despacho cotejando cifras y analizando prensa extranjera para inspirarse. Cuando no estaba en el edificio, rara era la hora en que no llamaba un par de veces para demandar al director o a Herrera qué temas fuertes llevaban ese día o para zaherirles como colegiales por la sosería con que habían cubierto un acontecimiento.

Llevaba meses sin pisar El Cantrojal. Vivía demasiado pendiente del periódico para desvivirse con venados, muflones o jabalíes.

Era excesivamente vicioso para prescindir totalmente del sexo, pero su actividad amatoria se había circunscrito exclusivamente a Alicia. Sus inconfesables encuentros con ella cumplían tres funciones. Una lúdica: Alicia rodeaba el coito de un aura pecaminosa que le hechizaba. Otra terapéutica: le servía para descargar toxinas. Estaba también el flanco reivindicativo: le resultaba psicológicamente remunerador ponerle los cuernos al petulante y ensoberbecido Terceiro. El empresario le había ofendido, le había tratado como a un vulgar empleado y parecía dispuesto a pasarse por la entrepierna sus requerimientos.

Al principio, ella había ido algunas veces a su casa, pero ya no lo hacía. Aunque desde La Moraleja se llegaba en un periquete al Paseo de la Habana, a Alicia le acongojaba la posibilidad de que alguien la reconociera o identificara su coche aparcado frente al edificio donde vivía Pablo. No le iba a ser fácil explicar a su marido qué hacía en el barrio de Chamartín a mitad del día. Allí no estaban sus tiendas favoritas ni había un gimnasio, un médico o una amiga de quien valerse como excusa.

Como solución de urgencia repostaron alguna vez en el picadero de Clara del Rey donde Quique había emboscado al diputado Vargas, pero era un paraje carente de encanto. Últimamente se encontraban en el hotel Mónaco. Estaba en la calle Barbieri, justo donde los edificios ostentosos de la Gran Vía cedían el sitio a las manzanas salpicadas de tabernas y baruchos, que frecuentaban chicas de alterne, drogotas y borrachines.

El Mónaco era un establecimiento antiguo sobre el que planeaba la leyenda de haber sido el lugar donde el rey Alfonso XIII llevaba a sus amantes. Distaba lo suyo de los lujosos hoteles que frecuentaban ambos, pero les divertía. Bastaba deslizar un billete en la mano del conserje para que al hombre se le olvidase que había que rellenar una ficha. La habitación, con espejos en el techo y colmada de cretonas, visillos y encajes, costaba 10.700 pesetas.

Tenía el inconveniente de que en ocasiones se escuchaban los jadeos de otras parejas, pero hasta eso era un acicate para el vicio. El juego sexual no se efectúa en el vacío. Depende también del entorno. En el Paseo de la Habana o en La Moraleja no se podía escapar a la propia personalidad. Estaba escrita en los muebles, en los libros de la estantería, en los olores, las alfombras y los cuadros. El hotel era una tierra de nadie, un espacio anónimo donde no había límites.

Fue precisamente en El Mónaco, a la hora de comer y un día en que llovía a cántaros sobre Madrid, cuando Pablo expresó sin rodeos y por segunda vez su anhelo de quedarse con todo. La primera ocasión había sido muchos meses atrás, conversando con Quique en El Frontón y mientras esperaban a que Salustiano Suárez llegase al restaurante.

Entonces había parecido una excentricidad. Ahora era distinto. La situación había evolucionado a su favor. Paradójicamente, no fue él quien sacó el tema. Acababan de follar y estaba derrengado sobre el lecho, cuando Alicia se le montó encima, arrimó la boca a su oreja y susurró:

—¿Por qué no matamos a mi marido y nos casamos?

Era una broma, pero inflamó la inmodestia de Pablo.

—¿Quieres de verdad casarte conmigo?

—Casarme no, pero me encantaría que fueras mío. Te compraría si pudiera. Te tendría guardado en un armario y cada vez que estuviera caliente te sacaría.

—¿Y qué me darías a cambio?

—Lo que tú quisieras. Ya sabes que soy muy rica.

—Estás muy rica, que es distinto —puntualizó Pablo, galante pero puñetero.

—Soy muy rica —proclamó ella desdeñosa.

—Tú no tienes nada. Todo es de tu marido.

—Todo es de él, ahora, pero si muere yo heredaré hasta sus zapatos, incluido ese periodicucho que tanto te gusta.

Todo encajaba a la perfección. Estar desnudo sobre la cama de un hotel, con una mujer que le perturbaba y que podía ser un día la dueña de algo que ambicionaba desmedidamente. Lo curioso es que además le gustaba Alicia.

Se negaba a aceptar que pudiera estar enamorado de ella. Eso sería exagerar. Su propensión a la trivialidad y la aventura le hacía sospechar automáticamente de los sentimientos intensos. Huía de ellos. Alguna vez se había imaginado a sí mismo como consorte de la rubia y no se había sentido mal. No integrarían nunca una pareja como la que había formado con Victoria, pero tenía su guasa convertirse en millonario por vía vaginal. El inconveniente, el obstáculo que se interponía en el camino, tanto en eso como en algo tan esencial para él como el periódico, era Terceiro.

17. EL FUTBOLISTA

Fue hojeando la prensa matinal cuando comenzó a germinar la idea del futbolista. Hacía dos días que había desaparecido un naviero en el País Vasco. La última vez que habían visto al industrial fue saliendo de la lonja de una sociedad gastronómica donde una vez al mes los componentes de su cuadrilla se reunían para desfogarse comiendo y bebiendo sin tino. Su coche había aparecido abierto y con la llave de contacto puesta junto a la basílica de Begoña. Se trataba del hijo primogénito de una de las familias de Neguri con más raigambre en la margen derecha de la ría bilbaína.

Pablo no solía perder mucho tiempo con los periódicos de provincias y en su vida había prestado atención a *Egin*. El diario abertzale estaba diseñado correctamente y tenía hechuras modernas, pero le parecía un panfleto vomitivo. No le cabía duda alguna de que estaba financiado directamente por los terroristas y unos días antes había dicho a su secretaria que le ahorrase el disgusto de verlo sobre su mesa.

La minifaldera no había estado todo lo diligente que era de esperar y esa mañana, al llegar a *La Crónica*, Pablo se encontró con un ejemplar de *Egin* en el mamotreto de publicaciones extranjeras y nacionales que desguazaba cotidianamente. A diferencia de otras veces, se fijó en el incendiario diario abertzale y por una razón muy simple: llevaba en portada la imagen del naviero. No una de las fotos amables que se habían difundido hasta entonces y en las que se le veía sonriente y trajeado, sino un retrato hecho con Polaroid, en el que aparecía mirando al objetivo con cara de nazareno, sin afeitar, sosteniendo en las manos un diario y delante de una sábana en la que habían pintado las siglas de ETA y el anagrama de la organización: una serpiente enroscada en un hacha.

Llevaba tiempo sin asistir a la reunión de las once, pero esa mañana decidió bajar. El tema del día, lógicamente, fue el secuestrado. El que más y el que menos hizo un esfuerzo por sugerir algo original o buscar un ángulo novedoso. Al final acordaron lo de siempre: enviar un par de reporteros a hacer guardia ante la casa de la familia, hacer un perfil humano del naviero, publicar la lista y la cronología de los secuestros de ETA y encargar un mapa de la zona delimitando el trayecto seguido por la víctima y los puntos donde previsiblemente pudo ser interceptada por sus captores.

—Habría que explicar cómo es el zulo donde lo tendrán encerrado —sugirió Justino—. Pedid a Documentación que busque todo lo que haya de otros secuestros y que se esmeren los del departamento de Infografía.

—Aunque alguien se cabree, también habría que escribir algo sobre la inoperancia policial —propuso el jefe de Nacional, uno de los dinámicos muchachos de la última hornada a los que Pablo había promocionado al poco de convertirse en editor—. ETA ha hecho unos ochenta secuestros a lo largo de su historia y ha tenido a gente hasta un año metida en un agujero sin que la policía haya sido capaz de descubrir nunca el escondite.

—No es del todo cierto —puntualizó Herrera, que había quedado encargado de coordinar la cobertura—. A vosotros a lo mejor no os suena, porque sois muy jóvenes, pero yo cubrí en 1982 el secuestro del padre de Julio Iglesias y me acuerdo muy bien. Lo tenían en una cabaña de pastores, en Trasmoz, un pueblo de Zaragoza, y lo liberó la Guardia Civil sin pegar un tiro.

—Tampoco es para echar las campanas al vuelo —afirmó insidioso el jefe de sección—. Una golondrina no hace verano.

—Que yo recuerde ha habido por lo menos otros cinco casos —persistió Herrera—. El último, el de Pedro Guzmán y antes, Saturnino Orbegozo y Ángel Carasusán. Lo más grotesco es que todos ésos terminaron pagando.

—¿Por qué pagaron? —preguntó una de las chicas.

—Por qué va a ser —dijo Herrera—: por miedo a que los volvieran a raptar. Negociaron con la banda y entregaron a escondidas y a plazos lo que les pedían de rescate. Con delincuentes comunes las cosas son distintas, pero estos cabrones de ETA tienen a la gente agüevada.

El redactor jefe poseía una memoria portentosa y se permitió un alarde de erudición.

—En 1977, cuando yo empezaba en esto y aquí en España todavía no se sabía si habría democracia o no, los alucinados del GRAPO secuestraron de una tacada a Antonio María de Oriol y Urquijo y al teniente general Villaescusa. La policía tardó dos meses en atinar con los apartamentos donde los tenían y eso que los del GRAPO no contaban con zulos ni con nada por el estilo. Al banquero lo encontraron en un piso de Vallecas y al militar en Alcorcón. Con las ciudades convertidas en hormigueros y contando con la proverbial indiferencia del vecino moderno, secuestrar a alguien no es complicado. Lo difícil es mantenerlo escondido y, sobre todo, cobrar el rescate.

Estuvieron deliberando un buen rato sobre la mejor forma de ilustrar la información del naviero.

—Habrá que dar la foto que publica *Egin* —admitió Herrera pesaroso— y buscar material en el archivo. Era un tipo con bastante actividad social y debe de haber un montón de imágenes suyas en fiestas y en acontecimientos deportivos. Es socio del Athletic de Bilbao y creo que iba los domingos al campo.

—¿Tiene alguien alguna propuesta genial? —preguntó Justino elevando la voz por encima del barullo—. ¿Algo distinto?

—Aquí los únicos que van a tener algo especial son los de *Egin* —masculló Herrera—. Podrían hasta entrevistarlo si les diera la gana.

Pablo, que hasta entonces se había limitado a escuchar, preguntó si nunca se había publicado una entrevista con un secuestrado de ETA.

—Me parece que no —se apresuró a aclarar Herrera—. Para *Egin*, que es parte de esa caterva, no significaría mucho entrevistar a un secuestrado, pero para un periódico normal sería un pelotazo. Para nosotros sería la pera.

El redactor jefe puso los ojos en blanco.

—Titulábamos: «Declaraciones desde el zulo» o «Diario de un secuestrado». Y para redondearlo, unas cuantas fotos del tipo comiendo, leyendo, haciendo ejercicio y rezando.

La reunión concluyó en un ambiente distendido, en el que no faltaron los inexcusables retazos de humor negro a que tan proclives son los periodistas. Pablo carecía de la enciclopédica memoria de Herrera, pero era excelente a la hora de sacar conclusiones. Fue Quique, en una noche de muchas copas, quien le ayudó a perfilar el plan.

Estaban en un extremo de la barra principal de Congo y Pablo bajó la voz hasta convertirla en un susurro.

—Aunque te parezca mentira, tengo ya hasta el candidato.

—¿Quién? —preguntó Quique divertido.

—Me estoy meando. Piensa un poco a ver si aciertas.

Con el paso exageradamente cauteloso del que no desea parecer borracho, Pablo cruzó entre las mesas y se encaminó hacia los lavabos. Cuando volvió traía húmedo el cabello. Se había mojado la cara con agua fría para despejarse.

—¿Todavía no lo has adivinado?

—¿Isabel Preysler? —bromeó Quique.

—Pensándolo bien, no estaría nada mal, pero no van por ahí los tiros.

El ex policía se removió impaciente.

—Dime quién y déjate de zarandajas.

—João dos Santos.

—¿El futbolista del Real Madrid? —exclamó Quique sin embozar su sorpresa.

Pablo asintió.

—¿Se te ocurre alguien mejor? ¿A que no?

Sin esperar la opinión de su amigo enumeró las indudables ventajas que, a su entender, entrañaba secuestrar al jugador brasileño.

—No hay nada que mueva tanta gente y que interese más al público medio que el fútbol. El Real Madrid va en cabeza en la Liga y el chaval ese es su principal goleador. No hay quien le quite el Pichichi este año. Se ha convertido en la gran estrella del momento. Por último, y eso es lo primordial, está tirado secuestrarlo.

—Tirado no hay nada.

—Sí en este caso, siempre y cuando se tomen las medidas correctas. Ahí es donde tú eres esencial. Tienes que convencer a Salustiano para que nos haga el trabajo sucio.

—Salustiano es capaz de cualquier cosa, pero para hacer algo así no basta una persona.

—Él tiene que conocer gente.

—No para eso, y además un secuestro cuesta mucho dinero. Necesitas un piso franco y hay que insonorizar herméticamente al menos una habitación, fabricar documentación falsa, cambiar placas, tener quien vigile al rehén durante las veinticuatro horas y un montón de infraestructura. No querrá.

—Da igual lo que pida. Le puedo pagar cinco millones, diez, veinte... lo que sea. Lo único que tendría que hacer es coger a João, retenerlo en un sitio seguro un par de semanas, hacerle unas cuantas fotos, grabarle unas declaraciones y soltarlo.

—No sé si hablas en serio o si me estás tomando el pelo.

—No es el momento de bromear. Ya sabes lo que quiero hacer con el periódico y con las cosas de comer no se juega.

Quique asumió la tarea de estudiar la operación. No tardó en llegar a la conclusión de que el secuestro era factible y que el mejor momento para ejecutarlo sería alrededor de la una de la tarde, en día laborable y aprovechando uno de los entrenamientos en la Ciudad Deportiva del Real Madrid.

El entrenamiento comenzaba siempre a las once de la mañana. Los jugadores tenían que presentarse media hora antes. João, como el resto de los futbolistas, llegaba al complejo en su coche y aparcaba en un pequeño recinto vallado, contiguo a la entrada de vestuarios. El brasileño era un fichaje reciente. La temporada anterior había militado en las filas del Inter de Milán y todavía conducía uno de los lujosos BMW con números de matrícula correlativos, que un concesionario vinculado a la directiva facilitaba al club.

Confundido entre los aficionados que se acercaban regularmente a la Ciudad Deportiva, Quique estudió el terreno. Acceder al lugar no parecía muy difícil. En la entrada permanecía un empleado del club, que levantaba con sus propias manos la barrera en cuanto divisaba el coche de un jugador. Lo mismo hacía con un puñado de periodistas resabiados, con bula para entrar cuando les venía en gana y zascandilear hasta en el vestuario. Eran media docena de reporteros y fotógrafos y se consideraban parte de la «Familia Blanca», porque habían empezado a seguir al Real Madrid cuando en la delantera del equipo militaban Puskas, Gento y Di Stéfano, habían escrito de los galardones conseguidos en tiempos de Pirri, habían alabado la epopeya de la generación de Butragueño, continuado con Hierro, después con Raúl y todavía no estaban quemados del todo. A los que no conocía, el portero les exigía una acreditación. El ex policía comprobó que valía casi cualquier carnet y en ocasiones bastaba con el amago de buscar la cartera. Para salir no había control alguno.

A pesar de esto, Quique desechó efectuar el secuestro en el camino hacia el entrenamiento o dentro de la Ciudad Deportiva. Había que esperar a la salida, para contar con un amplio margen de tiempo entre la ejecución del secuestro y el momento en que el equipo o sus amigos comenzasen a echar en falta al jugador.

La salida ofrecía muchas ventajas. Por un lado y después de la paliza de ejercicio físico, João estaría menos alerta. Cada jugador abandonaba el lugar en su propio vehículo. Era habitual que decenas de aficionados estuvieran apostados en la puerta y que algunos de ellos, los más decididos o entusiastas, se abalanzaran sobre los coches solicitando autógrafos. Había deportistas especialmente cariñosos con la afición y João era uno de ellos. Raro era el día en que no bajaba la ventanilla, se dejaba palmear el hombro y estampaba su firma una decena de veces.

La salida desembocaba en un amplio cruce del que partían calles hacia el complejo sanitario de La Paz, la zona comercial de La Vaguada, el Hospital del Rey y La Castellana. João vivía en la urbanización Puerta de Hierro, muy cerca del hotel Monte-Real.

Una vez concluido el entrenamiento solía dirigirse a su apartamento para descansar y eso le obligaba a girar a la derecha nada más salir de la Ciudad Deportiva y a tirar en dirección a La Vaguada.

Era una lotería, pero había muchas probabilidades de que tuviera que detenerse en el semáforo existente a mitad de la cuesta de bajada. Allí bastaría una luminosa sonrisa, un banderín del Real Madrid y cierta insistencia para hacerle bajar el cristal. El resto era sencillo. Había que escoger un día lluvioso para que no hubiera peatones deambulando por la zona y actuar con gran celeridad. El solicitante de autógrafos, estando como estaría apoyado en la ventanilla, no tendría dificultad para levantar el botón del seguro. El BMW del jugador llevaba cierre centralizado y eso dejaría expedita la puerta del acompañante, por la que entraría otro secuestrador pistola en mano.

La operación sólo requería dos personas, un coche con el maletero acondicionado para poder trasladar en su interior al futbolista convenientemente amordazado y un apartamento de alquiler, situado en un edificio grande y con garaje en el sótano. El piso tenía que contar con una habitación interior, sin ventanas e insonorizada aunque fuera de forma casera.

Un riesgo evidente era que João aguantara el tipo. Era un chico joven, estaba fuerte como un toro y podía intentar escapar o forcejear con el de la pistola, aunque ambas opciones eran bastante improbables. No había muchos antecedentes de deportistas secuestrados en los que apoyarse, pero ni el también madridista Alfredo Di Stéfano, cuando lo capturaron unos guerrilleros izquierdistas en Venezuela, ni el barcelonista Enrique Castro «Quini», que en 1981 estuvo veinticinco días en manos de unos delincuentes de poca monta, habían reaccionado. La visión de un arma de fuego apuntándole a uno al entrecejo suele tener efectos paralizantes sobre el ser humano, por musculoso, activo o vital que sea.

Lo más trabajoso fue convencer a Salustiano. Ya no se trataba de traficar con información reservada, extralimitarse letalmente con unos violadores o permitir que unos chorizos atracasen una joyería para acribillarlos después argumentando que era su vida o la tuya. Ahora el asunto implicaba saltar abiertamente al otro lado. Había que cometer un delito y aquí sí que no cabía la treta de alegar una causa de justificación. Si la historia salía mal, caería sobre él todo el peso de la ley. No habría atenuantes ni eximentes. Por secuestro, con el Código Penal en la mano, cualquier juez envía al del banquillo a la cárcel y por diez años.

Quique recalcó mil veces que su proyecto no tenía fisuras. Lo tenía perfectamente pensado. Para acallar los peros de Salustiano resaltó que tampoco era tan grave. En última instancia, descartaban a priori matar al futbolista. Su vida no estaba en juego. Si se resistía y eran incapaces de reducirlo sin violencia física, cancelarían inmediatamente la operación.

Parte del plan consistía en exigir mil millones de pesetas al Real Madrid, aunque eso era una mera celada destinada a crear confusión. De lo que se trataba era de capitalizar periodísticamente el caso. Y desde el principio hasta el final.

De acuerdo con el bosquejo concebido por Pablo, lo primero sería publicar en rigurosa exclusiva la noticia del secuestro, atribuyéndolo a ETA. Dado que la organización terrorista estaba muy compartimentada, los capitostes de la banda tardarían bastante en comprobar que la faena no había sido ejecutada por uno de sus comandos. El desmentido, caso de producirse, podía retrasarse hasta quince días. Existía por tanto un margen de una semana durante el que nadie, ni siquiera la policía o los terroristas, sabría a ciencia cierta hacia dónde orientar sus pesquisas.

Durante ese intervalo la misión de Salustiano consistiría en retener a João dos Santos y procurar que consumiera el tiempo de la forma menos rigurosa posible y sin sufrir daño alguno. Aprovecharían la forzada estancia del futbolista en el apartamento para hacer un reportaje gráfico de su vida en cautiverio. También habría que entrevistarlo, incitándole a hacer declaraciones dramáticas, e incluso pedirle que escribiera alguna carta a sus compañeros del club o a su familia. Todo ello destinado a las páginas de *La Crónica*.

Otra de las «exclusivas» que contribuirían a incrementar las ventas del diario, y ayudarían a auparlo al primer puesto del mercado, sería la publicación de un mensaje con el anagrama de ETA solicitando al Real Madrid la astronómica suma de mil millones de pesetas. El propio rotativo, en una maniobra destinada a sintonizar con los hinchas, abriría con un donativo generoso la campaña pública de recogida de fondos para pagar el rescate.

Inmediatamente y a ser posible antes que los investigadores se hubieran aclarado sobre la naturaleza no política del secuestro, dejarían ir sano y salvo al astro brasileño. El método para liberarlo sería el tradicional: una buena ración de sedantes, una mordaza, discreta bajada en ascensor al garaje del edificio y viaje corto en el maletero hasta un paraje solitario, donde el famoso y deseado João dos Santos sería localizado, fotografiado y entrevistado en primicia mundial por los avispados reporteros de *La Crónica*.

Para emborronar las pistas harían maniobras de distracción de manera que pareciera que eran los secuestradores los que habían escogido a *La Crónica* como destinatario, para filtrarle fotos y entrevistas. Así no habría problema con el juez instructor que llevara el caso. Bastaría entregarle los documentos —la carta manuscrita del jugador, la nota de los secuestradores y las fotos— una vez publicados.

—Imagínate que todo sale bien, lo que ya es imaginar bastante —argumentó Salustiano—. Para *La Crónica* es de puta madre, para ti me imagino que también, pero... ¿qué saco yo?

—Tú sacas lo que quieras.

El inspector jefe carraspeó. Se había percatado de que podía llevarse una buena tajada —dinero más que suficiente para retirarse y vivir como un pachá—, aunque seguía primando el temor sobre la avaricia. El plan expuesto por Quique sonaba factible, pero entrañaba tremendos riesgos.

Estaban en Congo, sentados uno frente a otro en una de las mesas situadas en la terraza, bajo un falso cocotero en cuyas ramas anidaban coloridos periquitos de madera. El local estaba vacío. Empezaba mayo y la temperatura era agradable. Eran las once y hasta el mediodía, cuando abrían para servir aperitivos, los únicos que rondaban por el bar eran los camareros y estaban demasiado lejos y atareados para prestar atención o escuchar lo que el gordo y su patrón cuchicheaban en una esquina.

Quique no era un diletante. No le gustaba perder el tiempo y a los quince minutos escasos de sentarse ya le había contado a Salustiano el guión completo del secuestro de João dos Santos.

—Lo único que necesitamos es una persona que se encargue de vigilarlo y de darle de comer durante una semana.

Salustiano observaba con gesto adusto.

—Esa persona eres tú.

El inspector jefe se encogió de hombros, pero mantuvo los labios sellados.

—¿Qué me dices? —le increpó Quique.

Salustiano resopló molesto.

—Ya te he dicho que no veo qué tengo que ganar yo en todo esto y, además, hay cosas que no cuadran.

—¿Por ejemplo?

Salustiano dejó pasar unos segundos, simulando pensar.

—No basta una persona para secuestrarlo.

—Hacen falta dos; uno que se acerque por la izquierda a pedirle un autógrafo y le haga bajar el cristal de la ventanilla y otro que entre por la puerta de la derecha, lo encañone y le obligue a conducir su propio coche hasta el lugar donde estará el vehículo en el que será trasladado hasta el apartamento.

Hubo una pausa en la que el inspector jefe estuvo a la espera de que Quique añadiera algo más. Al ver que no lo hacía, preguntó:

—¿Y quién es ese segundo?

—Yo.

Salustiano gruñó satisfecho.

—Eso mejora sensiblemente las cosas. Lo que sigue sin aclararse es cuánto saco yo de esto.

Quique había discutido el asunto con Pablo y venía preparado para ese momento. Metió la mano en el bolsillo interior de la americana y dejó en la mesa un abultado sobre, atado con una goma, como las que usan los bancos.

—No hace falta que lo cuentes, hay cien billetes de diez mil.

El inspector jefe arrugó el ceño.

—Esto es calderilla; no pensarás que voy a pringarme por un miserable millón de pesetas.

—Esto es para ir tirando. Hay que alquilar el apartamento y vas a tener algunos gastos. Ahora dime cuántos millones consideras que es el precio adecuado de tu trabajo.

Pronunció la palabra millones vocalizando mucho. La codicia es mala consejera y quería que el gordo tuviera claro que podía ganar mucho dinero. Salustiano se encajó el labio inferior entre los dientes y tiró con los incisivos de un pellejo hasta arrancárselo. Le quedó un pequeño trazo rosado que pronto empezó a sangrar. Se tocó con la yema del dedo y miró la manchita roja antes de chuparse el labio.

—Veinticinco millones. ¿Te parece mucho?

La tardanza en su respuesta sugería indecisión.

—Me parece muchísimo, sobre todo cuando no hay que repartir con nadie.

—¿Entonces?

—Hablaré con Pablo.

—¿Has pensado ya qué zona es la mejor para el apartamento?

—El Pinar de Chamartín. Tiene muchas ventajas, incluida la de que la mayor parte de la gente que vive en los bloques de pisos lleva muy poco tiempo allí y nadie se conoce. Además de eso, está la localización.

—Esa zona está muy bien ubicada —convino Salustiano.

Quique aclaró que era indispensable contar con varias carreteras de salida. La cercanía de la M-40 era fundamental.

—Vamos a interceptar a João en el primer semáforo que hay

yendo de la Ciudad Deportiva a La Vaguada. Desde allí, lo mejor es girar a la derecha, subir hasta La Paz, enfilar hacia la carretera de Burgos, trocar coches en la salida de La Moraleja, cambiar de sentido para volver a Madrid y meterse directamente en el Pinar.

—Habrá que estudiarlo con cuidado.

—Lo primero que tienes que hacer es pedir veinte días de vacaciones.

18. LA TIRADA

Era casi la una de la madrugada cuando Herrera recibió la llamada. Tras escuchar durante unos minutos, tomando notas pero sin pronunciar más que un par de monosílabos, colgó el teléfono y permaneció con la mirada perdida, reflexionando. La redacción estaba prácticamente vacía.

Sobre las mesas, parpadeando, todavía quedaban unas cuantas terminales de ordenador encendidas. A pesar de los cartelitos pegados por el Departamento de Sistemas en las cuatro columnas de la sala, en los que se agradecía a los redactores «salir por completo de los terminales antes de ir a comer o al concluir el trabajo», los periodistas seguían con la despilfarradora costumbre de dejar todo conectado.

Herrera aspiró aire por la nariz y lo expulsó muy despacio por la boca, varias veces, tratando de recuperar la compostura. No estaba muy seguro de cómo debía reaccionar. Siempre había gozado de fama de ser frío y su reputación era importante para él, pero lo que le habían susurrado le desbordaba.

Ni cuando estaba borracho como una cuba daba berridos. Todo lo más, en momentos de crisis, se permitía un irónico comentario y lo expresaba en una voz sosegada para remarcar su distanciamiento con el caos reinante. Esta vez se sentía superado por los acontecimientos.

Además de parecer tranquilo, la otra cosa fundamental era lucir profesional. Quería convertirse en director de *La Crónica*, sustituir de una vez por todas al inepto de Justino y para ello era imprescindible dar la impresión de ser apto para pilotar en la tempestad y de hacerlo defendiendo los intereses de la empresa y preocupándose a la vez por el bienestar de los miembros de la plantilla, fueran fotógrafos desaliñados o encorbatados analistas de Bolsa.

Profesionalmente, tenía claro cómo obrar: había que telefonear a la rotativa, parar las máquinas y enviar urgentemente una nueva portada anunciando a toda página el secuestro de João dos Santos. Eso era fácil. Mandó a uno de los chavales del turno de noche buscar fotos del futbolista; remaquetó la portada y dos páginas interiores; redactó la noticia principal con los datos que Pablo le había pasado y ordenó a sus subalternos que arropasen la información con una biografía del brasileño y varios apoyos. Lo último, una vez expedidos los cambios hacia la imprenta, consistía en dar instrucciones para que triplicasen la tirada.

Lo que no tenía claro y resultaba preocupante era si sus sospechas tenían fundamento o estaba volviéndose paranoico. Por los teletipos de las agencias no había salido en todo el día ni una noticia relacionada con João dos Santos. Nadie, ni los histriónicos comentaristas deportivos de los programas radiofónicos nocturnos, había dicho una palabra sobre el jugador.

Con una salvedad. En *El Corner*, unos quince minutos antes de que llamase Pablo, Juan Propano había dejado caer que el Real Madrid iba a sancionar a João por incumplir el reglamento disciplinario del club. De la misma manera que los de Internacional mantenían permanentemente encendido, con el sonido al mínimo y sintonizado con la CNN, el televisor asignado a su sección, el resto del periódico trabajaba colgado del transistor. En la mesa de herradura donde estaba el planillo y el redactor jefe recibía las páginas había siempre una radio funcionando.

El abrasivo Propano había presentado la información sobre João como un «scoop». La había relatado en tono gracioso, en plan divertido chascarrillo. Una vez concluido el entrenamiento y a menos que el «mister» decretara otra cosa, cada jugador del Real Madrid quedaba libre para hacer lo que le viniera en gana hasta las doce de la noche. A esa hora debía estar obligatoriamente en casa. El control era férreo. De vez en cuando, aleatoriamente, un representante de la entidad llamaba a los domicilios de los futbolistas. Si no encontraba a alguno en su sitio, informaba al entrenador para que le aplicase la multa correspondiente.

Como ocurría con los retrasos en la llegada a los entrenamientos, se pagaba por tiempo. Cada minuto, cinco mil pesetas. El dinero de las sanciones se acumulaba en una hucha, cuyo contenido servía para financiar el banquete con que la plantilla al completo se autoagasajaba en El Asador Donostiarra. El convite se conocía internamente como El Almuerzo de las Multas. Los chavales se atracaban de bacalao y carne de buey.

A la una menos cuarto de la madrugada, cuando Juan Propano monopolizaba el micrófono con su vocecilla, Herrera no prestaba atención a la radio. A pesar de eso, retuvo lo esencial. Uno de los contactos de Propano en el Real Madrid le había soplado que a las once y media, al realizar la gerencia su ordinaria ronda de control, João dos Santos no había respondido al teléfono. Sería sancionado. Propano añadió de su cosecha que al brasileño se le había visto últimamente con la presentadora de un programa infantil de televisión bastante casquivana. Estaría con ella en alguna discoteca. El deportista, además de simpático y goleador, era un marchoso, un entusiasta de la bossa nova, la salsa, la samba y el merengue. El muy tarambana se había escapado el año anterior al carnaval de Río de Janeiro, lo que fue cáusticamente criticado en los medios de comunicación.

Todo indicaba, como malévolamente insinuó Propano, que el dicharachero João había quebrantado una vez más la normativa horaria del club para correrse una juerga. Ni se había planteado que podía haberle acaecido una desgracia o encontrarse en aprietos. Era asombroso el que Pablo supiera que había sido secuestrado: ¿De dónde había sacado la información? ¿Quién era su fuente? ¿Cómo sabía que se trataba de ETA? ¿Cuándo se lo habían dicho?

Pablo había telefoneado a la una de la madrugada, diez minutos después de que Propano y sus contertulios se hicieran unas risas a cuenta de João y el puritano reglamento madridista. A esa hora ya estaba en máquinas la primera edición, la que se enviaba a provincias y a los VIPS. En los ejemplares de *La Crónica* que llegaban a las redacciones de la competencia no aparecería João dos Santos ni de refilón. No había posibilidad alguna de que les reventasen la exclusiva.

Herrera puso en órbita a la media docena de personas del turno de noche y mientras tecleaba estuvo estrujándose la cabeza. Ni el Real Madrid ni el Ministerio del Interior sabían todavía nada del secuestro. Al menos no habían facilitado nota alguna. Pablo podía estar equivocado, pero se había expresado con una firmeza concluyente. Aunque habló en voz baja, como si tuviera alguien cerca y no quisiera que le escucharan, había insistido en que la historia «iba a misa».

Lo más curioso era que no se trataba de la primera vez que aparecía con una revelación acadabrante. Había sabido, con suficiente antelación para organizar la cobertura, que se iba a producir el asalto a la joyería de Serrano. Estuvo al tanto, cuando nadie lo estaba, de que el tercer atracador se escondía en la relojería de la Plaza del Dos de Mayo. Herrera hizo memoria y se acordó de que había sido Pablo quien le entregó los documentos sobre comisiones ilegales elaborado por la Comisión de Secretos Oficiales. También el que trajo las fotos del diputado Vargas en plena orgía adúltera. Era mosqueante.

El redactor jefe concluyó su trabajo, esperó hasta que llegó el motorista con un paquete de ejemplares de la nueva edición y repasó la información a la busca de erratas. No pudo evitar un quemazón de vanidad al ver su nombre en la primera página, firmando la gran exclusiva del año. Después, para celebrar el triunfo y aplacar su mala conciencia, se fue de copas. Lo del whisky de madrugada, dando palique a barmans y parroquianos, era una obligación sagrada para él.

Era ya muy tarde para importunar a nadie, pero al día siguiente haría algunas indagaciones. Estaba intrigado pero tampoco se trataba de salir corriendo a comunicar al primero que se le cruzara que albergaba serias sospechas sobre la honestidad de su editor. No quería dar pábulo a las conjeturas ni parecer un histérico.

Mientras apuraba el primer Ballantines de la velada acodado

en la barra de Chicote, pasó revista a sus viejos contactos. Se acordó de que en el grupo de Policía Judicial destinado en los juzgados de Plaza de Castilla estaba uno de los inspectores con los que mejores migas había hecho en el pasado. De vez en cuando tomaban un lingotazo juntos. La última vez, el policía había comentado que estaba asignado temporalmente a un caso de lavado de dinero del narcotráfico que llevaba la jueza Remedios Villamil. No sabía lo que estaría haciendo ahora. Por la mañana, cuando se despejase, trataría de localizarlo.

La liga estaba dando las boqueadas. Hasta el domingo, cuando se jugó en el estadio Santiago Bernabéu un nuevo «partido del siglo» entre el Real Madrid y el Fútbol Club Barcelona, las ventas de *La Crónica* subieron como la espuma. El ejemplar del miércoles, el que llevaba en rigurosa exclusiva la noticia del secuestro de João dos Santos, se agotó. Al mediodía y a pesar de que habían ampliado la tirada y de que posteriormente imprimieron 100.000 ejemplares de propina y doblaron rutas, no quedaba una copia en los kioskos.

El jueves, cuando los periódicos de la competencia, las emisoras de radio y las cadenas de televisión estaban todavía tratando de digerir el bombazo del secuestro, *La Crónica* apuntilló a sus rivales revelando que los secuestradores exigían mil millones de pesetas de rescate.

La nota, remitida «anónimamente» a la redacción, se insertó completa en portada debajo de un titular electrizante: «¡¡¡ 1.000 MILLONES !!!» Estaba escrita con una letra irregular y poco legible. Pablo la había manufacturado en su propia casa y la deslizó subrepticiamente entre el correo cotidiano, aprovechando lo temprano que llegaba al edificio. Había utilizado sólo mayúsculas, consciente de que cada palabra sería escudriñada durante horas por los grafólogos de la Unidad de Policía Científica.

Quique se mofaba a menudo del supuesto talento de los «detectives de laboratorio». Pablo se lo había oído cien veces, pero no estaba dispuesto a tentar a la fortuna. En las novelas y en el cine el delincuente se pierde casi siempre por un capilar, una gota de sangre, un hilo de algodón, las cadenas de ADN o una muestra de semen. Había escrito la nota con las manos embutidas en guantes de látex, como los que utilizan los cirujanos y después había restregado el papel con una bayeta para borrar cualquier rastro de sudor o de células epiteliales. Por último, con la pinza del hielo, para no dejar huellas dactilares, había metido el mensaje en un sobre. Repitió la operación de limpieza en el envoltorio y se deshizo del BIC, incinerándolo y arrojando el plástico chamuscado al cubo de la basura. No fuera a ser que analizasen la tinta de la nota y encontraran similitudes con la de un bolígrafo descubierto en su casa.

El viernes, la baza fue una foto tomada con una cámara Polaroid en la que aparecía João dos Santos ante un cartel de ETA y asiendo un ejemplar del diario *Egin*.

El sábado, además de salir apoyando la demanda del Real Madrid de que se pospusiera el encuentro con el Barcelona, *La Crónica* sacaba una carta manuscrita del jugador, en la que el carioca aseguraba a sus compañeros de equipo que se encontraba bien y que anhelaba fervientemente recobrar la libertad para ayudarles a ganar la liga. Los madridistas iban primeros en la tabla de clasificación, pero con una ventaja muy exigua.

El domingo, además de desatar una campaña contra la Federación Española de Fútbol por no acceder a la demanda del club blanco, el diario anunció la apertura de una cuenta bancaria a la que cualquiera podía enviar aportaciones para reunir el dinero del rescate. *La Crónica* ponía diez millones. Ese día, como material de peso, publicaban un amplio reportaje gráfico sobre la vida cotidiana del secuestrado: João leyendo, João comiendo, João reposando, João haciendo flexiones para mantenerse en forma, João durmiendo...

La rotativa comenzaba a tirar a las diez de la noche y no paraba ningún día antes de las diez de la mañana. Funcionaba ininterrumpidamente durante doce horas, deteniéndose únicamente para cambiar bobinas de papel o reponer tinta. Algunas veces rozaban los 600.000 ejemplares. Otras, cuando se rompía el papel más de lo debido, se quedaban más cortos, pero nunca quedaban por debajo del medio millón.

Hubieran podido vender más periódicos, porque la demanda se había desbocado, pero la máquina no daba más de sí.

Pablo estaba exultante. Ya sólo restaba una cosa: soltar a João y dar en exclusiva la noticia y el reportaje de su liberación. El domingo por la noche, Pablo y Quique se encontraron en Congo. Se estaban complicando las cosas. Según Quique, Salustiano estaba nervioso. El inspector jefe presentía lo peor y tenía ganas de dejar atrás aquel mal trago.

—¿Pero qué le preocupa?

—Lleva ya cinco días encerrado con João en el piso. Creo que le ha terminado cogiendo cariño. Le dará pena.

—Habíamos quedado en que lo retendríamos diez días.

—Salustiano no quiere y además está enfermo.

—¿Qué tiene?

—Hace unos meses le diagnosticaron un cáncer linfático.

Nombró la enfermedad como podía haber dicho la hora, estático y sin acento.

—¿Es grave? —preguntó Pablo, que profesaba un temor atávico a todo lo que sonase a hospital o contagio.

Quique puso cara de circunstancias.

—Es definitivo. Puede sentirse mejor una temporada y funcionar casi normalmente a veces, pero cualquier día la espicha.

—¿Lo sabe él?

—Sí y trata de superarlo, pero no hay esperanza. Debe ser jodido. He hablado con él y me impresionó lo que dijo. Insiste en que cuando uno está sano, no puede imaginar lo que es estar enfermo. Jura que no le preocupa morir. Dice que ha estado cerca de la muerte en otras ocasiones, pero siempre pensó en un accidente de automóvil, un ataque al corazón o un tiro. Lo que le aterra es deslizarse lentamente hacia un fin oprobioso, ir perdiendo facultades y agonizar lleno de tubos.

—¡Joder!

No tenía sentido alargar el asunto. El Real Madrid, lastrado por la ausencia de su estrella, había empatado a dos con el Barcelona. La suscripción pública para reunir el dinero del rescate iba como un cohete. Algún competidor se había hecho eco de las dudas de los expertos sobre la autoría del secuestro. La Policía Judicial había visitado la redacción una docena de veces y no siempre en actitud amistosa, para recoger los documentos supuestamente enviados por los secuestradores. Probablemente había pinchado los teléfonos del periódico, confiando en interceptar alguna llamada de los captores. La jueza Villamil estudiaba la posible existencia de irregularidades o actuaciones delictivas en el quehacer de *La Crónica*.

Acordaron dejar transcurrir el lunes sin dar noticia alguna, para incrementar la expectación.

El martes, Pablo esperó hasta las ocho de la noche para llamar a Nuria. Por la línea interior marcó el número de la sección de Fotografía. El que descolgara la reportera le pareció un signo de buena suerte.

—¿Tienes algo para hoy?

—He quedado para ir al cine. Después habrá cena o lo que se tercie. ¿Por qué?

Nuria no se sentía especialmente satisfecha con el trato que le dispensaba Pablo y no iba a darle la satisfacción de que pudiera pensar que se derretía porque la llamara.

—Pues cancela todos tus planes.

—¿No será para quedar contigo?

Pablo se rió muy quedo.

—A mí me encantaría, pero no es eso. Tengo un encargo muy importante que hacerte.

Todas las terminaciones nerviosas de Nuria se pusieron alerta.

—¿Algo profesional?

—Sí.

—Relacionado con el secuestro.

—Mmmm... sal a cenar y a las doce en punto, sin falta, vente al periódico y sube a mi despacho.

—Vale.

Pablo llevaba muchas semanas marginando a Justino de las decisiones importantes, pero Herrera libraba ese día y no había otro remedio que tratar con el director. Como lo que pretendía era darle instrucciones para que demorase el inicio de la impresión, prefirió bajar y explicárselo.

—¿A qué hora estamos arrancando normalmente?

—Sobre las doce.

—Hoy quiero que esperemos hasta las dos de la madrugada.

Ordenar a los operarios del taller atrasar el arranque de la rotativa un par de horas sin aducir un motivo razonable resultaría sospechoso. Máxime si después aparecían con la exclusiva de la liberación de João dos Santos. Nadie se iba a creer que había sido casualidad.

La redacción funcionaba como una olla a presión. Empezaba fría, se iba calentando durante la jornada, subía de tensión a media tarde y alcanzaba el clímax en los minutos que precedían a la hora fijada para el cierre de la edición. A Pablo le chiflaba bajar a la primera planta al final de la tarde y observar, como un vigía en su atalaya, esos instantes críticos en los que todo se enfollonaba, los redactores corrían atropellados, los jefes vociferaban y cada minuto adquiría un valor precioso. Estaba seguro de que no habría más alboroto en unos grandes almacenes a principios de enero, en la apertura de las rebajas de Navidad, del que se montaba entre nueve y diez y media de la noche en la redacción de *La Crónica*.

El cierre era inviolable, sagrado, y un aplazamiento no justificado provocaría extrañezas, imprecaciones y crujidos de dientes, pero para lograr su propósito debía demorarlo. Era indispensable concebir un motivo. Lo menos malo consistía en devolver páginas a las secciones para que las rehicieran y dificultar las entregas de originales exigiendo correcciones. Eso provocaría una considerable pérdida de tiempo.

Una vez transmitida la página al taller, había que convertirla en una hoja de acetato. De ese plástico se sacaba la plancha, fabricada en una aleación de aluminio y zinc, que se adosaba al rodillo de la rotativa. El proceso requería unos quince minutos por página en blanco y negro. Dado que el material en color exigía hasta tres cuartos de hora, bastaría dejar para el final un par de páginas de publicidad especial para asegurarse de que la máquina no estaría lista y cargada antes de las dos de la madrugada.

—¿Para qué quieres que retardemos tanto el arranque? —preguntó Justino.

—Por si sucede algo importante. Hay muchos rumores.

—¿Sobre el secuestro de João dos Santos?

—Sí.

—¿Tienes algo bueno escondido en la manga?

Pablo negó con la cabeza, dejando que la mentira se sostuviera por sí sola.

—¿Quién está hoy a cargo del turno de noche?

—El jefe de Nacional.

—No hace falta que le expliques nada. Dile que he montado una gran bronca por la cantidad de erratas que lleva el periódico y pídele todas las páginas para revisarlas. Incluidas las que estén ya en el taller. Mándales rehacer todo. Con eso, con retener el envío de la publicidad en color hasta última hora y retrasando la entrega de la portada, bastará.

—La publicidad se envía siempre por la mañana. A esta hora estará hecha y montada en la rotativa.

—Invéntate que han entrado dos páginas más a última hora. Las marcas de coches se están gastando una fortuna, así que busca un par de fotolitos de otro día y mételos. Los anunciantes quedarán encantados con el regalo.

Había pensado salir a cenar a algún sitio cercano, pero se le había evaporado el hambre. Alrededor de las once cerró con llave la puerta de su despacho y bajó a dar una vuelta por la redacción. Los del turno de noche, como era la costumbre, habían recurrido a Telepizza. Tenían las cajas de cartón abiertas sobre la mesa de herradura, rodeadas de latas de cerveza y de coca-cola. Al ver a Pablo, le ofrecieron un trozo. Había dos variedades —«Cuatro Estaciones» y «Margarita»—, pero ninguna apetecible.

—¿Alguna novedad?

—No, pero hoy vamos fatal —se excusó el jefe de Nacional, señalando anonadado el planillo.

Para identificar las páginas ya enviadas al taller y listas para su impresión, el encargado de la mesa trazaba un gran aspa azul sobre el recuadro correspondiente. En la larga tira de papel que le mostraban, Pablo descubrió muchas pequeñas cruces rojas y bastantes círculos rojos, los símbolos que indicaban que la maqueta estaba hecha o el texto leído por los correctores, pero pocas aspas azules.

—¿A qué hora arrancaremos hoy?

El jefe de Nacional levantó la mirada al techo, murmuró varias cifras ininteligibles y sacudió la cabeza.

—Si todo va bien, a la una y media o un poco más tarde.

Pablo pidió la copia de las páginas, se sentó en una esquina y se dedicó a revisar meticulosamente cada uno de los textos. Apenas encontró fallos, pero hizo que incorporaran media docena de rectificaciones.

Estaba concentrado en la tarea, cuando apareció Nuria. Debía hacer calor en la calle, porque la fotógrafa venía sudando. Traía la mochila Coronel Tapiocca a la espalda. Eran las doce menos cuarto.

Pablo no dijo nada. Hizo contacto ocular con ella, concluyó la lectura y enfiló hacia los ascensores. Nuria le alcanzó en el descansillo y subieron juntos, por la escalera, sin intercambiar palabra.

Al llegar a la tercera planta, cuando cruzaba la antesala, oyó el repiqueteo de un teléfono. Tenía que ser la línea directa, porque la red interna estaba programada para que las llamadas a través de centralita saltaran automáticamente de su mesa a la de la secretaria, transcurridos ocho segundos. Sacó las llaves y abrió a toda prisa pero, cuando estaba a punto de descolgar, cesaron los timbrazos.

A Nuria no le pasó desapercibida la ansiedad con la que Pablo había corrido hacia el teléfono, ni su cara de desconsuelo por llegar tarde.

—¿Esperas algo importante?

—Sí. Y para eso te he dicho que vinieras.

—¿Se puede saber el qué?

—Hay muchos indicios de que esta noche puede concluir el secuestro de João dos Santos. Tengo un amigo en la policía y ha quedado en avisarme.

—¿En la policía?

Pablo sintió calor en las mejillas. La pregunta dejaba entrever que la chica elucubraba y no al buen tun-tun. Probablemente había cotilleado con Herrera y empezaba a hilvanar.

—¿Por qué preguntas eso? ¿Te ha dicho alguien algo?

—No —mintió ella, y su expresión quedó oculta al inclinarse hacia adelante, para quitarse la mochila por encima de la cabeza.

Pablo trató de ver su cara pero lo único que atisbó fueron dos tetas enormes agitándose en las copas del sujetador, a través del hueco que dejaban los botones desabrochados de la camisa. En ese instante volvió a sonar el teléfono directo.

—¿Dígame?

Nuria miró de reojo y descubrió demudada que Pablo tenía clavada la vista en ella. Siempre le habían gustado sus ojos, pero ahora eran dos discos de metal sin un atisbo de humanidad en su fondo. Retiró la cara incómoda.

Le hubiera encantado enterarse de quién era el misterioso interlocutor cuya llamada desataba tanta zozobra, pero Pablo emitió sólo unos cuantos gruñidos y colgó sin despedirse o dar las gracias.

—Ya está.

La reportera permanecía expectante, con la mochila en la mano.

—Parece ser que han soltado a João dos Santos. Por lo visto está en un parque que llaman el Pinar del Rey. Queda en el lado izquierdo de la calle López de Hoyos, a la altura del número 420. Justo antes de llegar al depósito del Canal de Isabel II. No tiene pérdida.

—¿De verdad? —preguntó Nuria emocionada.

Había transitado de la desconfianza al entusiasmo en menos de un segundo y ahora lo único que le preocupaba era triunfar.

—Parece que sí —dijo Pablo, acentuando calculadoramente la cautela—. Si es como me han dicho, estará atado a un árbol y con los ojos vendados. Antes de hacer nada, sácale unas fotos y envía el carrete en un taxi.

—¿Aviso a la policía?

Era evidente que no se había tragado la versión del soplo que había esbozado inicialmente Pablo, pero ahora carecía de importancia.

—No hace falta. Pégate a él como una lapa y acompáñale a todos lados. Lo más lógico es que quiera ir a su casa o a la sede del Real Madrid. Vete tirándole fotos y enviando el material. Si puedes, telefonea y vas contando lo que te diga.

Cuando Nuria tenía ya la mano en el picaporte, Pablo todavía le dijo que procurase que el jugador no hablase con otros periodistas.

—Sobre todo que no se le ocurra ponerse a largar como una cotorra. Tú intenta esquivarlos a todos. Que no se acerquen los cuervos de las televisiones.

Todo salió a pedir de boca y prueba de ello fue que a la mañana siguiente los equipos de televisión —nacionales y extranjeros— peregrinaron en tropel hasta la redacción de *La Crónica* para entrevistar a la arriesgada reportera que había tenido la inmensa fortuna de encontrar al magnífico João dos Santos.

Pablo ordenó que la única que hiciera declaraciones fuera ella.

—Recuerda bien quién eres: una joven y brillante periodista que ha tenido la exclusiva de su vida. Pasabas casualmente por allí en tu coche, buscando a esos traperos que recogen cartones por la noche para hacer un reportaje sobre ellos —le aconsejó.

Ella asentía.

—Tu cara va a estar en la pantalla un buen rato y te van a ver millones de personas, a las que lo único que les quedará de toda esta historia es el garbo que tiene la reportera estrella de *La Crónica*.

Pablo hablaba con convicción. Mientras inventaba la historia se iba creyendo sus propias mentiras. Casi.

—Tienes que repetir hasta hartarte que lo único que te interesa es el público y el bienestar de João dos Santos. Recalca que te parece un atleta estupendo y que estaba muy entero. Lo tienen todavía en el Ruber Internacional, haciéndole revisiones médicas, así que la única fuente válida sobre su estado sigues siendo tú.

—¿Qué digo si me preguntan por qué no llamé inmediatamente a la policía?

—Di que él se empeñó, antes de nada, en ver al presidente del Real Madrid. Deja caer de paso que la gente tiene derecho a estar protegida. Insiste que esto es un desastre y que los políticos, los jueces y los millonarios no pueden escamotear la verdad eternamente. El rollo solidario y populista siempre funciona.

Aunque tenía un cúmulo de cosas que hacer, Pablo buscó un hueco ese mediodía para escapar hasta el centro de Madrid y quemar una hora en el hotel Mónaco con Alicia. Normalmente era ella la que se encargaba de reservar habitación. Elegía la número 13 y utilizaba como nombre el de Paula Gómez.

Llegaban siempre por separado. Alicia primero y él después. La rubia había allanado el terreno meses antes y no tenía ni que molestarse en recalar en el mostrador de la recepción. Avisaba por teléfono anunciando a qué hora se iba a presentar y eso bastaba para que uno de los empleados la esperara arriba, con la llave en la mano y una sonrisa de caimán en el semblante.

Alicia no rellenaba ficha alguna. Entraba camuflada detrás de unas gafas de sol y una pañoleta, y subía directamente al primer piso. Frente a la puerta del cuarto, se limitaba a darle al botones 25.000 pesetas. Rechazaba como un ultraje las vueltas y desaparecía en el cuarto. El hotel tenía a gala su discreción y no era extraño que dispensasen un trato tan deferente a la enigmática «señora Gómez». Era evidente a lo que iba. Los empleados chismorreaban que se trataba de una profesional de alto copete. Alguno había dicho que era una puta de alcurnia, una marquesa venida a menos, pero todos mantenían las distancias. No se trataba de una cortesía gratuita. Cada vez que la «señora Gómez» aparecía por el establecimiento y lo hacía con más frecuencia de lo que alguno imaginaba, dejaba una descomunal propina.

Alicia y Pablo tampoco salían juntos a la calle. Él se marchaba un poco antes. Ese día, concluidos los envites sexuales y mientras ella fumaba tendida en la cama, Pablo mencionó el contrato de recompra que Terceiro guardaba en la caja fuerte de su dormitorio.

—¿Conoces la combinación?

—Pues claro. Tengo todas mis joyas dentro.

Pablo, todavía desnudo, se volteó hacia el costado izquierdo y la besó en los pezones.

—Una vez me dijiste que me regalarías el periódico si fuera tuyo.

—Sí —respondió Alicia.

Bajó con los labios hacia su ombligo y ella se estremeció.

—Me haces cosquillas.

—Supongo que mantienes tus promesas.

—¿Por qué lo dices?

—Si heredas, tienes que hacer trizas ese contrato. ¿Me juras que lo harás?

—Sí —dijo Alicia con una carcajada—. ¡Y yo que pensaba que follabas conmigo por mi cuerpo!

La rubia explicó que Terceiro estaba fuera y que no volvería hasta el fin de semana. Quería que se encontrasen otra vez esa misma noche. Quedaron en llamarse a última hora de la tarde, cuando Pablo hubiera acabado en el periódico.

No le apetecía quedarse sola ni un minuto en la habitación del hotel. Usualmente dejaba que Pablo se adelantase y salían separados a la calle. Entró al cuarto de baño, se dio un fregado de emergencia, se puso la ropa y bajó con él.

—¿Adónde vas ahora? —preguntó Pablo en el momento de despedirse.

—Me vuelvo a casa. Quiero bañarme, lavarme el pelo y ponerme guapa para esta noche.

19. LA ADÚLTERA

Laureano Terceiro entró en el espacioso dormitorio principal de su chalet de La Moraleja cuando su mujer salía de la ducha cubierta con un albornoz y con la cabeza envuelta en una toalla, como suelen hacer las mujeres después de lavarse la melena y antes de iniciar la sesión de secador.

Al ver a su marido en mitad del cuarto, respingó.

—¿Qué haces tú aquí?

—Ya lo ves. He vuelto.

—No te esperaba hasta el domingo. ¿Has resuelto ya lo de la recalificación de terrenos?

—Tengo cosas más importantes que resolver... —refunfuñó Terceiro.

Sabía que Alicia tenía casi cincuenta años y pensó que se conservaba extraordinariamente bien. Se había operado varias veces. Le habían dicho que se notaban los implantes de silicona, sobre todo en el pecho, aunque él nunca advertía nada raro al tocarla. Acordarse de la cirugía estética le fastidió, porque el dinero para la factura del «artista plástico», como para todo, salía de su bolsillo.

En esos instantes estaba embebido en un profundo cabreo que no dejaba espacio a nada más.

—¿Te pasa algo? —dijo ella.

Terceiro le dirigió la mirada oblicua que Alicia había llegado a conocer perfectamente. La que ponía cuando estaba a punto de estallar.

El empresario se sentía estafado, tanto como si el contable de su inmobiliaria se hubiera fugado al archipiélago de las Seychelles con una de las secretarias y el contenido de la caja «B» de la constructora.

—No te veo mucho últimamente —masculló.

Alicia sonrió contemporizadora. Se sabía en falta y no quería discutir.

—No estás nunca en casa.

—Y cuando vengo, como hoy, no estás tú.

Con la respiración cada vez más agitada, añadió:

—Sigo siendo tu marido. ¿Lo sabes?

La mujer trató de sobreponerse a la sensación de culpabilidad.

—Sé muy bien que eres mi marido y en los veinte años que llevamos casados nunca se me ha olvidado.

Terceiro guardó silencio durante un instante. De pie, frente al espejo, Alicia se ajustó el cinturón del albornoz.

—He estado revisando la factura de tu teléfono móvil —soltó él, por fin.

Alicia se esforzó por no parecer a la defensiva.

—¿Y he gastado mucho?

—Lo importante no es lo que has gastado, sino a quién has llamado.

La mujer notó que se ruborizaba, lo cual la hizo sentirse todavía más confusa.

—¿A cuento de qué viene eso?

A Terceiro se le quedó el rostro inmóvil, como una mascarilla.

—Viene a cuento de unos números muy extraños que aparecen en la cuenta de tu teléfono. Todavía no he tenido tiempo de chequearlos todos, pero sí algunos.

—No soy sólo yo quien usa ese teléfono. A veces, cuando salimos de compras, se lo he prestado a alguna de mis amigas.

Mientras hablaba se dio cuenta de que era una excusa absolutamente estúpida. A Terceiro pareció no preocuparle ni poco ni mucho. Tenía muy claro lo que quería preguntar.

—¿Por qué no me has llamado hoy al mediodía?

Como si le doliera lo que estaba diciendo y remachando cada una de las palabras, añadió:

—Habíamos quedado en hablar.

Alicia respondió trémula.

—Se me pasó y además podías haberme llamado tú.

—Llamé, pero no tenías conectado el aparato.

—Lo llevaba en el bolso y sabes que no me gusta hablar mientras conduzco.

—No te creo.

Alicia evitó ponerle los ojos encima. Cualquier cosa que reflejara su cara no tenía el menor deseo de saberlo. El empresario dejó transcurrir unos segundos antes de descubrir su siguiente carta.

—¿Estabas con él?

—¿Con quién? —respondió ella, haciéndose la ofendida.

Terceiro blasfemó.

—¿Con quién coño va a ser? Con Pablo Ruiz.

—No, no estaba con él.

El empresario engarzó los pulgares bajo la panza.

—No me lo creo.

—Allá tú. Nunca te he sido infiel y no voy a empezar a serlo a estas alturas.

—Estabas en el hotel Mónaco. Con él.

La única salida de Alicia era atacar, simular sentirse mortalmente insultada.

—¿¡Pero tú qué dices!? ¿¡Te has vuelto loco o qué!?

Terceiro alzó la mano en ademán intimidante.

—Sé que mientes y te va a costar caro.

La mujer estaba a punto de darse por vencida, pero la amenaza la hizo reaccionar.

—Tú eres mi marido, pero no me has comprado ni puedes pretender que me quede en casa encerrada todo el día.

Él enrojeció de ira.

—Me va a costar olvidarme de lo que acabas de decir.

—Lo único que te digo es que no te pertenezco. No soy tu empleada, ni uno de tus solares.

Los labios de Terceiro se estiraron hasta formar una línea y palidecieron de rabia.

—Esas cosas hay que pensarlas antes, cada vez que se acerca uno a la joyería o sale de compras.

Después de tanto tiempo casados, Alicia pensó que todavía no sabía cómo tratarla. No acertaba a discernir dónde estaba el límite entre lo que se puede y lo que no se puede decir, aunque sea en la intimidad de la propia alcoba. Llevaba dos décadas con ella y no la conocía a fondo. Pablo no era su primera historia adúltera, pero hasta entonces su marido no había sospechado nunca.

—Por qué no dejamos de discutir y nos comportamos como dos personas civilizadas.

—Si te parece, la próxima vez me envías la cuenta de esa pensión de mierda y si la señora lo encuentra bien, pago también la vaselina.

Compuso un gesto cínico y añadió:

—Todo sea para que te entre bien. No sé si la tendrá muy grande, pero seguro que hasta te da por el culo.

Ella se estiró muy digna, entró en el cuarto de baño y encendió el secador, parapetándose tras su sonido para dar fin a la discusión. Terceiro se acercó hasta la puerta, la miró despectivamente desde el dintel y dio media vuelta. Alicia escuchó cómo encendía el televisor, pero tuvo la impresión de que era sólo una tregua, que la trifulca no había finalizado.

Se empleó a fondo con su cabello, con más celo y pulcritud de lo normal. Antes de volver al dormitorio tomó aire, como quien busca fuerzas.

Terceiro la estaba esperando. Aguardaba tumbado sobre la cama, con las almohadas apiladas en la cabecera. Se había quitado la chaqueta del traje y tenía la camisa por fuera y el cinturón desabrochado. Alicia sabía que la iba a humillar.

—Ven aquí; Alicita.

Por si quedaba alguna duda, añadió con postiza amabilidad:

—No es bueno que los matrimonios se disgusten por tonterías sin fundamento. Hay que hacer las paces.

Sonreía abiertamente, como dando a entender que su propuesta estaba preñada de buenas intenciones. Se bajó los pantalones hasta medio muslo, la sujetó por la nuca y le arrimó la polla a la boca.

—Chupa.

Ella hizo un leve conato de resistencia. El abombado vientre del hombre, las peludas piernas y la piel lechosa y plagada de manchas la echaban para atrás.

—Estoy agotada.

—¡Chupa! ¡Puta!

Ella obedeció sumisa. Estuvo mamándosela un buen rato. Sabía que él continuaría hasta el final, pero tampoco le importaba mucho. La base de su matrimonio, como había descubierto hacía mucho, estaba también en la facilidad con la que se adaptaba, su ductibilidad para ceder antes que cansarse en discutir.

Terceiro no ocultaba, ni siquiera en público, que a él lo que le iba con su mujer era el sexo oral. Si tenía un auditorio propicio y quería hacerse el gracioso, decía: «Ya soy muy mayor para numeritos y todo eso de empujar y resoplar es de obrero de la construcción.»

Aquella no iba a ser la primera vez que él se corría en su boca, aunque probablemente era la ocasión en que le había impuesto la felación de la forma más chusca. Estaba empeñado en vejarla y, una vez saciado, mantuvo la verga entre sus labios un buen rato.

—Como si fuera un chupete. ¿Eh, mi vida?

El estado de ánimo de Alicia oscilaba entre la ira y las ganas de pedir disculpas. Al final optó por la hipocresía. A medida que volaban los minutos, la dignidad fue perdiendo importancia. Terceiro la trataba como un objeto y hasta se refocilaba en ello, pero de eso no moría nadie.

Lo grave era que él no se conformase con ser rudo y quisiera vengarse. Muchas de sus amigas se permitían discretas aventuras, generalmente con los maridos de las otras, pero ella había tenido el deplorable mal gusto de dejarse pillar y para colmo con alguien a quien Terceiro consideraba un empleado.

El empresario era un asiduo de la siesta. Necesitaba dar una cabezada después de comer o del orgasmo y, a pesar del enfado, se durmió profundamente. Estuvo roncando desde media tarde hasta cerca de las diez de la noche. Durante ese lapso de tiempo, incapaz de conciliar el sueño, Alicia permaneció en la cama, inmóvil como una estatua de sal. Agonizaba por hablar con Pablo. No para quedar con él, como había planeado ese mediodía, sino para alertarle, para comunicarle las sospechas de su marido y darle tiempo a prepararse.

Lo peor que podía ocurrir era que Terceiro lo abordase de improviso y que Pablo no tuviera presta una respuesta. El empresario era muy capaz de cogerlo por banda en mitad de la redacción y de acusarle a gritos de estar poniéndole los cuernos con su mujer. A pesar del ansia de trotar al teléfono, no se atrevió a moverse para no incomodar a su marido.

Cuando Terceiro comenzó a desperezarse, Alicia se deslizó al suelo, se vistió y fue a la cocina a preparar la cena. Le dijo al mayordomo portugués que no le iban a necesitar y que podía irse con su mujer a la casita contigua al garaje reservada para el servicio. Se alegró de que la cocinera tuviera la noche libre. Odiaba las labores domésticas, pero deseaba agradar a Laureano. Una fórmula infalible para aplacar su malhumor había sido siempre hacerle sentirse como el «rey de la casa».

Cuando Terceiro se levantó, Alicia tenía preparada la mesa y la comida lista.

—He hecho canelones.

Terceiro, que iba descalzo, en batín de seda y con el pelo enmarañado, bostezó ruidosamente.

—¿Qué mosca te ha picado?

—¿Por qué dices eso?

—Hacía mucho que no te veía en la cocina y menos con delantal.

—¿Me sienta mal acaso? —preguntó ella, fingiendo cierta vacilación.

—No —contestó Terceiro con sequedad.

Alicia se enfundó el guante térmico y entreabrió el horno para comprobar el punto de gratinado.

—Falta un poco. He hecho canelones, porque sé que te encantan.

—Eso es verdad —concedió él.

—Me apetecía que cenásemos solos en casa.

Aquella pretendida obsequiosidad estaba destinada a borrar de la mente de su marido lo sucedido unas horas antes. Estaba claro que Terceiro no tenía prueba alguna, sólo unos números de teléfono sospechosos y muchas presunciones.

Después de humillarla y decirle lo que le había dicho, tenía que haber comenzado a dudar. Laureano era un hombre más habituado a ocultar sentimientos que a mostrarlos. Rara vez se podía saber lo que pensaba. Quizá tramaba algo terrible y estaba decidido a echarla a patadas a la calle. Se habían casado en régimen de gananciales, como se hacía en los viejos tiempos, pero ella siempre firmaba todo lo que le ponía delante y era muy probable que existiese algún papel en el que renunciaba a toda compensación en caso de divorcio. Si Laureano hacía trampas en los negocios, lo normal es que también hubiera discurrido algún truco legal con respecto a sus bienes.

No le tenía cariño, pero a lo que no estaba dispuesta era a que después de veinte años de aguantarlo, de soportar su endemoniado mal genio, de tolerar su sebosa barriga y sus caprichos sexuales, la dejase en la indigencia. Mientras le llenaba hasta arriba el plato de canelones y los recubría con cucharadas de salsa bechamel, Alicia fraguó un plan.

A esa hora, mientras la rubia cavilaba cómo deshacerse de Terceiro, Pablo se había cansado de esperar que ella llamase y estaba con los cinco sentidos concentrados en despejar las amenazas que se cernían sobre él, Quique, Salustiano y *La Crónica*.

Por el momento, el peligro era bastante difuso pero todo pendía de un hilo. Bastaría un error, por nimio que fuera, para que lo logrado en los últimos ocho meses, incluido su estimado periódico, se derrumbara como un castillo de naipes.

La policía había llegado ya a la conclusión de que ETA no había estado detrás del secuestro de João dos Santos. Había empezado a plantear preguntas y a aventurar diversas hipótesis. Si el secuestro, como todo indicaba, era obra de delincuentes comunes, ¿por qué habían liberado al jugador antes de cobrar el rescate?

Al futbolista lo habían interceptado a 450 metros de la salida de coches de la Ciudad Deportiva del Real Madrid, en el semáforo de la calle Monforte de Lemos. No había testigos del asalto, pero el brasileño hablaba de dos secuestradores. Uno, el que se acercó por la ventanilla derecha a solicitarle un autógrafo y otro, el que entró en su BMW por la puerta del acompañante y le encañonó con la pistola.

João recordaba que le habían obligado a girar a la derecha y subir conduciendo hacia La Paz. No estaba muy seguro, pero antes de que lo amordazaran, le taparan los ojos y lo echaran sedado en el maletero de un coche, le parecía haber visto una señal de tráfico con las palabras Colonia Virgen de Begoña. Se le había quedado grabado el nombre porque era muy devoto y en ese momento rezó para que no le ocurriera nada irreparable.

El resto, los flashazos de la cámara, los ruidos de la habitación sin ventanas donde lo mantuvieron, el tubo de la calefacción al que estaba encadenado casi siempre, se perdía en un incoherente batiburrillo. Le administraron tantos tranquilizantes, que pasaba la mayor parte del tiempo dormitando. Lo único que evocaba con nitidez meridiana eran los venosos ojos del individuo que se encargaba de darle de comer. Iba siempre en chándal y con una capucha negra, pero se acordaba muy bien de cómo miraba cuando le dictó la carta destinada a sus compañeros del Real Madrid. Era gordísimo.

La Policía Judicial, siguiendo órdenes de la jueza Villamil, estaba empeñada en descubrir cómo habían llegado las fotos de João a la redacción de *La Crónica* y, sobre todo, cómo había podido enterarse el periódico, antes que nadie, de que había sido secuestrado o del lugar donde acababa de ser liberado.

Era imposible articular explicaciones razonables a tanta coincidencia, pero Pablo confiaba en bandear las pesquisas con un arma mágica: el secreto profesional. Había que aferrarse a ese privilegio constitucional de los periodistas, con la inquebrantable fe con que los sacerdotes católicos lo hacen al secreto de confesión.

Insistir hasta la náusea en que todo, desde los chivatazos a las imágenes, pasando por la carta manuscrita, había llegado de forma anónima.

A Pablo no le había consternado la incredulidad de Nuria, pero tampoco la tomó a humo de pajas. La reportera estaba en su despacho cuando telefoneó Quique para anunciar que él y Salustiano salían en ese momento a «entregar el paquete». No escuchó nada significativo, porque él había solventado el trámite con un somero «dígame» y un monosílabo. Tampoco podía saber quién llamaba, pero no era tonta.

Para empezar, se había dado cuenta de que el soplo era muy preciso. También de que era correcto: João dos Santos estaba efectivamente drogado y atado a uno de los pinos del Parque del Rey. No había que ser un lince para concluir que la fuente no era un funcionario del Ministerio del Interior. A la hora en que Pablo la mandó a buscar al jugador, la policía todavía no sabía nada. La fuente tenía que ser alguien conectado con los secuestradores.

Pablo pensó que la reportera no era tan cretina como para ponerse a cacarear a los cuatro vientos sus deducciones, pero si la policía la arrinconaba podía irse de la lengua. Lo ideal para neutralizarla era implicarla hasta la ingle. Había estado magnífica ante las cámaras en su papel de profesional audaz y comprometida. Había que inculcarle que su brillante destino profesional estaba indisolublemente unido al de *La Crónica*. Era muy ambiciosa. Bastaría incentivarla, nombrarla subdirectora en premio a su extraordinaria labor en la cobertura del secuestro. Sería la primera mujer que alcanzaba un puesto de ese rango en *La Crónica* y la más joven de todas las periodistas españolas con cargo directivo en un diario nacional.

Herrera era un personaje de otro calado. Suponiendo que alimentase postulados raros, lo que no era disparatado, el redactor jefe se cuidaría mucho de airearlos. Por un lado estaba su prestigio. Sin excepción, todas sus exclusivas del último año le habían caído del cielo. Ninguno de los llamativos artículos, que todavía hacían transpirar de envidia a los colegas de otros medios, había sido fruto de arduas investigaciones o de un desbordamiento de talento periodístico. Esos reportajes, publicados con su firma en el encabezado, habían llegado de la mano de Pablo y sería trágico para él y para su devenir profesional si se corría la voz.

Herrera era un hombre parco en palabras y supuestamente de vuelta de todo, pero su natural reserva no engañaba. Vivía detrás de una máscara de urbanidad y moderación, pero era un soberbio de cuidado. Le aterraba jubilarse sin haber pisado nunca la cumbre. Se consideraba mucho más capacitado que Justino para ejercer como director.

No era el momento de agitar las turbulentas aguas de la redacción anunciando la destitución de Justino y nuevas promociones. Lo coherente era posponer una semana la publicación de los nombramientos. Mientras tanto, y para aminorar riesgos, comunicaría a los interesados su inmediato ascenso.

Pablo llamó primero a Herrera, lo hizo sentarse y le confió risueño que había decidido hacerlo director.

—¿Y Justino?

—No he hablado todavía con él, pero no se quedará en la calle.

—No le va a hacer gracia dejar de ser director.

—Lo que le tengo reservado es una pera en dulce. Quiero que se encargue de los proyectos especiales y del suplemento de Ciencia.

—¿Con qué cargo?

—Editor adjunto.

—¿Y si no quiere? —preguntó Herrera, con la voz tiznada por la ansiedad.

—Va a estar encantado. Para él es un ascenso y cobrará todavía más que ahora.

La referencia al dinero contrarió a Herrera, aunque no lo manifestó. Le parecía injusto que Justino saliera siempre tan bien librado. El director le parecía bastante corto, pero al estilo de algunos rumiantes. A lo tonto, a lo tonto, la vaca siempre acaba en la cuadra que le corresponde y ante un pesebre bien surtido de forraje.

—Me alegro por él —mintió Herrera.

—Yo también. No digas nada a nadie. Ni de lo tuyo ni de lo de Justino.

Pablo se incorporó y estiró la mano para animarle a marcharse. Cuando ambos estaban ya de pie, añadió:

—Supongo que no tendrás nada en contra, pero he pensado nombrar subdirectora a Nuria Puente. Lo está haciendo muy bien.

—Eso pienso también yo.

—¿Estás de acuerdo, entonces?

—Sí.

—Coméntaselo. Si no tienes nada más importante que hacer, invítala a cenar a cuenta de la empresa. Esta misma noche. Déjale claro que, bajo ningún concepto, puede filtrarse una palabra. Nadie debe saber nada de los cambios, hasta que no hable yo con Justino y se haga de forma oficial.

Mucha gente se derrumba si le aprietan las clavijas, pero Pablo confiaba en que ni la reportera ni el redactor jefe se fueran de la lengua. Entre otras razones porque era improbable que los achucharan. La cuestión ahora era determinar si los inspectores adscritos al caso se iban a dar por satisfechos con la fantasiosa versión del «comunicante anónimo». El secuestro de João dos Santos había conmocionado de tal manera a la opinión pública, que no se podía descartar que las autoridades sometieran a *La Crónica* a una investigación.

A eso se sumaban las puñeterías de Salustiano. El inspector jefe había estado impecable en toda la operación, pero no había esperado ni unas horas para reclamar su dinero. Le habían prometido veinte millones de pesetas, cinco menos de los que había pedido, y exigía que se los entregasen sin dilación.

Pablo necesitaba encontrarse cara a cara con Quique. El ex policía llevaba muchos años fuera del Cuerpo, pero conservaba la destreza de recuperar a voluntad las formas, el léxico y, sobre todo, las poses de telefilme del «madero» profesional. Con eso, con los contactos que conservaba en el gremio y con las copas que pagaba a sus antiguos colegas cada vez que se dejaban caer por Congo, le bastaba para obtener información privilegiada sobre cualquier investigación. Si alguien sabía hacia dónde apuntaba la policía y cómo despistarla más todavía, era él.

No era algo que se pudiera tratar por teléfono. En cuanto confirmó que la portada había sido enviada al taller y que la primera edición estaba ya en marcha, Pablo salió hacia Congo.

—Son diecinueve millones, no veinte. Acuérdate que ya le dimos uno al principio.

—Es igual. No tengo ese dinero ahora —afirmó Pablo.

—De algún lado habrá que sacarlo.

—¿Por qué no le dices que espere?

—No quiere. Ya sabes que está muy enfermo y anda desquiciado. Dice que quiere el dinero, y ya.

—Puedo reunir de hoy para mañana cinco millones. Se tiene que arreglar con eso, de momento.

—Ya me ha dicho que no.

—Tú eres amigo suyo; convéncele.

—Lo he intentado, pero está enajenado.

—¿Por qué?

—Sabe que se muere y está empeñado en zumbarse a su ex mujer antes de palmar.

—¿En matarla?

—¡No! ¡Joder! —exclamó Quique con gesto de impotencia—. Quiere que vuelva a su lado, que lo cuide, acostarse con ella, resarcirse por los malos momentos y todo eso. El gordo sigue enamorado de esa golfa.

En el léxico descarnado que reservaba para ocasiones como aquélla, Quique relató otra vez la desgraciada peripecia matrimonial de Salustiano. Concluyó asegurando que el inspector jefe estaba obsesionado por volver a apoyar su cabezota en el colchón de rizos, michelines y tetas que había echado por tierra sus posibilidades de ascenso.

—¿Pero no dices que lo plantó después de limpiarle la cuenta corriente? —preguntó Pablo, en el tono de un padre a quien su hijo adolescente le acaba de anunciar que se casó la semana anterior con una divorciada cinco años mayor que él.

—Los misterios del Señor son insondables —filosofó Quique.

Pablo apuró el final de su gin tonic y estuvo chupeteando un trozo de hielo antes de hacer su propuesta.

—Si la tía es tan interesada como parece, a lo mejor se puede arreglar la cosa.

—¿Cómo?

—Debe tener ya sus añitos. Estará para el arrastre y a dos velas. Localízala, dile que Salustiano está en las últimas y ofrécele dinero por simular una reconciliación. Con un par de millones, bastará. Medio ahora y uno y medio cuando termine su trabajo.

—Localizarla es fácil. Vive en Móstoles y tengo hasta su teléfono. El problema es el mastuerzo de Salustiano. Cuando le da, tiene un ramalazo de loco que tira para atrás. Si descubre el enredo, es capaz de reventarlo todo.

—No tiene por qué descubrir nada. Aclárale a esa puta que no recibirá ni un duro como diga algo. Tienes que moverte deprisa. Mañana mismo la tía tendría que estar con Salustiano.

—A ver si puedo. La otra cosa que te quería decir es que está en marcha una investigación en toda regla. Han pinchado los teléfonos de *La Crónica* y han abierto diligencias previas.

—¿Quién las ha abierto?

—La jueza Remedios Villamil.

—¡No me jodas! ¿La que casi empura a Salustiano por lo de los violadores?

—La misma.

—¿Qué tal es?

—Una arpía de cuidado. Tú eres el tipo de hombre que ella no traga.

—¿Pero es peligrosa?

Quique emitió un conato de bufido.

—Lo primero que te llama la atención cuando la conoces es

su pasmosa confianza en sí misma —explicó—. Quiere hacer carrera y si para ello se tiene que llevar por delante a medio Madrid, lo hará. Es una bruja y da la impresión de que sabe perfectamente a dónde ir y qué hacer.

El ex policía añadió que, en el caso que les atañía, la jueza contaba con algún informante dentro de la redacción de *La Crónica*.

—Uno de los inspectores que trabaja con ella, un mamón de los que están destinados a los juzgados, anda diciendo por ahí que un responsable del periódico le llamó para preguntarle si no le parecían sospechosas tantas exclusivas.

Pablo se envaró.

—¿Un responsable de *La Crónica*?

—Sí.

—¿No sabes quién fue?

—No, pero puedo tratar de enterarme.

—Hazlo. Por favor.

Pablo no era capaz de descubrir si la rigidez de la jueza se debía a una recóndita fobia, como había advertido Quique, o a sus convicciones profundas. Tras el aire cerebral de aquella mujer creyó advertir la presencia de una emoción difícil de identificar. Estaba acostumbrado a caerle mal a los «callos» y Remedios Villamil era fea a conciencia.

—¿Cuándo supo usted que habían secuestrado al señor João dos Santos?

—El martes, a última hora de la noche.

—¿Cómo se enteró?

—Ya se lo he dicho antes. Hubo una llamada anónima.

—¿Era un hombre o una mujer?

—¿Quién?

—La persona que llamó.

—Un hombre.

—¿De qué edad?

—Buena pregunta —dijo Pablo, aunque no tenía la menor intención de contestarla—. La voz sonaba distorsionada y no era fácil de identificar.

En la citación, que había llegado a su domicilio el día anterior, no se le convocaba como imputado. Sólo como testigo. Ésa era la razón por la que no declaraba acompañado de un abogado.

—¿Qué hicieron con el sobre en el que iban las fotos del secuestrado?

—Honestamente, no me acuerdo. Supongo que fue a parar a alguna papelera.

—¿Por qué no llamaron inmediatamente a la policía?

—En ese momento, lo único que nos preocupaba era hacer el periódico.

En el despacho estaban solamente él, la jueza y una secretaria que tomaba nota de todo en el teclado de un ordenador.

—¿Quién tomó esa decisión?

Le repitió todas las preguntas que le había hecho por teléfono. Pablo comprendió que la jueza no buscaba respuestas, sino la expresión de su cara, pequeños tics que delataran sus mentiras.

—¿Fue usted quien recibió la carta de João dos Santos?

—Me parece que iba dirigida a *La Crónica* y no a alguien en particular.

Había sopesado con el abogado de la empresa la posibilidad de acogerse al secreto profesional, pero llegaron a la conclusión de que sería contraproducente. Resistirse a declarar sólo contribuiría a exacerbar la agresividad de la magistrada.

Aunque Pablo era el primer convocado, habían enviado también citaciones a Justino, Herrera, Nuria y a los guardias de seguridad que estaban de turno los días en que supuestamente llegaron paquetes con fotos o misivas de João dos Santos. Era mejor aparentar una colaboración total y capear el temporal. Si Nuria y Herrera no cometían deslices, la jueza Villamil no llegaría a lado alguno. Podía dar todos los palos de ciego que quisiera, pero no tenía dónde asirse para montar un caso o formular acusaciones concretas.

Había quedado con Alicia a la salida del juzgado. Hacía una semana que no se veían. La mujer de Terceiro, mucho más críptica que en anteriores ocasiones, le había llamado desde una cabina telefónica y lo había citado en «El Relais» del Eurobuilding. No se trataba de un lugar especialmente discreto, pero la rubia porfió en que coincidieran allí. Quedaba al lado de su peluquería.

—Tienes que matarlo.

Pablo dio un sorbo al cubalibre y estudió la estampa de Alicia por encima del borde de su vaso. No le gustó.

—Pareces cansada.

—Y lo estoy. Hace días que no pego ojo.

Contó lo ocurrido con Terceiro, omitiendo las sevicias sexuales.

—¿Te ha vuelto a amenazar?

—No.

—¿Ha dicho algo más de los teléfonos?

—No. Debe haber estado haciendo comprobaciones, pero no ha dicho nada.

La mujer añadió que, desde el tempestuoso incidente del miércoles de la semana anterior, su marido la trataba con un distanciamiento paternal, pero que estaba concibiendo su venganza.

—¿Crees que planea algo contra mí?

—Probablemente.

—¿El qué?

—No lo sé, pero la mejor manera de evitarlo sería acabar con él.

Pablo se rió entre dientes.

—En los días violentos de mi juventud solíamos hacer cosas así.

La calma de Pablo resultaba desazonante y ella perdió la paciencia.

—¿Queda eso muy lejos?

—¿El qué? ¿Mi juventud o los días violentos?

—Las dos cosas.

—Una de ellas está ya más lejos que otra.

—¿Cuál?

—La juventud, ¡cojones!

—No hace falta que te pongas así, ni que seas ordinario. Con el bestia de mi marido ya tengo bastante. He venido a advertirte del peligro que corres y a pedirte un favor. Si quieres, lo haces y si no, no lo haces.

—Eso ya lo he entendido, pero yo no me dedico a ir por la vida matando gente.

Alicia tragó saliva. Fijó sus ojos en el cenicero, donde humeaba una colilla. En realidad estaba buscando por dónde iniciar la siguiente frase.

—Hay profesionales de esas cosas.

Hizo una pausa y endureció la expresión.

—Ayer leí en el periódico un artículo, titulado «¿Necesita deshacerse de alguien?», en el que contaban que en Londres hay por lo menos veinte asesinos a sueldo que alquilan sus servicios con total discreción. La autora explicaba que el precio oscila entre las doscientas mil pesetas de un crimen simple a los cuatro millones que cobran por una operación con dificultades.

—Eso es en Gran Bretaña. Aquí no es tan sencillo.

—El comisario de Scotland Yard del artículo aseguraba que esta gente opera también en el extranjero. Yo me acuerdo de un gallego al que llamaban «El Pulpo», que era taxista o algo así y mató a dos o tres en las Rías Bajas.

—Si te parece pongo un aviso en la sección de anuncios por palabras del periódico, ofreciendo empleo a un profesional de llevarse gente por delante. Se puede añadir que se valorarán los conocimientos de gallego y la aptitud para asesinar a empresarios cornudos.

—No me haces ninguna gracia —protestó Alicia, mortificada.

Pablo plegó velas.

—Perdona. Yo estoy casi tan preocupado como tú, pero no se me ocurre nada.

—Pues es muy sencillo. Ambos necesitamos que Laureano desaparezca. Yo, porque no va a parar hasta hacerme daño de verdad. Es rencoroso como pocos y no cejará hasta dejarme en la calle y destrozada. Tú, porque también irá a por ti. En cuanto pueda te echará del periódico.

Lo miró de hito en hito.

—¿Quieres quedarte con *La Crónica*? ¿No?

Pablo asintió.

—Entonces ya sabes lo que tienes que hacer. Si muere en un accidente, de un ataque al corazón, de cáncer o de lo que sea, yo puedo abrir la caja fuerte de mi dormitorio, sacar un contrato que hay allí y romperlo. Tú verás.

20. LA BENDICIÓN

Estaban en la terraza un poco ateridos con el relente nocturno pero paladeando sendos Bacardí con coca-cola. Debajo de ellos, al otro lado de la balaustrada, se extendía el barrio de Chamartín. En el horizonte, hacia el este, encaramados en el farallón de la M-30, se perfilaban los árboles, las luces y el contorno de los edificios de la calle Arturo Soria.

Pablo tardó en expresar, distante y como si hablara a las musarañas, el pensamiento que agitaba su mente desde bastante antes de haber pedido a Quique que se pasara por el piso del Paseo de La Habana a tomar una copa.

—Hay que eliminar a Terceiro.

No era la primera vez que proclamaba su aversión al empresario y daba rienda suelta a sus fantasías criminales. Quique decidió que la forma más cauta de afrontar el asunto era tomándoselo a chirigota.

—Terceiro me cae fatal, pero si de lo que se trata es de matar gente, se me ocurren unos cuantos candidatos más apetecibles. Hay un concejal que me tiene frito a multas. Hace poco amenazó con abrirnos un expediente por servir bebidas alcohólicas a menores. Dice que me va a cerrar Congo por tres meses.

—Te estoy hablando en serio —advirtió Pablo.

—No te pongas dramático, que no es para tanto.

—No me pongo dramático; no se trata de eso.

—Entonces, ¿de qué se trata?

Pablo se echó hacia atrás y aspiró hondo.

—¿Te acuerdas de cuando hacíamos obras de teatro en el colegio?

—Me acuerdo y con dolor —bromeó Quique—. A mí sólo me daban papeles de camarero o me ponían de pasmarote, para rellenar.

Pablo estaba acostumbrado a las puyas de su amigo e hizo como que no le oía.

—En quinto de Bachillerato representamos *Macbeth* y nunca se me ha olvidado una frase que pronuncia en el primer acto.

—¿Quién?

—Macbeth...

—¿Cuál es la frase?

Modulando la voz, como si estuviera sobre las tablas de un escenario, Pablo recitó:

—«Después de mancharse tanto las manos de sangre, retroceder resulta más tedioso que avanzar...»

—¿Y qué me quieres decir?

—Que metidos en harina como estamos, lo pragmático es seguir hasta el final. Tenemos que quitar de en medio a Terceiro.

—Tú mismo —rezongó Quique con ostensible displicencia.

—Yo mismo, no. En esto estamos los dos desde el principio.

Quique se acopló el nudo de la corbata. La posibilidad de verse con las nalgas apoyadas en el banquillo de un tribunal, las muñecas ceñidas por unas esposas y ante un juez le provocaba neuralgia. A los ex policías no los tratan con excesivo cariño en la cárcel. Sobre todo los otros presos.

—Las hemos montado de órdago, pero estás hablando de cargarse a un tío. Y por las buenas. Es demasiado peligroso. Además... no sé qué voy a sacar yo de esto.

—Vas a sacar dinero y mucho —objetó instantáneamente Pablo.

—No sé cómo.

—Mira...

Pablo necesitaba las manos libres para accionar con ellas y, antes de seguir, dejó el vaso en el pretil de ladrillo.

—En el Boletín Oficial del Estado de hoy venía un Real Decreto anunciando la disolución de las Cortes y la convocatoria de elecciones generales. ¿Sabes lo que significa?

—Que dentro de unas semanas muchos irán a votar y a lo mejor hasta cambiamos de gobierno. Los días de elecciones, en lugar de votar en la urna como la morralla, yo suelo dedicar buena parte de la jornada electoral a botar en el somier encima de alguna cachonda. Ya estoy afilando los dientes.

Pablo meneó la cabeza desaprobatoriamente.

—Durante los próximos dos meses los partidos políticos andarán a la greña, peleando por cada voto como si en ello les fuera la vida. Ha llegado el momento en que los candidatos están dispuestos a hacer lo que sea, a chupársela a cualquiera por salir en televisión o para que se hable bien de ellos en los periódicos. Los debates, las maniobras, las inversiones y los sudores de los pasados tres años no valen para nada si fracasan el día D y no consiguen meter a su representante en el Palacio de La Moncloa. Tal como van de igualados, cada voto vale su peso en oro y eso es una bendición del cielo para cualquier medio de comunicación.

—¿Y cómo se mide?

—Cómo se mide ¿qué?

—La bendición.

—Se mide en influencia, en peso y hasta en tirada. Éste es el período en que la prensa cuenta de verdad.

Quique frotó la yema del pulgar de su mano derecha contra los dedos índice y corazón.

—Háblame en billetes del Banco de España.

Pablo se rascó la coronilla exasperado.

—Mira que eres bruto... ¿Conoces el refrán sobre las peleas con la Administración?

—La culturilla popular y refranera nunca ha sido mi fuerte.

A Pablo le estaba costando encarrilar la conversación, pero se sentía locuaz, sabía lo que quería y perseveró inasequible al desaliento.

—Dice algo así como que «en disputas sobre plata no hay misterio; la razón la tiene siempre el señor del ministerio».

—En eso estoy de acuerdo, pero habría que meter en el saco también a los concejales del ayuntamiento de Madrid —convino Quique, abandonando su aparente apatía.

—El asunto está claro. Si conseguimos hacernos con *La Crónica* y no nos equivocamos al escoger compañeros de viaje para las próximas elecciones, nos vamos a forrar. No se puede fiar uno de los sondeos, pero todo indica que las fuerzas están muy equilibradas. En cualquier caso, creo que será la oposición la que finalice llevándose el gato al agua, sobre todo si le echamos una mano. Si *La Crónica* se ha destacado por algo en los últimos meses es por la estopa que hemos dado a la corrupción gubernamental y al deterioro de la seguridad callejera. Nos basta seguir en la misma línea, dejar patente que apostamos por el cambio y después, cuando ganen los nuestros, les pasamos factura.

Pablo enfatizó sus palabras con el puño, poniéndolo de lado y meciéndolo de arriba abajo en la mímica universalmente empleada para expresar el acto de pagar.

—Los presupuestos de publicidad oficial son enormes. Súmales las subvenciones a fondo perdido. Se otorgan a dedo y son muchas. Piensa en las licencias de nuevas emisoras de «FM» y en todo lo que se te ocurra. Surgirán mil oportunidades para hacer dinero. Y a lo grande. Más de lo que te imaginas. La única traba y de aúpa es que el periódico no es mío, sino de Terceiro y que lo quiere vender.

Como si la disertación le hubiera quitado un gran peso de encima, Pablo relajó el semblante y sonrió. Tenía una dentadura perfecta y le encantaba enseñarla.

—Tú sanearías Congo, arreglarías tus desavenencias con el concejal y hasta podrías cambiar esa antigualla de BMW por un Porsche, un Mercedes o un Ferrari. De color rojo, como Dios manda.

No estaba seguro de que su explicación zanjase totalmente la cuestión, pero no se arredró por ello.

—¿Qué dices?

No era una pregunta sino una demanda de ratificación. Quique resopló indeciso.

—A lo mejor es que sigo siendo un poco cateto, pero me parece demasiado complicado.

Pablo hizo un brusco movimiento con el brazo, en dirección a la ciudad que se extendía a sus pies.

—*La Crónica* es un filón. No estoy hablando de un sueldo de un millón de pesetas o de unos kilos en dinero negro. En este asunto nos jugamos cientos de millones. Si desaparece el contrato de recompra y me quedo con el periódico, se acabaron definitivamente las miserias. Para ti y para mí.

Con entusiasmo de pastor evangélico explicó que habían impreso una media de 530.000 ejemplares diarios durante el secuestro de João dos Santos. Cuando hicieran pública sus próximas avalanchas de datos, tanto el Estudio General de Medios, EGM, que calculaba la audiencia de cada medio de comunicación, como la Oficina de Justificación de la Difusión, OJD, que controlaba oficialmente la venta promedio, situarían a *La Crónica* en el primer puesto del ranking entre los diarios nacionales. El grupo editorial catalán había ofrecido 500 millones meses atrás, pero estaba seguro de que la cotización de *La Crónica* en el mercado estaba ya por encima de los 2.000 millones de pesetas.

—En estos momentos y gracias a la penetración que tenemos en los medios obreros, *La Crónica* es un instrumento formidable para ganar elecciones. Estamos en condiciones de inclinar la balanza hacia un lado u otro y sería estúpido no rentabilizarlo.

En opinión de Pablo, habían alcanzado un status que se asemejaba al que tenía el *Daily Mail* en Gran Bretaña o el *Bild am Sonntag* en Alemania. El *Mail* y el *Bild* no eran los rotativos más respetables ni los más apreciados por los financieros o los intelectuales, pero eran periódicos capaces de marcar la agenda política y de encauzar el debate nacional por los canales y hacia los puertos que interesaba a sus editores. La «gente bien» y los «progres» tampoco paseaban *La Crónica* bajo el brazo pero tenía constancia de que en las redacciones de la competencia, en las emisoras de televisión y en los gabinetes ministeriales era el primer diario que se ojeaba cada mañana.

Quique rechinó los dientes. Pablo tenía la habilidad de ponerle en el disparadero. Era un embaucador genial. Sabía que estaba en números rojos y lo tentaba con el señuelo adecuado.

—Todavía no me has pagado lo que quedamos.

—Yo te estoy muy agradecido por todo lo que me has ayudado, pero no puedo entrar a saco en la caja. Te he dado lo que he podido y si no hubiéramos tenido que gastar tanto en sobornar policías y lubricar amiguetes, habría sido mucho más.

—No te lo estoy echando en cara, sólo te lo recuerdo.

—No hace falta. Sabes mejor que nadie que en cuanto pueda, te pago. Entiende también mi situación: mientras el periódico no sea auténticamente mío, tengo atadas las manos.

—Pues desátatelas y lo antes posible, porque estoy en las últimas.

Los resultados de Congo no habían respondido a las expectativas. Quique había acariciado muchas veces la quimera de un golpe maestro con el que enmendar todos los entuertos pasados. Ésta podía ser la oportunidad que había soñado y entró al trapo.

—¿Tienes ya una idea?

—Hay que simular un accidente.

—Eso es tan obvio, que no hacía falta ni que lo dijeses.

Quique trituró entre las muelas los hielos semiderretidos del cubalibre.

—Lo que te pregunto es si tienes algo en mente.

—Terceiro no usa chófer, lo que nos viene que ni pintado. Bebe bastante y todo el mundo lo sabe. A nadie le va a extrañar que sufra un accidente de tráfico.

Pablo hizo una pausa, para ver si había algún reparo y prosiguió:

—Hace días que no sé nada de él, pero debe ponerse en contacto conmigo muy pronto. Tenemos que ver números y hacer cuentas. Que sospecha que tengo un lío con su mujer, no hay duda alguna, pero lo más probable es que no disponga todavía de pruebas.

—Ya te dije que esa tía era una fuente de problemas —pontificó Quique arrastrando las palabras.

—No tiene sentido ponerse a llorar por la leche derramada.

Lo que está hecho, hecho está. Y además, esa tía, como tú la llamas, es quien heredará todo. Conoce la combinación de la caja fuerte donde está el contrato y se encargará de hacerlo pedacitos cuando llegue el momento.

Había hablado de Alicia muy ufano y Quique lo miró de través, con la suspicacia del hombre acostumbrado a desconfiar de todo y de todos.

—¿Estás seguro?

—No es una cualquiera que haya conocido en la barra de Congo y a la que me haya tirado en el coche. Entre ella y yo hay una relación de verdad. Le gusto. Está colada por mí y creo que haría cualquier cosa que le pidiera.

—Tú di que sí. Fíate, sigue metiendo donde no debes y ya verás como terminan cortándotela.

—Lo que menos me importa ahora es meter.

—Me parece estupendo.

21. LA CENA

A Laureano Terceiro no era difícil seguirle la pista, porque no paraba de hacer cosas y apenas se fijaba en lo que ocurría a su alrededor. Primero inspeccionó unos solares en las inmediaciones del aeropuerto de Barajas y después fue a un notario en la plaza del Marqués de Salamanca.

Había hecho incontables chanchullos en su vida, pero los millones de verdad los había amasado durante el «boom» de la construcción, en los años sesenta, al calor de los campesinos que desertaban de viñas y mieses. En esa época, cuando empezaron a aflorar como hongos los bloques de viviendas populares en los suburbios de las grandes urbes, Terceiro estuvo a punto de dar con sus huesos en la cárcel. Tuvo la culpa un edificio en cuyos cimientos se empleó menos hormigón armado del debido. La torre de pisos se vino abajo con sus ocupantes dentro. El empresario tardó en levantar cabeza, pero ahora estaba totalmente recuperado y otra vez en órbita.

Almorzó en La Trainera con el apoderado de un banco, tomó café en el hotel Wellington y se abandonó a los hábitos de todas las tardes. La rutina vespertina de Terceiro consistía en atrincherarse en su despacho y dedicarse en cuerpo y alma a su boyante empresa inmobiliaria. Desde el sótano hasta el ático, todo el inmueble donde estaban las oficinas de la compañía era suyo. Tenía aparcamiento reservado en el primer nivel del garaje. La plaza, con espacio para tres vehículos, permanecía habitualmente vacía. Prefería dejar su Volvo 960 en la calle, ante la puerta principal.

Su despacho era un prodigio de frialdad. Había sido decorado por un amigo de Alicia, un habitual de su gimnasio que descubrió el provecho del ejercicio físico con las primeras canas. El estilista era partidario acérrimo de lo moderno y de la alta tecnología. El resultado saltaba a la vista: el despacho era «futurista» y tan acogedor como un quirófano de hospital.

Entre los muebles de diseño estilo «Guerra de las Galaxias», la rotunda y sudorosa humanidad de Terceiro desentonaba como una gallina en un baile.

Al empresario, que al principio puso el grito en el cielo, ahora le importaba un comino. Él iba allí a trabajar, a amasar dinero, y las sinuosidades del mobiliario o la estrambótica filigrana de la moqueta le traían al pairo.

Desde que se había desentendido de *La Crónica* utilizaba su gigantesca guarida, situada en el último piso y con vistas a La Castellana, como cuartel general. Solía llegar a primera hora de la tarde, después de consumir la mañana haciendo gestiones, y rara vez arriaba bandera antes que sus empleados. Normalmente, retenía a los ejecutivos de confianza hasta el ocaso, para discutir asuntos pendientes o analizar proyectos.

Una vez concluidas las reuniones, dejaba que se fueran todos y esperaba unos minutos. Había guardias de Prosegur haciendo constantes rondas, pero Terceiro apagaba personalmente las luces de su despacho. Le gustaba dar la sensación de estar eternamente pendiente del negocio. Sus subalternos habían convertido en leyenda su capacidad de trabajo y sentían ante él una mezcla de complejo de inferioridad, desprecio soterrado y temor reverencial.

Quique, que vigilaba sentado en su BMW y le había visto llegar a primera hora de la tarde, le observó de nuevo a las nueve y media de la noche. Supo que salía, segundos antes de atisbar su bamboleante mole emergiendo por la puerta giratoria, porque los guardias de seguridad comenzaron a corretear como pollos hambrientos. Se adivina la aproximación de un jefe por la forma en que sus lacayos se ajustan los uniformes y por la prisa con se afanan en despejar el terreno y abrir portezuelas.

Terceiro había prescindido del guardaespaldas. En alguna ocasión había sido destinatario de una de esas cartas que ETA enviaba cíclicamente a los empresarios, exigiéndoles el «impuesto revolucionario», pero no se consideraba una presa apetecida por los terroristas. El hecho de vivir en Madrid no ahuyentaba del todo el espectro del secuestro pero lo hacía menos opresivo. En cualquier caso, el magnate prefería confiar en su buena estrella que arrostrar la incomodidad de llevar un sicario adherido a la chepa. Había hecho instalar en su casa de La Moraleja un sofisticado sistema de alarma, con sensores volumétricos y rayos infrarrojos, que estaba conectado con el centro de control de la urbanización y con la Comisaría de Alcobendas, pero solía moverse solo. Era una suerte para los dos amigos y facilitaba sus torvos planes.

Con discreción, dejando como mínimo un par de coches entre el suyo, un BMW 323i de la serie antigua, y el Volvo de Terceiro, un tres litros, con 24 válvulas, tracción trasera y 204 caballos de potencia, Quique inició la persecución. Bajaron por La Castellana hasta llegar a los Nuevos Ministerios y torcieron a la derecha en la plaza de San Juan de la Cruz para tomar la calle Ríos Rosas y enlazar con Islas Filipinas, a la búsqueda de la carretera de La Coruña.

A Pablo le había costado un triunfo convencer a Terceiro para que cenasen en San Lorenzo del Escorial. El empresario prefería quedarse en Madrid y se resistió como gato panza arriba. Pablo tuvo que aducir que estaba obligado a asistir a una charla-debate en Eurofórum, el centro financiado por el Banco Central Hispano y dependiente de la Universidad Complutense, donde se celebraban frecuentes seminarios y cursos de verano.

Terminaría tarde, alrededor de las diez de la noche. La cita era en El Charolés. En el restaurante servían la mejor carne roja de la provincia, pero a Pablo le quedó el pálpito de que no habían sido los chuletones de buey lo que había pesado en el ánimo de Terceiro cuando dio su visto bueno. A través del teléfono se pierden matices, pero sacó la impresión de que el empresario tenía urgencia en hablar con él. Quizá había encontrado pruebas incriminatorias sobre lo suyo con Alicia. A lo mejor, sólo pretendía sonsacarlo. Quería verle la cara, probablemente para darse el gusto de restregarle en los morros que lo iba a despedir y dejarle sin su amado periódico.

El Volvo estaba dotado de cambio de marchas automático y, aunque el empresario no forzaba la marcha, rodaba rápido. En el velocímetro del tablero de mandos de Quique, la aguja vibró casi todo el itinerario sobre la raya de los 180 kilómetros por hora. Dio gracias a Dios de que Terceiro no se embalase más, porque su baqueteado BMW habría llegado al destino con la tornillería floja.

A los veinte minutos de haber pasado por el túnel de la plaza de Cristo Rey, abandonaron la Nacional-6 para tomar la angosta carretera que une los pueblos de la Sierra de Guadarrama con El Escorial.

Pasaron ante las garitas de granito que marcan la entrada al Valle de los Caídos y siete minutos más tarde estaban en la primera de las rotondas por las que se accede al Real Sitio. El empresario levantó un poco el pie del acelerador en la cuesta que conduce a la meseta donde Felipe II hizo levantar el monasterio, dejó a la izquierda el hotel Victoria y giró a la derecha para tomar la calle del Rey.

No había apenas tráfico. Quique se vio obligado a aproximarse. Observó las luces intermitentes del Volvo señalizando a la izquierda. Siguió tras él, cuando tomó la primera bocacalle para descender al Paseo de Floridablanca.

El Charolés, a diferencia de la mayor parte de los establecimientos de renombre, carecía de aparcamiento propio. Tampoco disponía de uno de esos buscavidas, con gorra de plato y pinzas de alambre en la pechera, que por una moneda de veinte duros ahorran al ciudadano pudiente las veleidades de la grúa municipal y el engorro de buscar hueco. Terceiro encontró aparcamiento a la primera, un poco más abajo del hotel Miranda Suizo. Dejó su «960» apuntando hacia Madrid, pegado a la acera derecha y casi en la esquina de la calle San Antón. Al verle maniobrar, Quique pasó de largo. Paró un centenar de metros más adelante, frente al Mesón Serrano. Desde allí, detenido en doble fila, llamó al teléfono móvil de Pablo y le anunció la inminente llegada de su presa.

Por el retrovisor lateral vigiló al empresario, quien tras cerrar los seguros del coche con el mando a distancia, cruzó la calle y atajó por la plaza de Jacinto Benavente para acceder al local por la puerta posterior.

Quique observó en ese instante que se encendían las luces de un coche justo delante de él. Uno que se iba y dejaba libre un espacio. Se apresuró a ocuparlo. Sintonizó música en el dial de la radio, reclinó el respaldo y recostó la cabeza.

El Charolés tenía dos entradas. Una por el callejón peatonal de la parte trasera. La otra estaba en la terraza de granito que se alza en el lateral del Paseo de Floridablanca. Ya habían desplegado mesas para servir comidas al aire libre, pero apenas había gente en la terraza. En mayo todavía hace fresco en El Escorial.

La mayoría de los clientes se distribuía por los tres comedores de la planta superior. La sala de abajo estaba ocupada por los altos ejecutivos de una empresa eléctrica, que celebraban con una francachela la firma de un contrato para construir una central térmica en Argentina.

Terceiro ingresó en el restaurante a las diez y media de la noche, con media hora de retraso. Pablo le esperaba sentado en la planta superior, al fondo del comedor central. Al ver al empresario guardó el teléfono móvil en el bolsillo izquierdo de la chaqueta y se levantó, sonriendo como un lelo.

Terceiro estiró mecánicamente el brazo.

—¿Cómo estás? —dijo, a la vez que le hacía crujir los dedos con un apretón descomunal.

—Hasta hace un momento bien, pero ahora creo que tengo rotas tres falanges —bromeó Pablo.

—No seas quejica —barbotó el empresario, antes de afirmar que llegaba famélico.

—Pide que traigan jamón o cualquier cosa.

Hablaba con un deje mandón, como siempre.

—¿Qué estás bebiendo? ¿Agua?

Sobre el tablero reposaban una botella semivacía de Vichy Catalán y una fuente en la que quedaban unas lascas de salmón ahumado. Era imprescindible que Terceiro consumiera mucho alcohol esa noche y a nadie, por adepto a las cogorzas que sea, le agrada beber solo. Pablo estaba obligado a empinar el codo al compás del potentado y por eso había tratado de blindarse el estómago ingiriendo agua mineral en cantidades industriales y comiendo algo untado en aceite. Antes, como precaución adicional, había tomado un par de pastillas de Benadón, un compuesto a base de vitaminas B-6 y B-12 ideal para paliar los efectos del vino.

La noche iba a culminar con la muerte de Terceiro. No podía permitirse el mínimo gazapo. Su instinto le había enseñado que uno no debe internarse en lo desconocido cuando se tienen los sentidos embotados por el alcohol o el deseo.

—Lo tradicional es el chuletón de buey.

—¿Y para empezar? —inquirió Terceiro con las facciones ocultas tras la carta.

—Depende. Yo voy a tomar pichón y antes una ensalada verde, pero la gente con buen saque, como tú, arranca con unas alubias de La Granja.

—Me parece bien.

El empresario miraba atravesado, pero Pablo no acertaba a descubrir lo que tramaba.

—Aquí tienen un Viña Tondonia del 64 excelente, que sirven sólo a los clientes tan añejos como el vino. Lo único malo es que restringen la demanda a dos botellas por mesa. ¿Te parece bien?

—Sí, y que me traigan un dry martini para ir haciendo boca. Muy seco y con dos aceitunas.

Pidieron el Viña Tondonia y antes de atacar el primer plato tenían mediada la botella. Pablo se acercaba con frecuencia la copa a los labios y bebía unas gotas en cada ocasión. En cuanto veía bajar el nivel en el vaso de Terceiro, escanciaba vino en él.

—¿Qué tal va mi periódico? —preguntó el empresario a la vez que bajaba la boca hacia el plato y echaba en ella una cucharada de alubias.

No tenía que pugnar con su naturaleza para parecer desabrido y raspante. Había impostado la voz y enfatizado el «mi» con inquina. Pablo no perdió los estribos.

—Hemos batido todos los récords. Este mes vamos a tener un OJD de más de medio millón de ejemplares.

Terceiro dio un trago para empujar garganta abajo otro cargamento de judías. No se había limpiado los labios con la servilleta y dejó en el cristal un cerco blancuzco y grasiento.

Pablo lo observó. Todo en él, desde sus muecas a su porte, le resultaba antipático. Viéndolo allí, atracándose con una voracidad impropia de un caballero, le hacía rememorar a los arrogantes señores feudales de las películas de su niñez, que daban audiencia a sus menesterosos siervos apoltronados en un mullido sillón y ante una mesa repleta de corderos asados, codornices en pepitoria, muslos de vaca, jabalíes estofados y faisanes en salsa.

—Al día de hoy, somos los primeros en ventas —dijo Pablo, antes de preguntar en tono jabonoso:

—¿Estarás contento? ¿No?

Terceiro hizo que recapacitaba. Pablo tuvo la impresión de que el empresario estaba representando una comedia en la que a él le había asignado el papel de tonto. Se sintió mal.

—Por un lado, sí. Por otro, no.

Era una respuesta ambigua que podía significar muchas cosas. Pablo hizo un gesto al camarero para que trajera otra botella de vino y se armó de valor.

—¿En qué no estás contento?

El envite era suicida, pero necesitaba ganar tiempo. Había que alargar la velada todo lo posible. Hacía falta que el empresario ingiriera mucho líquido y que en algún momento se levantara a vaciar la vejiga.

Terceiro se había referido expresamente al hotel Mónaco, el día que acusó a Alicia de serle infiel. Si ponía la cuestión sobre la mesa antes de lo debido, la bronca era inevitable. Todo se echaría a perder.

—No estoy contento, porque todavía no he vendido el periódico y me quema en las manos.

Lo había dicho de una forma categórica y a Pablo casi se le hiela en los labios la siguiente pregunta.

—¿Sigues decidido a hacerlo?

—¿A vender?

Pablo asintió. Terceiro pasó la uña por los pinchos del tenedor sin quitarle la vista de encima, como si le perdonara la vida unos segundos.

—Firmamos el próximo martes.

—¿Cómo?

—Que ya está cerrado el trato con los catalanes y firmamos el martes —recalcó imperioso.

—Ya —farfulló Pablo, sintiéndose en desventaja.

Terceiro lo contempló satisfecho, evaluando el efecto de sus palabras y los esfuerzos de su interlocutor para no encolerizarse.

—Está todo decidido. Sólo falta que el notario prepare los papeles. ¿Qué te parece?

—Mal —respondió Pablo, desviando los ojos al techo.

Cuando trajeron la nueva botella, una vez descorchada y cambiadas las copas, dijo que tenía que ir al baño. Sentía ganas de mear, pero sobre todo lo hacía para ver si Terceiro le imitaba.

Cuando retornó a la mesa, el empresario atacaba con denuedo un inmenso pedazo de bistec. Lo había pedido muy hecho —«achicharrado como una suela de zapato»—, y no era de los dispuestos a aguantar el hambre y esperar gentilmente a que sirvieran a los demás comensales.

A Pablo le gustaba la carne muy cruda. El sanguinolento lomo de buey que le trajo inmediatamente el camarero tenía un aspecto delicioso, pero él estaba inapetente. Cortó el filete en diminutas tiras, con la esperanza de que eso facilitase su deglución.

—Me parece una herejía vender *La Crónica* en este momento —manifestó Pablo amortiguando el tono de voz.

El empresario siguió masticando. Parecía concentrado en su plato y ajeno a todo lo demás. Pablo le tocó en el codo, para obligarle a mirar.

—Presiento que no hay nada que pueda hacer para evitarlo. ¿Me equivoco?

Terceiro zampó un enorme bocado, lo que hizo saltar de arriba abajo su nuez, como un pajarillo. Apuntó con el tenedor a Pablo, en un ademán inequívocamente amenazador.

—No, no te equivocas.

Pablo hizo un postrero esfuerzo.

—¿No hay nada que se pueda hacer?

Cuando Terceiro se enfadaba, se le ponía la cara carmesí, las arterias le latían en el cuello y se le tensaban los músculos de la mandíbula. Ahora estaba enojado y volvió a accionar con el cubierto.

—¡No! ¡Tú ya no tienes nada que hacer! ¡Ni en *La Crónica* ni en sitio alguno! —aseveró despótico el empresario, proyectando las palabras como si fueran balas.

Pablo bebió agua y se secó las comisuras con la servilleta. Dejaba correr los segundos. Volvió a llenar las copas de vino.

—¿Pedimos otra? —dijo, señalando la botella.

—¿Llevamos ya dos? ¿No?

—Sí, pero el buen vino no deja secuelas y no creo que nos vayan a hacer el feo de negarnos la tercera.

—A mí me niegan casi todo últimamente.

Pablo ardía en deseos de agarrar a Terceiro por las solapas, pero tenía que evitar a toda costa que lo que hasta entonces era una discusión, agria pero comedida, se convirtiera en un altercado violento.

—Me encargo yo de que no nos nieguen el Viña Tondonia y además, un día es un día.

—Bueno.

Pablo suspiró aliviado.

Había plasmado un plan minucioso, diseccionando cada detalle y estudiando las alternativas, pero ahora todo dependía del estado de ebriedad del hombre con el que compartía mesa y mantel. Se trataba de eliminar al potentado, haciendo aparecer su muerte como un accidente de carretera. Ésa era la razón por la que se había obstinado en cenar en El Escorial.

Que Terceiro bebería, estaba fuera de toda duda. Solía hacerlo y profusamente. Por la noche, liquidados el trabajo y las reuniones de negocios, no escatimaba el consumo de alcohol. El escollo más difícil de sortear era su resistencia. Aguantaba más que un camellero mongol. Se le ponían ojos de besugo y su piel adoptaba un acusador tinte escarlata, pero no perdía el control ni la coordinación física. Estaba claro que no bastaría con rellenar muchas veces su copa. Habría que darle un empujón y la manera más efectiva consistía en echarle un estupefaciente en la bebida.

El término que acudió automáticamente a la boca de ambos, cuando él y Quique se habían reunido para diseñar el esquema definitivo, fue «Valium». El inconveniente, como apuntó inmediatamente Pablo, era que se trataba de pastillas y no es sencillo verter media docena de cápsulas, por pequeñas que sean, en el vaso de alguien y que las ingiera inadvertidamente. Lo mismo ocurría con el Orfidal, otro ansiolítico parecido.

Al final decidieron que lo más idóneo sería el Haloperidol, un antipsicótico que se dispensaba en forma líquida, carecía de sabor, olor y color, y se disolvía en cualquier bebida. Lo utilizaban los psiquiatras para controlar las crisis de esquizofrenia. En dosis moderadas producía relax y somnolencia. En cantidades grandes, dejaba fuera de combate hasta a un elefante. Fue Quique quien consiguió la receta y compró el medicamento. Con treinta gotas —menos de un centímetro cúbico— sobraría para tumbar a un cachalote como Terceiro, máxime si se le administraban después de una abundante ración de vino.

El frasco de Haloperidol tenía un tamaño equivalente a la mitad de una cajetilla de cigarrillos y Pablo lo mantenía escondido en el bolsillo derecho de la chaqueta de su traje.

Terceiro dio cuenta de su filete, rebañó la guarnición hasta no dejar ni trazas, pasó una miga de pan sobre los residuos de salsa y empujó el plato hacia el centro, para indicar sin paliativos que había concluido.

Quique había sugerido treinta gotas. Advirtió circunspecto que era una dosis de caballo y que corrían el riesgo de que el empresario se les quedase dormido en la mesa, pero Pablo no estaba para contar.

Mucha gente, sobre todo la que vive obsesionada con la báscula, endulza el café con sacarina. La mayoría utiliza píldoras, que suelen venir en una cajita de plástico similar a las de regaliz y que se extraen apretando un rudimentario botón en la parte trasera. Hay también quien consume sacarina líquida. A simple vista, desde cualquiera de las mesas aledañas, el Haloperidol podía pasar por un edulcorante corriente. Para facilitar la confusión, Pablo había cambiado las etiquetas, de la misma manera que amplió con un alfiler el agujero del embudo de salida.

Bastaba apoyarse en la mesa y balancear el torso hacia adelante para alcanzar la copa de Terceiro. El drama era que el empresario no se levantaba y hasta que no fuera a los lavabos era imposible hacer nada. Pablo jugueteó con la carne, haciendo que comía. Terceiro empezó a dar muestras visibles de impaciencia. Chasqueó los dedos para captar la atención del camarero.

—¿Desea algo el señor?

—¿Tienen algo especial de postre?

—¿Prefiere dulce u otra cosa?

—Dulce. Amarguras ya tengo yo bastantes.

El camarero tenía un aura funeraria innata y no le costó ponerse a tono. Asintió, como si estuviera al cabo de la calle de los agobios del empresario.

—Lo clásico de esta casa es el tocino de cielo.

Terceiro releyó la carta de postres.

—Tráigame esas guindas en aguardiente de Cacabelos que pone aquí. Para beber tomaré un Ballantines doble con hielo.

Con una inmovilidad de vidente, el mozo sugirió por segunda vez el tocino de cielo, aclarando que era completamente natural y se hacía allí mismo.

—Pues tráigalo también y no se olvide del whisky.

—¿Tomará café el señor?

—Sí; un solo doble.

—Ahora mismo.

El camarero se volvió hacia Pablo y esperó, oscilando de un pie a otro.

—Todavía no he terminado —se excusó éste, señalando el bistec, casi intacto en su plato.

Terceiro se incorporó sin pronunciar palabra y se encaminó hacia la pared de enfrente, en la que estaba la puerta de los servicios y se abría el hueco que albergaba la caja registradora y el guardarropa. Pablo lo siguió con la mirada. Cuando desapareció de su vista, introdujo la mano en el bolsillo, palpó el frasco y desenroscó el tapón. Después, dentro del bolsillo, dio vuelta al Haloperidol. Agarró el medicamento de forma que quedara oculto en el cuenco de la mano e inició la maniobra.

Estiró el brazo y asió la copa de Terceiro por el reborde, como si fuera la suya, pero sin moverla del sitio. Lo único que restaba era oprimir el pequeño recipiente de plástico. En ese momento, cuando todo iba a pedir de boca, escuchó el ceceo del maître. Justo detrás de él, a dos cuartas de su nuca.

—¿Está todo a su gusto, señor?

Pablo se sobresaltó. Tiró hacia atrás atolondradamente y derramó el vino sobre la mesa.

—Lo siento —se excusó.

—No se preocupe —aseguró solícito el maître, a la vez que hacía señas a uno de los empleados para que se acercara.

Tardaron muy poco en recoger la copa, poner una nueva y extender una servilleta inmaculada sobre la mancha violácea pero, cuando se iban, apareció el primer camarero con una bandeja en la que venían la taza de café y el tocino de cielo. Para colmo de males, el que había reparado el desaguisado del vino regresó y se puso a recolectar migas de pan con una ridícula escobilla y un recogedor de plata.

Pablo sentía la boca seca y rugosa como el papel de lija. Tenía que hacer la jugada del Haloperidol y mientras estuvieran rondando por allí aquellos sujetos no había forma. Por muchas ganas de mear que se tengan, nadie tarda un cuarto de hora en aliviarse. Terceiro estaba a punto de volver.

—Antes de nada, ¿por qué no se lleva esto? —dijo Pablo.

Miró imperativo al de la escobilla y señaló su plato.

—¿Está mala la carne?

—Me ha encantado, pero llévesela ya.

Al camarero se le quedó la mano en el aire. Era un individuo meticuloso y eficiente y debió sentirse ofendido, porque recogió los cubiertos con torpeza y haciendo ruido. Para quitarse al otro mozo de encima, Pablo le dijo que le trajera un café y que no se olvidara del whisky doble.

—¿Tomará postre?

—Voy a esperar a que vuelva el señor que está conmigo.

—¿Le dejo la carta?

—Sí; por favor.

En todo el rato no había sacado la mano del bolsillo derecho de la americana. Le sudaba profusamente la palma, pero no había soltado el frasco. Tragando saliva, alargó de nuevo el brazo, esta vez hacia la taza de café, y apretó. En ese instante, precedido por su estridente voz, Terceiro retornó al comedor.

—Haciendo maldades, ¿como siempre?, ¿no?

Pablo creyó que se abría la tierra debajo de él. Le pareció que el empresario había visto algo. Era una posibilidad demasiado nefasta para desecharla a la ligera. Su corazón palpitaba tan fuerte que le pareció un milagro que Terceiro no lo oyese. No se le normalizó el pulso hasta que le vio echar azúcar en la taza, revolver enérgicamente con la cucharilla y beberse el café sin cambiar la cara o dar muestra alguna de extrañeza.

—¿Por qué me dices eso? —preguntó Pablo, forzando una sonrisa.

Era evidente que el exabrupto de Terceiro estaba relacionado con algo a lo que había dado vueltas mientras orinaba y ajeno a la torpe maniobra del somnífero.

—Porque hace bastante que lo único que haces es joderme vivo.

No parecía afectado en absoluto por el alcohol. En el reducido folleto de instrucciones que acompañaba al medicamento se especificaba que el fármaco hacía efecto antes de transcurrida una hora. Miró a hurtadillas su reloj. Eran las once y veinticinco de la noche. Tenía que retener a Terceiro en el restaurante, por lo menos hasta las doce.

—No hablarás en serio —dijo Pablo.

Terceiro se humedeció los labios con la lengua.

—Vamos a dejar las cosas claras de una vez por todas —anunció en tono clínico, como si estuvieran discutiendo un informe técnico.

Sus ojos desmentían su aparente calma. Estaban inyectados en sangre. Pablo alzó el brazo para llamar al camarero.

—Pedí hace un rato un café. Nos falta también un Ballantines. ¿Tú quieres algo más? ¿Otro café?

Barruntaba la borrasca, pero estaba entre la espada y la pared. Miró el reloj. Faltaban aún tres minutos para las once y media.

—¿Desde cuándo te follas a mi mujer?

Pablo se había preparado para esa pregunta. Lo que no esperaba es que Terceiro la plantease con tamaña crudeza.

—¡¿Quéee?!

Era como caminar en el filo de la navaja. No debía responder con una negativa tajante. No podía admitir nada y no le convenía zanjar la conversación. Precisaba demorar la charla por lo menos media hora, para que el Haloperidol sirviera para algo.

—Sí, coño. ¿Que cuánto tiempo llevas tirándotela?

Ya no había falso sosiego, sino una hostilidad súbita y nerviosa. Pablo puso cara de estupor.

—Si se trata de una broma, es de muy mal gusto.

En otras circunstancias Terceiro hubiera aporreado la mesa o habría intentado incrustarle los nudillos en la nariz, pero se limitó a calcinarlo con una mirada vidriosa y saturada de repulsión. Había estado toda la noche haciendo círculos en torno a lo que le importaba genuinamente.

—¡Tiene cojones!

Al maldecir escupió trocitos de flan empapados en saliva.

—¿El qué? —inquirió Pablo, tratando de no imprimir agresividad a su pregunta.

—Que encima de cornearme, intentes tomarme por gilipollas.

Con ademanes de cura, Pablo insistió en que se estaba equivocando. Miró el reloj. Eran las doce menos veinticinco. Apenas habían pasado diez minutos.

—He tenido problemas alguna vez por haberme acostado con quien no debía, pero es la primera ocasión en mi vida en que me montan una zapatiesta por algo que no he hecho y que ni siquiera se me ha pasado por la imaginación.

—¡Además de cínico y desagradecido, eres un cobarde!

En ese instante se acercó el maître a comprobar si todo estaba en orden. No gritaban, pero la mesa echaba chispas y era imposible no llamar la atención.

—¿Desean una copa, un licor u otro café? Les invita la casa.

—No, no quiero nada —masculló Terceiro.

Pablo intentó despachar al encargado con un educado «todo excelente», pero el hombre se quedó arrimado a la mesa, esperando indicaciones. Quizá creía que su presencia aplacaría los ánimos.

—Yo tomaría un café —dejó caer Pablo.

—¿Y usted, señor?

—Ya he dicho que nada. ¿No me ha oído?

Terceiro indicó al hombre que se marchara.

—La verdad es que hasta que no vi la última factura del móvil de Alicia no sospeché nada. ¡Me siento como un pendejo!

Había tanta pesadumbre en la frase final, que dejó perplejo a Pablo.

—Te repito que te equivocas.

El empresario bostezó. Ahora sus ojos eran dos ranuras entre los pliegues de sus gruesos párpados. Debió percibir alarma en la faz de Pablo, porque esbozó lo que, a su entender, debía de ser una sonrisa. Apretó los labios como si estuviera atornillando una tuerca con ellos, antes de decir:

—¡Eres un malnacido y te voy a hundir!

Se le abrió la boca de nuevo y como si hiciera una dolorosa concesión, dijo que se iba a la cama.

—No quiero que vuelvas a poner los pies en *La Crónica.*

Sus pupilas se dilataron como las de un drogadicto en el momento de pincharse.

—No vayas ni a recoger tus cosas.

Tenía la voz estropajosa. Se levantó trabajosamente y una vez erguido, bamboleándose como un marinero en cubierta, le amenazó de nuevo.

—No necesito recordarte que si apareces por allí haré que los guardias te saquen a patadas.

Estaba acalorado y remató la frase con un retumbante insulto.

—¿Verdad que no...? ¡Hijo de puta!

Pablo no cedió un palmo. Permaneció inmóvil, inexpresivo y con las manos apoyadas en el mantel, mientras digería las advertencias del otro. Aparentando una serenidad que estaba muy lejos de sentir, insistió:

—Estás equivocado y lo siento, pero si no me dejas hablar no te puedo explicar nada. Siéntate... por favor.

Eran las doce menos veintidós. Habían pasado trece minutos y el Haloperidol tardaba hasta media hora en hacer efecto.

Sin molestarse en pedir la cuenta y dando tumbos, Terceiro se abrió paso hacia la salida. Iba aturdido y en lugar de enrumbar hacia la izquierda, giró a la derecha, hacia la puerta de la terraza. Tropezó contra una mesa, haciendo rodar por el suelo varias copas y destrozando uno de los huevos de avestruz con una vela encima que servían de candelabros. Al oír el estrépito acudió presuroso el maître. Aterrorizado ante el espectáculo, ayudó al empresario a recuperar la verticalidad a la vez que buscaba con la vista a Pablo.

Éste esquivó su ansiosa mirada e hizo un gesto con la mano a los de las mesas aledañas, dando a entender que su acompañante había bebido más de la cuenta. Temía que Terceiro se desplomara dentro del local y lo lógico era acudir a sujetarle, pero para su coartada necesitaba que el empresario abandonara solo el restaurante.

Si posteriormente hacían preguntas, resultaba fundamental que los camareros pudieran afirmar, sin vacilaciones, que no habían salido juntos. Con la escandalera que habían montado era improbable que se olvidaran de ellos.

Sacó el teléfono móvil para avisar a Quique, pero no llegó a marcar porque se aproximó de nuevo el encargado. Esta vez con cara de pocos amigos.

—¿Le traigo la cuenta?

—Sí, por favor.

Advirtió que iba a pagar con tarjeta de crédito, por si eso servía para simplificar los trámites, pero no hubo manera de espantar al maître.

—Tengo algo de prisa.

—Ahora mismo le traen la nota —afirmó hosco el hombre, sin moverse ni un centímetro.

Pablo miró nuevamente su reloj. Eran las doce menos veinte. No era cuestión de repasar facturas. Echó la tarjeta de crédito de la empresa en la bandejita. Uno de sus muchos privilegios en *La Crónica* consistía en disponer a voluntad de una American Express Corporate.

—Dése prisa, por favor.

Mientras firmaba el resguardo de la tarjeta de crédito saboreó el sarcasmo que representaba que aquella cena, la última de Terceiro, corriera precisamente a cuenta del hombre que iban a asesinar.

En cuanto se quedó a solas, marcó el teléfono móvil de Quique y lo alertó: «Va para allá.» El ex policía, que estaba cómodamente repantigado en el asiento de su coche, desconectó la radio y se puso en marcha.

Pablo volvió a mirar el reloj. Eran las doce menos dieciséis. Habían transcurrido cuatro minutos desde la marcha de Terceiro. Al haber salido por la terraza, el empresario estaba obligado a hacer un amplio rodeo para llegar a su Volvo. Tenía que ir obligatoriamente hasta la Plaza de la Constitución, bajar por las escaleras de piedra hasta el Paseo de Floridablanca y descender por la acera. Una caminata de más de trescientos metros, tanto si cruzaba hasta el lado donde estaban los coches o si seguía arrimado a la terraza.

Pablo no sabía dónde había aparcado Terceiro, pero por lento que se desplazara y por «perjudicado» que se sintiera por la mezcla de alcohol y barbitúricos, debía estar a punto de llegar al vehículo.

Se esforzó por adoptar un gesto contrito. Hizo una marcial

inclinación a la mesa vecina y avivó el paso. Para acortar, utilizó la salida posterior.

Al desembocar en el Paseo de Floridablanca vio a Terceiro caminando como un sonámbulo bajo los castaños de Indias. Iba sorteando como podía las enormes bolas de hierro, pegadas por el ayuntamiento cada tres metros para disuadir a los automovilistas tentados a aparcar en el bordillo izquierdo.

La calle tenía una quietud de decorado. Las farolas proyectaban una luz lechosa e irreal. Sólo se oían los pasos del empresario y muy tenue, filtrado por los cristales de la ventana de una de las casas, el zumbido de un televisor. Todavía no era medianoche y a esa hora en los hogares españoles era insólito que no hubiera gente despierta. El único movimiento era la inconfundible silueta de Terceiro, que avanzaba a trompicones y se detenía cada poco para mirar hacia el otro lado, buscando su vehículo. Pablo sintió un escalofrío cuando le vio hacer un alto en la esquina de la calle San Antón, sacar algo del bolsillo y cruzar la calzada.

Quique no hizo ruido. Simplemente surgió de la sombra a su espalda y se abalanzó sobre Terceiro, pero con unos segundos de retraso. Influyó lo tarde que había recibido el aviso, porque tuvo que recorrer al trote la última parte del tramo que separaba su BMW del Volvo, pero también incurrió en un error de cálculo garrafal.

Acostumbrado a su antiguo BMW, dio por supuesto, sin pararse a reflexionar, que el empresario abriría el coche con la llave. Su plan era echarse encima de él, justo en el momento en que estuviera entretenido con la cerradura. Hubiera sido más apropiado atizarle un porrazo en la cabeza, pero no debía dejarle marcas raras, porque después habría una autopsia.

Terceiro había accionado el mando a distancia desde lejos y cuando el ex policía le atenazó por detrás, no estaba ocupado con el llavero sino tirando de la manilla. Fue por eso por lo que se abrió la portezuela del conductor.

A pesar de estar «grogui», el empresario intentó revolverse. Si fue capaz de coordinar algún pensamiento lúcido, creyó probablemente que le atracaban. Era viejo, gordo, achacoso, lo habían drogado y se había echado al coleto un par de litros de vino, pero tenía carácter y forcejeó para desasirse. Quique lo tenía inmovilizado con sus musculosos brazos, pero si aquello se prolongaba las probabilidades de que pasase un automovilista, de que saliera alguien del restaurante o se asomase un curioso en la terraza y les viese eran muy altas. Estaban a plena luz y en mitad de la vía. Terceiro no había gritado, pero todavía podía hacerlo y complicar las cosas.

Quique aflojó su presa, hizo volverse al empresario imprimiendo un violento giro a sus hombros y le sacudió un puñetazo en la boca del estómago. Terceiro se dobló sobre sí mismo y quedó de rodillas en el asfalto, dando arcadas dignas de un exorcismo.

—¡Ayúdame a meterlo dentro! —urgió Quique.

Pablo había seguido la escena plantado al otro lado de la calle una decena de metros más arriba y se movió despacio, aprensivamente.

—¿Qué quieres que haga?

—¡Date prisa! Agárralo por los pies.

No eran de los que se extraviaban en la hojarasca y habían previsto todos los pasos convencidos de que no dejaban nada al albur, pero no es lo mismo planificar en un papel que ejecutar sobre el terreno. El corpulento ex policía neutralizaría al empresario. Presumiblemente, Terceiro estaría tan atontado por el alcohol y los barbitúricos que no ofrecería resistencia. Si era preciso lo noquearían. Después, maniatado y amordazado con tiras de cinta aislante, lo transportarían al lugar de ejecución en el maletero de su propio coche.

Pablo había ido en tren hasta El Escorial, porque un aspecto esencial del proyecto era que condujera el Volvo hasta el punto elegido para deshacerse del empresario. Una vez eliminado éste, regresarían juntos a Madrid en el BMW.

En lugar de retornar por el Valle de los Caídos y tomar la autopista, como habían hecho Quique y Terceiro a la venida, utilizarían la carretera antigua, la que cruzaba el puerto de Galapagar y desembocaba en Las Rozas. La ruta de Galapagar era perfecta para simular un accidente por pérdida de la conciencia del conductor.

Habían considerado varias modalidades de «percance». La que escogieron era despeñar el coche en uno de los barrancos que flanqueaban la carretera por la derecha a la bajada del puerto. El insoslayable inconveniente era que eso no garantizaba el fallecimiento de Terceiro. La marca Volvo tiene fama de lanzar al mercado productos sólidos y el «960» pesaba la salvajada de 1.675 kilos, buena parte de los cuales eran chapa maciza.

Una variante muy cinematográfica pero complicada era acompañar el despeñamiento con el fuego. Provocar el incendio del vehículo tenía la ventaja de que los restos humanos quedaban carbonizados, pero esa clase de «accidente» no estaba exenta de oquedades. Entrañaba el riesgo de que los desconfiados peritos de la compañía de seguros descubrieran algo raro. De eso, Quique sabía un montón. Los automóviles modernos, a diferencia de lo que ocurre en los que se usan en los estudios de Hollywood, no se envuelven en llamas espontáneamente. Desecharon esa opción.

Pondrían a Terceiro al volante y antes de soltarle las manos le obligarían a engullir el contenido de una botella de Ballantines. Daba igual que estuviera inconsciente. Le taparían la nariz, le meterían el gollete hasta la campanilla y le echarían el whisky gañote abajo, como si fuera una oca y hubiera que cebarla para hacer foie-gras. En la autopsia aparecerían rastros de Haloperidol. No era conveniente que surgiera la sospecha de que el medicamento había sido la causa del accidente. Les convenía aumentar el porcentaje de alcohol en su sangre.

El último detalle, el más sórdido y sobrecogedor, generó una acre desavenencia entre ellos. Terceiro se precipitaría al abismo sentado en el asiento del conductor y con el cinturón de seguridad puesto. Dada la altura del lugar elegido por Quique para el crimen, el golpe sería de espanto, pero el empresario podía sobrevivir. Pablo había leído unos meses antes que en Estados Unidos los delincuentes especializados en asaltar turistas en las desoladas carreteras que suben hacia el norte del estado de Florida habían descubierto un método infalible para paralizar a sus víctimas. Se aproximaban por detrás al coche alquilado y le daban un topetazo en el parachoques. Los mecanismos de activado de los airbags tienen distintas sensibilidades, pero es raro el que no salta con un impacto superior a los 25 kilómetros por hora. El airbag del Volvo 960 era grande, tamaño norteamericano. Podían manipular el sensor situado en la consola para desactivarlo, pero si la policía o los del seguro examinaban posteriormente el coche, descubrirían que alguien había tocado los cables.

Era imprescindible despeñar a Terceiro ya muerto, para que el airbag resultara irrelevante y el fallecimiento apareciera como la consecuencia inevitable de la colisión. Estaba descartado utilizar una barra de hierro o cualquier objeto ajeno al tablero de mandos. Lo adecuado era un golpe instantáneo y bestial, para que el potentado se desangrara si no perecía por el traumatismo craneoencefálico. Una vez sentado y firmemente sujeto con el cinturón, uno de los dos lo asiría por los cabellos de la nuca y con toda la fuerza posible estrellaría su rostro contra el volante. A ser posible una sola vez. Si no, todas las que hiciera falta.

Pablo trató de quitarse el mochuelo de encima alegando que no tenía arrestos para algo «tan caníbal». Eso —sus repentinos melindres y la palabra escogida— crispó los nervios de Quique. El ex policía insistió encorajinado en que ambos estaban en el mismo barco y que los dos tenían que mancharse las manos. Propuso echar a suertes la función de verdugo.

—Vale —dijo Pablo sacando una moneda.

—¿Quién elige?

—Tú mismo.

La moneda dio vueltas en el aire. Pablo la cogió al vuelo y la estampó contra el dorso de su mano. Miró a su amigo.

—Cruz —eligió Quique.

Pablo la destapó.

—Cara.

El ex policía bufó malhumorado.

—El cara eres tú. Has hecho trampa, como siempre.

En el Paseo de Floridablanca, después de la cena en El Charolés, Quique se acordó precisamente de la moneda cuando urgió a Pablo que acudiese en su ayuda y eso, unido al petardeo lejano de una moto, le hizo no percibir que la mano derecha de Terceiro había aferrado el mini-extintor encajado bajo el asiento. Con inverosímil agilidad, el empresario se volteó, utilizando como eje el brazo apoyado en tierra y lanzó hacia arriba el extintor. Fue un movimiento circular, de gancho boxístico. El compacto cilindro rojo dio de lleno en la entrepierna de Quique, que se quedó pasmado y sin resuello.

Aprovechando el factor sorpresa, el empresario se encaramó como pudo al Volvo, cerró la puerta y bloqueó los seguros.

Pablo estaba en la acera del otro lado y no reaccionó. El ex policía intentó abrir, pero el vehículo tenía cierre centralizado. Quique asió con fuerza la manilla y tiró hasta hacerse daño, pero cuando Terceiro arrancó marcha atrás y viró para irse cuesta abajo, sólo consiguió salir despedido como un pelele.

—¡Que se escapa! ¡Que se escapa! —gritó Pablo, con el pánico vibrando en sus cuerdas vocales.

El ex policía yacía en el suelo. Sentía un martilleo en el cerebro y punzadas por todos lados. Creía tener alguna costilla rota. Su último recuerdo consistía en haber forcejeado con la puerta. El resto era muy confuso.

—¡Vamos tras él!

Quique se izó a medias. Pablo lo miraba con ojos desorbitados.

—¿Dónde tienes el coche?

—Abajo.

—¡Corre! ¡Vamos! —dijo Pablo fuera de sí, a la vez que emprendía la carrera.

El ex policía se incorporó del todo. Respirar le parecía una actividad inextricable y nueva, pero sacó fuerzas de flaqueza. Llegó al BMW echando el bofe. Pablo le esperaba junto a la puerta del conductor y con la mano extendida.

—¡Dame las llaves!

—Deja; puedo conducir yo.

—¡No! ¡Coño!

Partieron haciendo chirriar los neumáticos y dejando en el aire un pestazo a caucho quemado. Enfilaron hacia el Valle de los Caídos, rehaciendo a la inversa y a todo lo que daba el motor, el camino recorrido por Quique y Terceiro para llegar a El Charolés.

—Sólo nos saca dos minutos de ventaja.

Intentaba parecer tranquilo, pero estaba tenso como una cuerda de violín. Quique no respondió. Llevaba la cabeza fuera de la ventanilla, con los ojos cerrados y la boca abierta.

—El Haloperidol le tiene que estar ya haciendo efecto —afirmó Pablo, en un patético esfuerzo por convencerse a sí mismo de que no había ocurrido todavía nada irreparable.

—Lo cazaremos antes de que llegue a la autopista.

Formuló la frase como una rezo, para conjurar el miedo.

—A ver si hay suerte. ¡Joder! —salmodió Quique, cruzando los dedos y buscando supersticioso una pieza de madera.

Como si el hecho de no referirse a ello eliminara por arte de magia la posibilidad de que ocurriera, ninguno de los dos se atrevía a plantear que el empresario a lo mejor optaba por buscar a la Guardia Civil en lugar de huir. Se agarraban como a un clavo ardiendo a la ilusión de que se dirigía hacia Madrid. Empezaron a cambiar de opinión al pasar frente al Valle de los Caídos. Un par de kilómetros más adelante, al divisar el cartel que indicaba la entrada a la autopista, Pablo aminoró la marcha y se detuvo en el arcén.

—¡Se nos ha escapado!

Quique manifestó su discrepancia con un ronquido gutural.

—No le ha dado tiempo. A la leche que hemos venido, lo teníamos que haber visto en alguna de las rectas.

—¿Qué hacemos?

—Da la vuelta. Este cabrón se ha ido por el otro lado. ¡Pisa a fondo!

La suposición de Quique era correcta. Terceiro conocía bien El Escorial porque jugaba al golf. Sus hoyos y «greens» preferidos estaban en el Club de Golf de La Moraleja, pero a menudo, sobre todo en verano, hacía escapadas hasta La Herrería.

Terceiro había salido del restaurante tocado por el alcohol y la pelea no contribuyó a despejarlo. Arrancó ofuscado, escuchando cantos de grillo, sintiendo las tripas revueltas y con la desagradable impresión de que su cerebro flotaba dentro del cráneo. Lo normal era dirigirse al cuartelillo de la Benemérita y denunciar al ciudadano Pablo Ruiz por agresión, pero era incapaz de pensar. Le habían atacado, quizá para atracarle. No estaba seguro, pero le pareció ver a dos. El matón al que había aplastado los «güevos» había llamado a otro y le pareció que ese otro era Pablo.

Se le cerraban los ojos, pero conocía aquello como la palma de su mano. Siguió la ruta que solía hacer tras sus partidos estivales de golf. Al final del Paseo de Floridablanca, viró primero a la derecha e inmediatamente a la izquierda, para tomar la vieja carretera hacia Madrid. Dejó atrás la gasolinera de Campsa y los desvíos a Valdemorillo y a la vía de circunvalación, antes de embocar la recta que conduce al embalse de Valmayor, tras el cual comienzan las primeras estribaciones del corto pero tortuoso puerto de Galapagar.

22. EL FUNERAL

Pablo exprimió todo lo que daba de sí el motor del BMW. En cinco minutos estaban otra vez a la entrada de El Escorial. Jugándose los huesos en cada curva, empezaron a devorar kilómetros por la carretera vieja.

Sin intercambiar palabra, llegaron al embalse de Valmayor. Cruzaron la presa y siguieron en dirección a Galapagar. En lo alto del puerto pararon un instante. No había luna y el cielo aparecía encapotado. El horizonte era un bloque negro, cortado al frente en semicírculo por el resplandor anaranjado de las luces de la capital.

Entraron en la carretera de La Coruña por el carril de aceleración de Las Rozas. Habían hecho todo el recorrido guardando un hermético silencio. Era un mutismo lúgubre, cargado de malos presagios. En lo alto de la Cuesta de las Perdices, cuando apareció ante ellos el Madrid nocturno en todo su esplendor, Pablo no aguantó más.

—¿Qué crees que hará?

Quique frunció los labios.

—No sé, pero tampoco puede hacer gran cosa.

—Nos puede denunciar.

El ex policía se encogió de hombros.

—¿Por haberle dado un puñetazo? Él no sabe que íbamos a matarlo.

Llevaban las ventanillas abiertas. Pablo esperó unos segundos, antes de exponer su descorazonadora conclusión.

—La hemos cagado y bien.

Quique olisqueó el aire. Le dolía hasta la planta de los pies y estaba cansado. Pensó que así debían sentirse los corredores de maratón negados, los esmirriados vejetes que se apuntaban a las multitudinarias pruebas populares y se desplomaban extenuados a un kilómetro de la meta.

—Podía haber sido peor.

—Menudo consuelo —murmuró Pablo.

—Imagínate que nos estuvieran buscando ahora por asesinato. Las cosas no han salido bien, pero no tenemos nada de qué preocuparnos.

—¡No tendrás tú!

—¡Ni tú!

Con resentimiento, no dirigido contra nadie en particular, Pablo explicó que había invertido un enorme esfuerzo y cientos de horas en remozar *La Crónica* y velar por transformarla en el diario puntero del país. Y todo eso no servía ya de nada. Añadió punzante que durante la cena, Terceiro no se había olvidado de subrayar quién era el propietario real del invento.

—Las perspectivas de quedarme con el periódico eran escasas antes, pero ahora, después de lo que ha pasado, no hay la mínima posibilidad.

Estaba decepcionado, atrapado bajo una capa de abrumadora melancolía, y Quique trató de animarlo.

—Más se perdió en Cuba. Ya habrá otras oportunidades.

—Ninguna como ésta. Lo teníamos a huevo.

—No te quejes. A fin de cuentas, lo peor que te puede pasar es que sigas viviendo como hace un año: finca, monterías, alguna piva de vez en cuando, mucha siesta y buenos alimentos. Tampoco es para suicidarse.

—Todo es del color del cristal con que se mira. Ese periódico significa mucho para mí y siento una frustración enorme.

—Pues no tienes por qué. El que está canino de verdad soy yo. No se si te acuerdas de aquello que se cantaba en los años sesenta, cuando la descolonización de África.

—La verdad es que no.

—Se me ha olvidado el nombre del intérprete, pero creo que terminó montando una tienda de ultramarinos o algo así. El estribillo era muy gracioso y repetía: «Qué pasa en el Congo que a blanco que pillan lo hacen mondongo.» ¿Te suena?

—Sí —admitió Pablo con voz lastimera.

—Bueno pues a mí no me harán mondongo porque estoy muy correoso y tengo el pellejo duro como una piedra pero, a menos que consiga ochenta millones antes del 18 de julio, me voy a quedar sin Congo y en pelotas.

—Ya te las arreglarás tú para salir del paso.

—No sé si lo mío tiene arreglo.

—Pues anda que lo mío.

Pablo se enderezó en el asiento.

—Cuando te toca la china, te toca —sonrió resignado—. Tengo tanta mala suerte últimamente, que si uno de estos días necesitase un trasplante de hígado, seguro que me asignan el tuyo, que debe estar medio cirrótico.

—No tengas miedo por eso. Mi hígado ya no vale ni para trasplantes. Ese jodido de Terceiro me lo ha dejado hecho puré. Me duele todo.

Mientras esperaban la luz verde en el último semáforo de la calle José Abascal, el ubicado en el cruce con La Castellana, Pablo anunció que iba al periódico.

—Me bajo en VIPS y tomo allí un taxi. Tengo el coche en el garaje de *La Crónica*.

—Como quieras.

Al descender dio un afectuoso coscorrón a Quique.

—Terceiro me advirtió durante la cena que si me veía por la redacción iba a hacer que me echasen a patadas. Voy a probar suerte. A lo mejor todavía me da tiempo a recoger mis cosas sin que me rompan el culo a puntapiés.

Lo dijo con guasa, pero en su fuero interno se sentía atribulado, vencido por los imponderables.

En la redacción estaba el equipo de noche, haciendo cambios para la edición de Madrid. Eran más de las dos de la madrugada, pero nadie se extrañó al ver aparecer a Pablo. Era frecuente que se dejase caer por el periódico a cualquier hora.

—¿Algo nuevo?

—Hay jaleo en Guatemala. Por lo visto se ha amotinado una unidad de la Policía Nacional y el presidente amenaza con enviar a la aviación para que les bombardee el cuartel —respondió el redactor que estaba a cargo de la mesa.

—Aquí en España, nada. ¿No?

—No hay gran cosa.

Lo que necesitaba saber ya lo sabía. Terceiro no había dado todavía señales de vida.

—¿Con qué abrimos?

Formulaba preguntas para atenuar la tensión, no porque necesitase las respuestas.

—Con las gasolineras. Han convocado huelga para mañana.

Pablo no pudo reprimir un gesto de asco al ver varios trozos mordisqueados de pizza sobre una de las mesas.

—No seáis guarros. Las papeleras sirven para algo.

Sonaba insistente el timbre de un teléfono, sin que nadie lo descolgara. Le repateaba que fueran capaces de escuchar el repiqueteo a un metro de distancia y no estiraran la mano. Se fue hacia los ascensores enojado, diciéndose a sí mismo, para curarse en salud, que el periodismo era una actividad de chicha y nabo y que los periodistas eran una panda de indeseables.

Permaneció en el despacho, reconcomiéndose, hasta las tres de la madrugada. Al llegar a casa pulsó la tecla del contestador y escuchó los mensajes mientras se desnudaba. Esperaba algún recado de Alicia, una llamada amenazante de Terceiro o un aviso de la policía, pero no. Oyó a Quique decir quejumbroso que estaba en Urgencias del Hospital de La Paz y tenía dos costillas rotas. Antes, lo único que había en la cinta era el sonsonete comercial de la chica de un banco ofreciéndole un plan de pensiones y la dirección de un aparejador de la Conserjería de Urbanismo madrileña interesado en las monterías. Se acostó encabronado. Seguro que la del banco había elegido su número guiándose por la edad y convencida de que era un buen candidato a la jubilación.

No durmió casi. Estaba con los nervios a flor de piel y pasó la noche pendiente del teléfono. Apenas levantarse, marcó el número de *La Crónica*.

—¿Le puedo ayudar en algo? —contestó la operadora en un tono que lo mismo podía expresar indiferencia que curiosidad.

—¿Ha llegado ya alguna de las secretarias?

—Todavía no; no entran hasta después de las nueve.

—Vale.

—¿Quiere que les dé algún recado?

—No hace falta.

Pablo se quedó con la duda. Cuando las cosas cambian en una empresa grande, lo hacen de manera rápida y fundamental. La voz de la empleada de la centralita adquiere una nueva textura cuando pronuncia los nombres. Los síntomas de un vuelco en el organigrama son inmediatos. Es difícil de explicar, pero la amabilidad desciende precipitadamente varios grados cuando deja de ser uno el que manda. No estaba seguro, pero cabía la posibilidad de que la telefonista supiera ya algo.

Se acercó a *La Crónica* más tarde de lo habitual, convencido de que los de seguridad lo interceptarían antes de acceder al garaje. Para su sorpresa, llegó sin dificultad hasta su despacho y todos, desde la secretaria minifaldera hasta Justino se desvivieron por agradarle, como en los mejores tiempos.

—¿Ha habido alguna llamada?

—Su ex mujer telefoneó a primera hora.

Lo más lógico era que Victoria hubiera dejado su nombre. No era de las horteras que decían «su ex mujer». La secretaria no tenía por qué saber que había estado casado ni que se había divorciado. Era una entrometida y por eso la interpeló con cajas destempladas:

—¿Y qué quería?

—Únicamente dijo que no se olvidase que hoy es el cumpleaños de su hijo.

Pablo pensó que el niño era todo lo que les quedaba en común. Su único nexo concreto. De no haber existido David, probablemente no se habrían vuelto a encontrar y no tendrían lugar, de Pascuas a Ramos, los mensajes y conversaciones telefónicas que tanto le desazonaban. Lo suyo no había sido uno de esos demenciales procesos de separación que dejan a ambos cónyuges hechos jirones y en los que se recurre a lo más abyecto, incluido convertir a los hijos en rehenes sentimentales. No habían tenido una ruptura traumática, pero desde el divorcio e incluso antes navegaban en planetas distintos. Cuando él preguntó cuál era el motivo por el que ella se empeñaba en romper, Victoria le había dado una respuesta contundente: «Porque ya no soy importante para ti.» No era del todo cierto, pero se aproximaba bastante a la verdad.

—Aparte de lo del cumpleaños de mi hijo, ¿hay algo más? —inquirió arisco.

La secretaria recitó a toda prisa la lista de llamadas y le recordó que a las dos y media tenía un almuerzo en La Benigna con el «staff» del periódico, para discutir la cobertura de la campaña electoral. El restaurante quedaba cerca del Auditorio de Música y además de servir un arroz excelente, contaba con un almacén reconvertido, donde guardaban botellas de vino, hacían la contabilidad y se podía comer y discutir sin sentirse atosigado por otros clientes.

—¿Quién ha convocado el almuerzo?

—Hmmm... usted mismo. ¿No se acuerda? —balbució la joven, en parte por delicadeza y en parte por inseguridad.

La muchacha dudaba siempre si tutearle o no.

—¿Quiere que lo cancele?

—No. Confirma la asistencia de todo el mundo. Que vaya también Justino. ¿Seguro que no ha llamado nadie más?

—Seguro.

Estaba ausente, con la cabeza en otro sitio, y le costaba disimularlo. Bajó a la reunión, pero no soltó prenda. Algo semejante ocurrió durante el almuerzo y a los postres, mientras esperaban los cafés, Justino preguntó si le ocurría algo.

—No; nada —respondió cortante Pablo.

Si había otros fisgones en la mesa, no se notó, porque ninguno se atrevió a formular palabra alguna.

Durante toda la tarde, cada vez que sonaba el teléfono en su despacho o en la mesa de la secretaria, a Pablo le subía el corazón a la boca. La víscera permanecía alojada entre las amígdalas, haciéndole laborioso el respirar, hasta que se confirmaba que la llamada no tenía nada que ver con Terceiro.

Tampoco pegó ojo esa noche. Apenas levantarse, encendió la radio. Los informativos matinales iban repletos de crónicas desde Moscú, donde los ex comunistas vilipendiaban al presidente y engordaba a pasos agigantados el golpismo en los cuarteles del antaño estoico Ejército Rojo. El panorama nacional también estaba caliente. Hablaban de un alijo de droga capturado en Cádiz y de una colosal tangana con el principal partido de la oposición. Un ex ministro había tachado públicamente al fiscal general del Estado de ser un «correveidile» del gobierno y otro había dicho que se estaban usando con fines políticos y de forma ilegal los archivos de Hacienda.

Estuvo tentado de marcar el teléfono de Alicia para enterarse de lo que le había contado su marido. Terceiro maquinaba algo y no podía ser bueno. Había sido ella la que le había instado a matarlo. Aunque no tenía noción del tinglado montado por Quique y él para acabar con su marido, debía suponer que había un plan de asesinato en marcha y que El Escorial tenía que ver en él. No era tan estúpida como para no tener premoniciones, sobre todo si lo había visto volver de una cena con Pablo, atiborrado de somníferos y contando que le habían atacado a la salida de El Charolés. Era extraño que no llamase, aunque no se podía descartar que le fuera imposible hacerlo, de momento.

Antes de ir al periódico, incapaz de resistir la incertidumbre, cogió la carretera de Burgos, salió en el desvío a La Moraleja y bordeó despacio el chalet. No atisbó nada excepcional. El portón de la cochera estaba cerrado a cal y canto, como de costumbre, y el jardinero regaba las plantas. Había ventanas abiertas de par en par, como si estuvieran haciendo las camas, pero ni rastro de Alicia o de Terceiro.

En la redacción de *La Crónica* todo seguía normal y la jornada se desarrolló sin contratiempos.

Hasta las nueve de la noche, cuando ya habían cerrado la primera edición, no llegó la noticia. Herrera, que estrenaba su cargo de director, no le dio la menor importancia. La primera información fue un sucinto teletipo de la agencia Europa Press en el que se reseñaba la caída de un vehículo al embalse de Valmayor.

El segundo teletipo salió de la máquina a las diez y cinco de la noche y detallaba que uno de los operarios de la presa se había extrañado esa mañana al ver doblado un guardarraíl. Al indagar, descubrió restos de pintura en el metal y huellas de ruedas. En aquel punto, justo junto al dique, la carretera torcía ligeramente hacia la izquierda y alguien que viniera adormilado o borracho podía fácilmente romperse la crisma contra el lateral.

Los hombres rana de la Guardia Civil estaban en el lugar. Herrera se dio por contento con meter un «breve» en las páginas de Madrid. Si el asunto iba a más ya habría tiempo de ampliar la noticia y acompañarla con un mapa de localización.

Fue a media mañana del día siguiente, a punto de concluir la reunión de temas, cuando se supo que el vehículo precipitado al embalse era un Volvo y que el empresario Laureano Terceiro iba en su interior.

Uno de los redactores de base de la sección de Sucesos entreabrió la puerta de la sala y anunció:

—No os lo vais a creer... el fiambre de Valmayor es Terceiro.

El resto de sus palabras quedaron ahogadas por el clamor general. Herrera tuvo que imponer orden para que el muchacho pudiera continuar.

—Los bomberos han sacado el coche hace un rato. No hay todavía confirmación oficial, pero ha llamado una fuente que tenemos en la Guardia Civil y dice que don Laureano está dentro y más hinchado que un globo. Se ha debido beber la mitad del pantano.

El redactor era casi adolescente y estaba metido en carnes. Tenía el rostro redondo, rubicundo, una sonrisa seráfica y le chispeaban los ojos cuando sonreía. Quizá por eso le chocó tanto a Pablo la ligereza con la que se refería al muerto y la brutalidad de su lenguaje. Herrera notó algo, porque miró con severidad al de la puerta.

—Basta ya —dijo el redactor jefe—. Tú vete a trabajar y cuando se sepa algo definitivo me lo dices.

Pablo rebosaba felicidad, pero ponía cara de consternación.

Pidió a Herrera y a Nuria que le mantuvieran al tanto. Todavía esperaba que Quique se enterara de quién había sido el miembro de la plantilla que había ido a uno de los policías destinados en los juzgados con el cuento de que no todo era de recibo en la información sobre el secuestro de João dos Santos. Él sospechaba de Herrera. No le daba buena espina el nuevo director. Se fiaba más de Nuria, aunque tuvo la perturbadora sensación de que, por mucho que los encumbrara para atraerlos a su campo, aquellos dos siempre guardarían un as en la manga. Ya habría tiempo de ajustar cuentas.

—Ya sabéis que yo tenía muy buena relación con él. Quiero que se trate la información con un cuidado exquisito. Meted también un obituario en las páginas de Opinión. Que él quede muy bien, ¿eh? —se despidió Pablo al abandonar la sala de reuniones para volver a la tercera planta.

Todos entendieron que se refería a Terceiro.

Al llegar a su despacho asió el auricular para telefonear a Alicia, pero se contuvo en el último momento. En teoría, Terceiro no tenía nada que ver con *La Crónica* desde octubre del año anterior. Seguramente habría visitantes en el chalet de La Moraleja. Si el empresario había fallecido y él tenía la certeza de que así era, habría ido la policía a la casa a dar la mala nueva. No era apropiado aparecer de repente, máxime siendo la última persona que lo había visto con vida, el último que había cenado con él y habiendo dado la callada por respuesta durante cuarenta y ocho horas. Llamaría por la tarde.

Almorzó con Quique en Alduccio, un restaurante italiano situado en la calle Concha Espina, enfrente del Bernabéu. El ex policía aplacó casi todos sus temores informándole de que en su antiguo gremio se consideraba, sin resquicio a la duda, que se trataba de un accidente fortuito.

—Se nos ha aparecido la Virgen.

—¿No sospechan nada? —preguntó Pablo, rebulléndose incómodo.

—No tienen por qué hacerlo. Había estado cenando en El Escorial y se salió de la carretera al volver a Madrid. Eso es todo.

—¿Qué hará la policía?

—Tocarse las bolas, como casi siempre.

Pablo siseó molesto.

—No has contestado a mi pregunta.

Quique sonrió.

—Te irán a ver, pero no tengas miedo. Eso es lo que se hace siempre. Querrán hablar con las últimas personas que lo vieron vivo.

—Me preocupa lo de mi coche.

—No tienes que preocuparte de nada. Tú diles que habías quedado a cenar y basta. Si te preguntan si habíais ido juntos, di que no. Repite siempre lo mismo. No eres sospechoso y nadie te va a apretar.

—¿Y el Haloperidol?

—Habrá autopsia, porque es preceptivo, pero confirmará la hipótesis del conductor borracho. Encontrarán somnífero en la sangre. No es grave. De todas formas tendrías que hablar con la tía por si le pregunta sobre eso la policía. Vendría bien que declarase que su marido tenía dificultades para conciliar el sueño y que tomaba somníferos de vez en cuando.

—Después le daré un toque.

—Cuanto menos se hable de estas cosas por teléfono, mejor. Los «canutos» no son seguros.

A Pablo le irritó la recomendación.

—No le voy a decir que estuvimos a punto de asesinarlo, pero que se nos escapó después de dejarte K.O. Ni tampoco que el somnífero se lo eché yo mismo en el café.

Quique se llevó la mano al pecho. Le habían puesto unas tiras de gasa rígida para sujetarle las costillas magulladas y le incomodaba el vendaje.

—Es raro que la tía no llamara a la policía ni a los hospitales preguntando por su marido. Ha estado desaparecido casi dos días.

—Terceiro iba y venía a su antojo. No era la primera vez que se ausentaba sin avisar o que pasaba una noche fuera.

—Peor para él.

El ex policía aclaró que el accidente había ocurrido justo al borde de la presa, en el punto en que la profundidad del agua era mayor.

—Por eso han tardado en sacarlo. Creo que lo entierran mañana mismo en el cementerio de La Almudena.

—¿Tienes idea de dónde será el velatorio?

—No he oído nada, pero a todos los fiambres los velan en el tanatorio municipal.

—¿Dónde queda?

—Al borde de la M-30, enfrente del Parque de las Avenidas.

—¿Crees que debo ir?

—Tú sabrás.

—Tengo dudas. Voy a mandar que pongan una esquela de media página en el periódico de mañana.

Tras una pausa, Pablo apostilló que sería suficiente con asistir a la inhumación.

Se jugaba esa tarde el último partido de la Liga y al salir del restaurante se vieron sumergidos por la marea humana que convergía hacia el estadio. Por las aceras, embargados por esa atávica furia que se remonta a los tiempos en que el ser humano vagaba en manadas y con taparrabos, miles de ciudadanos avanzaban convertidos en una masa de monstruos vociferantes, que agitaba banderolas, bufandas y gorritos. Al cruzar entre ellos, Pablo se acordó de João dos Santos. Varios forofos coreaban el nombre del brasileño. Pensó que algunos chillaban de tal manera que, a la mañana siguiente, no iban a poder hablar en el trabajo, pero parecían felices. La única preocupación de aquella gente era que João y los otros diez atletas de pantalón corto y camiseta blanca, que saltarían al césped del Bernabéu en unas horas, metiera una pelota entre los palos de la portería contraria. Él también estaba contento, pero seguía obsesionado con el futuro de *La Crónica*.

—¿Qué te parece? —preguntó Pablo, señalando con los ojos hacia la multitud.

—A mí, esto del fútbol no me pone cachondo —respondió Quique—. Prefiero las tías.

Esa tarde Pablo marcó muchas veces el número de Alicia y siempre se encontró con el contestador. A última hora, por si se había acercado al velatorio, pidió a la secretaria que le consiguiera el teléfono del tanatorio municipal. El funcionario que descolgó le confirmó que el cadáver de Laureano Terceiro estaba en la sala 3. Pidió que le pasasen con la viuda. Le dijeron que no era posible y desistió.

Por la noche, volvió a telefonear. Al comprobar que no respondían, llamó de nuevo al tanatorio. No había nadie en la sala 3, a excepción del difunto. Decidió acercarse a La Moraleja.

Había luz en el chalet. Pulsó el timbre con persistencia, pero no le abrieron. Desde la valla, a través de las matas de aligustre, le pareció ver a alguien moviéndose en el primer piso, tras los cristales de los ventanales del dormitorio de Alicia.

Volvió a apretar el botón del llamador; sin resultado alguno. Antes de abandonar la urbanización se detuvo en una de las cabinas situadas en la plaza de arriba, donde estaban Ascot y las tiendas caras. Marcó otra vez el número de la casa. Esta vez descolgaron. Pablo identificó inmediatamente el acento del mayordomo portugués.

—Querría hablar con la señora.

—¿De parte de quién?

—Pablo Ruiz.

Hubo unas décimas de segundo en blanco.

—La señora no está en casa.

—¿Sabe dónde la puedo localizar?

—No; lo siento —respondió el mayordomo.

Pablo se dio cuenta de que sería inútil discutir. Reconocía las pulcras maneras del sirviente. Evidenciaban la seguridad de un hombre que cumple estrictamente con las leyes y ordenanzas que gobiernan su mundo. Un mundo pequeño y doméstico, pero completo. Le habían mandado dar una respuesta y la daba.

—Muchas gracias. Llamaré más tarde.

Camino de su casa, se asustó un poco pensando que se había propasado. Le hubiera venido bien charlar con Alicia para alertarla sobre el Haloperidol, pero había que guardar las formas. No era correcto merodear a horas intempestivas por una urbanización en la que no se le había perdido nada. Telefoneó en la mañana, antes de las siete, pero sólo consiguió hablar con el contestador automático. Fiel a las buenas maneras, dejó grabado un breve mensaje de condolencia.

El entierro era a las doce y Pablo pasó las primeras horas de la mañana en su casa, acicalándose para la ocasión. Después estuvo en el periódico. A las once y media, cuando se disponía a salir hacia el cementerio, la secretaria le entregó una nota con un nombre y un número de teléfono escritos debajo de las palabras «Despacho de Abogados».

—Se me olvidó pasárselo antes. Han llamado varias veces.

—¿Qué quieren?

—Hablar con usted.

—¿No han dicho para qué?

—No. Únicamente que era muy urgente. El señor que aparece

ahí parecía de malhumor e insistió en que tiene que verle en carne y hueso. Ayer también llamó.

Pretendía ser puntual y salió pronto del periódico, pero el tráfico era intenso y perdió bastante tiempo en los atascos. Llegó a la ceremonia con un cuarto de hora de retraso. La Almudena es un vasto y tupido laberinto y cuando localizó el mausoleo de mármol negro donde iban a reposar para siempre los restos de Terceiro, ya habían bajado el ataúd a la fosa y echaban tierra encima.

A un lado de la tumba estaban los tres hijos del empresario. Los dos hombres iban con corbata negra y se parecían mucho. Ambos tenían barriga, como su padre, y todo el aspecto de haber dejado atrás la juventud hacía muchos años. La mujer, una treintona enlutada y marchita, llevaba un broche de perlas y era más fea que Picio.

Lo inédito, lo primero en que se fijó Pablo, fue que se habían formado dos colas de dolientes: una para los retoños del finado y otra para la viuda. A Alicia, los vástagos de Terceiro la habían considerado constantemente una intrusa y no iban a cambiar de parecer porque su acaudalado progenitor se hubiera ido al cielo o al infierno, que era lo más probable.

A Pablo siempre le llamaba la atención la expresión aborregada y culpable que se pintaba en las caras de los que esperaban para dar el pésame. No había nada más falso que decirle a los deudos que se sentía mucho la muerte del de la caja, cuando te dejaba frío, pero los convencionalismos sociales eran así de gravosos.

Se unió a los que aguardaban para transmitir su dolor a la viuda y procuró adoptar una actitud pesarosa, sin conseguirlo del todo. No era camaleónico. Nunca había anhelado otra cosa que ser como era y eso hacía cuesta arriba integrarse como uno más, tanto entre los asistentes a un entierro como entre los que celebraban divertidos un carnaval. Se adaptaba y sabía cómo moverse en entornos distintos al suyo natural, pero no emulando al populacho o comportándose con una cordialidad pegajosa. No daba palmadas en la espalda o coba. No era de los que comienzan a cojear a los cinco minutos de estar con un cojo o se ponen a lagrimear en cuanto ven llorar al de al lado.

Los funerales, específicamente, le parecían un circo macabro.

Estaba convencido de que cualquier palabra que se pronunciara o cualquier sentimiento que se manifestase eran siempre inadecuados. Mientras progresaba en la fila, con pasos cortos y arrastrando los pies como los cofrades en las procesiones, llegó a la conclusión de que lo más decoroso sería un suave apretón de manos y un conciso: «Lo siento.» A los hijos no tenía que decirles nada. Ni se iba a pasar a su fila. Nunca se los habían presentado. Por él, como si los zurcían.

Alicia, vestida de negro, estaba al lado derecho de la tumba. Hierática y remota, como una de esas mujeres que arropan a la Virgen en la tallas de los pasos de Semana Santa. Pablo le buscó los ojos. Notó que ella le había visto, pero no percibió mensaje alguno. No había calor en las pupilas de la viuda. Tampoco complicidad.

Ella no sabía que Terceiro se les había escapado. Probablemente ni imaginaba que su marido había caído por azar al pantano. Debía estar convencida de que Pablo lo había asesinado y simulado posteriormente un accidente. Se lo explicaría después. Seguro que se reían juntos. La miró.

Ella, tan aficionada a las joyas, no llevaba pendientes ni collares. Mientras avanzaba despacio para darle el pésame, Pablo reparó en sus muñecas para comprobar si lucía al menos una pulsera o el reloj. Fue entonces cuando descubrió al caballero que la sujetaba por el codo. Era alto, rubio y atlético y vestía un traje azul marino de Gianni Versace que le sentaba como un guante. A Pablo le recordó un poco a Alexander Gudonov, el actor ruso de *Único Testigo.*

El tipo era joven, probablemente diez años más joven que él. En ese instante, Pablo se dio cuenta de por qué nadie había respondido al teléfono en casa de Alicia. Todo se aclaró en un santiamén. Ahora entendía la razón por la que no habían abierto el portón del chalet cuando pulsó el timbre. La sospecha de que habían jugado con él y lo habían utilizado como una marioneta le hizo daño. Sintió un vahído y pensó que se iba a marear. Ahora sabía para qué querían verle en carne y hueso los del Despacho de

Abogados y quién era la sombra que se movía tras la cristalera del dormitorio del chalet. El mismo dormitorio en cuya pared estaba encastrada la caja fuerte en cuyo interior se guardaba un contrato que Alicia no rompería jamás.

ESTE LIBRO HA SIDO IMPRESO
EN LOS TALLERES DE
HUROPE, S. L.
LIMA, 3 BIS. BARCELONA